려선합벽

일러두기

- 이 책은 경희대학교 중앙박물관의 2020년 특별전 '옛사람의 글에서 삶을 엿보다' (2020.09.21.~11.30)의 자료집을 겸한다.
- 특별전 '옛사람의 글에서 삶을 엿보다'는 문화체육관광부가 주최하고 대학박물관협회가 주관하는 2020년 「대학박물관 진흥지원」 사업의 일환으로 개최되었다.
- 이 책에 수록된 유물은 본 박물관의 소장품인 『려선합벽』에 대한 탈초 · 번역과정을 통하여 순차적으로 배치한 것이다.
- 유물의 설명은 명칭, 원문, 번역, 제발, 인물소개 순으로 배열하였다.
- 필자 인물정보는 한국학중앙연구원 『한국민족문화대백과사전』(http://encykorea.aks.ac.kr)을 인용하였다.
-

려선합벽

옛사람의 글에서
삶을 엿보다

경희대학교 출판문화원

축사

2020년 중앙박물관에서 개최한 특별전과 그 결과물인 『려선합벽(麗鮮合璧): 옛사람의 글에서 삶을 엿보다』 출간을 진심으로 축하합니다. 우리대학 중앙박물관이 코로나19라는 세계적인 팬데믹의 어려움 속에서도 전시회를 개최하고 도서로 출간하게 되었다는 점에서 감회가 새롭습니다.

이번 전시는 2020년 대학박물관 진흥지원사업의 일환으로 개최되는 특별전입니다. 우리대학 중앙박물관이 소장하고 있는 여러 서첩들 중에서 고려와 조선시대 유명 선인들의 친필 시문과 편지글을 모은 『려선합벽(麗鮮合璧)』을 일반에 처음으로 공개하는 뜻있는 자리이기도 합니다. 이번 전시를 통해서 선조들의 일상사에 투영된 희노애락을 살펴볼 수 있는 좋은 기회가 되리라 확신합니다.

전통시대에는 사람과 사람 사이를 연결해 주는 소통이 지금처럼 원활하지 못했기 때문에 인편에 의존하거나 그편에 주고받았던 글이 거의 유일한 수단이었습니다. 우리대학 중앙박물관에는 이러한 글들을 모아 서첩으로 꾸민 자료들을 다수 소장하고 있습니다. 이러한 글들은 주로 초서(草書)로 쓰여 있기 때문에 사전에 탈초 및 번역 작업 없이는 일반에 공개되기가 힘들었던 것도 사실입니다.

그런 점에서 이번 전시는 우리대학 중앙박물관이 소장하고 있는 선인들의 친필 유물의 가치를 일반 대중에게 알리고, 고려와 조선시대 사람들의 삶 속에 스며있는 그들의 일상사를 소개함으로써 소장 자료의 학술적 가치를 더 높이는 계기가 될 것입니다.
우리대학 중앙박물관은 1955년 개관 이래 대학박물관으로서의 소명을 다해 왔을 뿐만 아니라 발전에 발전을 거듭해 온 경희의 역사와도 그 궤를 같이하고 있습니다. 또한 대학 본연의 가치인 교육, 연구, 실천의 창조적 융합을 통해 교육과 연구의 질을 제고함은 물론 평화로운 인류사회 구현에 공헌하는 미래대학의 새로운 전범을 마련해 왔습니다. 앞으로 이러한 눈부신 성취를 발판으로 삼아 '학문과 평화'의 경희정신을 바탕으로 지속가능한 발전을 이루어 나갈 것입니다.

금번 특별전이 있기까지 중앙박물관 관장님을 위시하여 학예연구원들과 직원 여러분의 노고가 매우 컸습니다. 뜻깊은 전시를 마련해 준 중앙박물관 관계자 여러분께 다시 한번 감사의 말씀을 전합니다.

2020.11.

경희대학교 총장 한균태

발간사

경희대학교 중앙박물관은 1955년 개관한 이래, 고고 · 역사와 민속 등 다양한 유물들을 소장한 종합박물관으로서 그 역할과 소임을 다하고 있습니다. 특히 다변화되고 있는 대학 교육과 일반 대중의 문화 욕구에 적극 부응하기 위해 상설 전시뿐만 아니라 정기적인 특별전을 기획하여 새로운 문화 향유의 장을 마련하고 있습니다.

금번 2020년도에는 문화체육관광부의 〈2020년 대학박물관진흥지원사업〉의 일환으로 "옛사람의 글에서 삶을 엿보다 Ⅰ" 특별전을 개최하고, 그 결과물을 책으로 출간하게 되었습니다. 우리대학 중앙박물관에는 고려와 조선시대 선조들의 친필 시문과 간찰을 모아 만든 다수의 서첩을 소장하고 있습니다. 대표적인 것으로는 『려선합벽(麗鮮合璧)』 2책(乾 · 坤), 『황각필한(黃閣筆翰)』 2책(乾 · 坤), 『명묵첩(名墨帖)』 8책(一 ~ 八), 『열성어필첩(列聖御筆帖)』 1책, 『서간집(書簡集)』 1책 등이 있습니다.

이러한 서첩류들은 대부분이 초서(草書)로 쓰여 있기 때문에 이를 일반에 공개하기 위해서는 탈초 및 번역 작업, 그리고 구체적인 내용 검토 등 일련의 사전 작업이 이루어져야 합니다. 그런 점에서 오랫동안 일반에 공개되지 못하고 수장고에 보관되어 있었던 것입니다. 이러한 어려움을 타개하기 위해 2019년부터 구체적인 방안이 마련되었고, 비록 적은 예산이기는 하기만 이를 확보하여 탈초 및 번역 작업을 처음으로 개시할 수가 있었습니다.

그 첫 번째 탈초 및 번역 작업의 일환으로 완성된 것이 바로 『려선합벽(麗鮮合璧)』이었습니다. 『려선합벽(麗鮮合璧)』은 고려 말부터 조선 후기에 이르기까지 유명인들의 시문과 간찰(簡札)을 모아 놓은 서첩입니다. 간찰(簡札)은 일반적으로 편지를 일컫고 있는데, 주로 일상적인 이야기가 대부분이지만 업무를 논하거나 학문을 토론하는 수단으로도 활용되었습니다. 『려선합벽(麗鮮合璧)』은 건(乾), 곤(坤) 2책으로 구성되어 있으며, 건(乾) 38인, 곤(坤) 32인 등 총 70인의 친필 필적이 수록되어 있습니다.

이번 특별전의 결과물인 『려선합벽(麗鮮合璧)』은 우리 선인들의 삶과 애환을 고스란히 간직하고 있기 때문에 조금이라도 더 많은 일반 대중과 함께 공감할 수 있었으면 하는 마음에서 도록으로 출판하지 않고 일반 도서로 출간하게 되었습니다. 이 책을 통해서 고려와 조선시대 사람들의 일상사와 삶이 일반 대중에게도 그대로 전해지기를 고대합니다. 또한 『려선합벽(麗鮮合璧)』 속에 드러나 있는 우리 선인들의 의식과 문학적 상상력, 붓끝에 흐르는 힘찬 기운도 동시에 느낄 수 있기를 기대합니다.

2020.11.

경희대학교 중앙박물관장 김희찬

就有雲絲挂之私

文情謝久生可守

也多名佟

言之以執法一個

고려·조선
유명 70인의
친필

01 이숭인李崇仁의 시詩

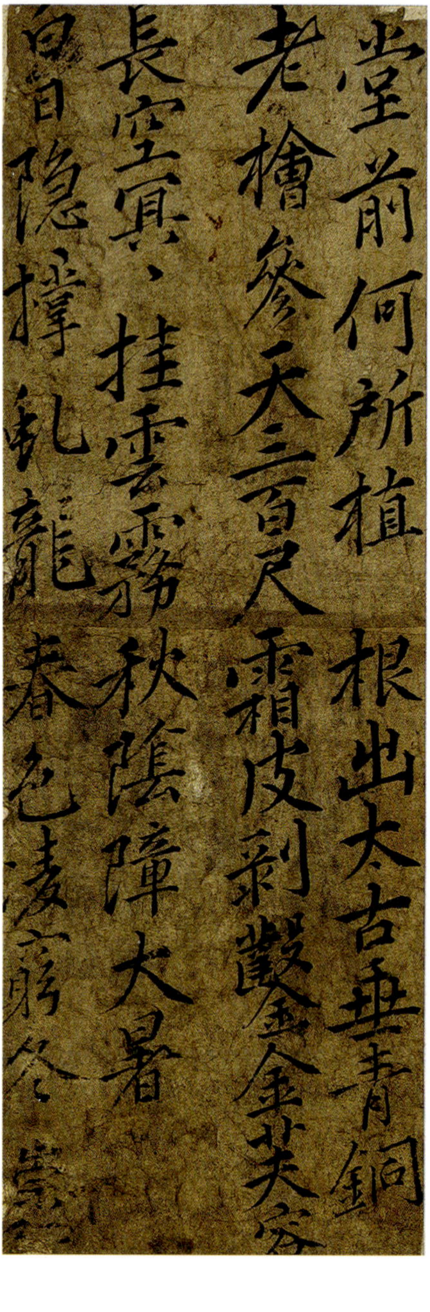

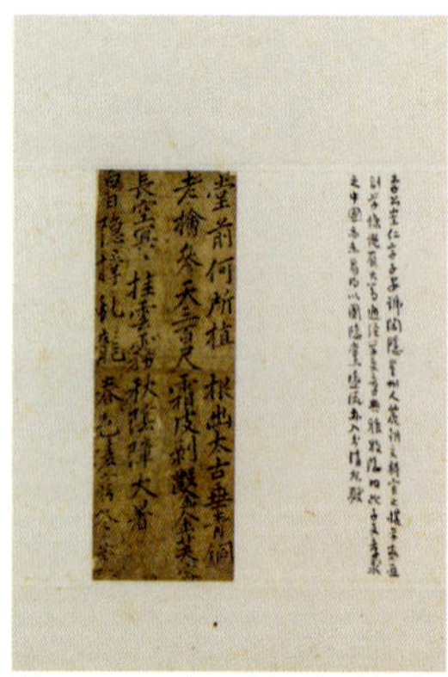

이숭인李崇仁의 시詩
7.8x22.6cm

원문

[*]堂前何所植根出
太古垂青銅老檜
參天三百尺霜皮

剝鑿金芙容長空
冥冥挂雲霧秋陰
障大暑白日隱撑
虬龍春色凌窮冬
　崇仁

집 앞 어디 심은 뿌리에서 돋았는가.
먼 옛날 청동 같은 전나무 드리웠는데
하늘[1]저 높이 삼백 척 껍질 위로 서리가 내렸네.

깎고 벗겨낸 금빛 연꽃 허공에 뻗혔고
아득히 가라앉은 운무는 가을그림자를 이루네.
밝은 해는 더위를 가로막고 숨어 있는데
봄빛은 규룡(虬龍)처럼 섣달 추위를 타고 넘네.
　숭인

---

* 이 시는 운율과 내용으로 볼 때 첫 구절이 떨어져나간 것으로 여겨진다.

1 원문의 삼천(參天)은 하늘을 뜻한다. 『주역』「설괘전(說卦傳)」에 "하늘은 3이고 땅은 2로서 서로 숫자가 어울린다(參天兩地而倚數)" 하였다.

제발

李公崇仁 字 子安 號 陶隱 星州人 麗朝文科 官止提學 密直副學
慷慨有大節 通經學 文章典雅 牧隱曰 此子文章 求之中國 亦未易得
以圃隱黨遠流 亦入於淸州獄

이공(李公) 숭인(崇仁)의 자는 자안(子安), 호는 도은(陶隱)이다. 본관은 성주(星州)이다. 고려조에 문과에 급제하여 벼슬이 제학(提學), 밀직부학(密直副學)에 이르렀다. 정의감이 강하고 절개를 중히 여겼다. 경학(經學)에 통달하였으며 문장이 전아(典雅)하였다. 목은 이색(牧隱 李穡)은 "이 사람의 문장은 중국에서 구할지라도 쉽게 얻지 못할 것이다."라고 하였다.
포은 정몽주(圃隱 鄭夢周)의 일당이라 하여 멀리 유배되었으며, 청주(淸州) 감옥에도 갇혔다.

필자

이숭인 李崇仁

1347년(충목왕 3) ~ 1392년(태조 1)

경상북도 성주 출신. 본관은 성주. 자는 자안(子安), 호는 도은(陶隱). 아버지는 이원구(李元具)이며, 어머니는 언양 김씨(彦陽金氏)이다. 목은(牧隱) 이색(李穡), 포은(圃隱) 정몽주(鄭夢周)와 함께 고려의 삼은(三隱)으로 일컬어진다.

생애와 활동

공민왕 때 문과에 급제하여 숙옹부승(肅雍府丞)이 되고, 이어서 장흥고사 겸 진덕박사(長興庫使 兼 進德博士)가 되었다. 밀직제학(密直提學)으로 재임 때 정당문학(政堂文學) 정몽주(鄭夢周)와 더불어 실록을 편수하고, 동지사사(同知司事)로 전임하였다.

창왕 때 박천상(朴天祥) · 하륜(河崙) 등과 더불어 영흥군(永興君) 왕환(王環)의 진위를 변론하다 무고로 연좌되었고, 간관들의 상소로 탄핵당해 경산부로 유배되었다. 공양왕 때 간관이 이숭인을 다시 논죄하여 다른 군으로 이배되었고, 후에 청주옥(淸州獄)에 수감되었으나 수재로 인하여 사면되었다. 얼마 뒤 지밀직사사 · 동지춘추관사가 되었으나, 정몽주의 당이라 하여 삭직과 유배되었다. 조선 개국 후 정도전이 황거정(黃居正)을 보내어 유배지에서 장살(杖殺)되었다.

이숭인은 타고난 자질이 뛰어나고 문사(文辭)가 전아(典雅)하여, 이색(李穡)은 "이 사람의 문장은 중국에서 구할지라도 많이 얻지 못할 것이다."라고 칭찬하였다. 또한 명 태조(太祖)도 일찍이 이숭인이 찬한 표문(表文)을 보고 "표의 문사가 참으로 절실하다."라고 평가했으며, 중국의 사대부들도 그 저술을 보고 모두 탄복하였다.

저서로는 『도은집(陶隱集)』이 있다. 그 서문에 의하면 생존시에 『관광집(觀光集)』 · 『봉사록(奉使錄)』 · 『도은재음고(陶隱齋吟藁)』 등을 지었다고 하나 지금은 전하지 않고 있다.

02

이집李集의 시詩

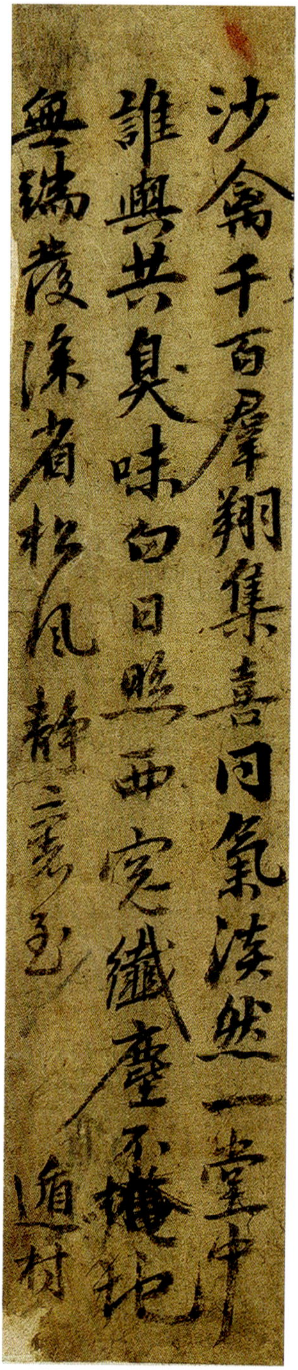

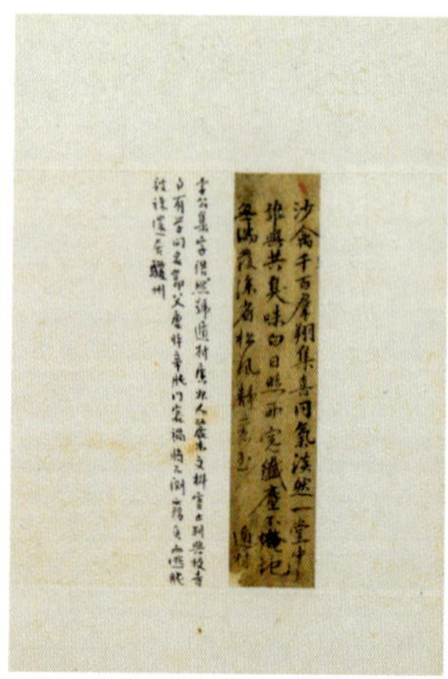

이집李集의 시詩
4.7x22.6cm

원문

*沙禽千百羣
翔集喜同氣
淡然一堂中
誰與共臭味

白日照西窓
纖塵不掩地
無端發深省
松風靜裏至
　遁村

백 마리 천 마리 물새가 무리를 지어
날아와 모이니 형제자매 즐겁네.
담연(淡然)한 마음으로 이 집에서
누구와 더불어 취미를 함께 할까.

밝은 해 서쪽 창을 비추고
뽀얀 먼지도 일지 않는 땅 위에
무단히도 깊은 깨달음을 얻노라니
고요한 가운데 솔바람 불어오네.
　둔촌

* 이 시는 "湖上園亭偶出 次山谷病起東園韻"이라는 제목으로 『퇴계선생문집(退溪先生文集)』에 실려 있는 시와 일치한다. 세밀한 연구가 필요하다.

제발

李公 集 字 浩然 號 遁村 廣州人 麗末 文科
官止 判典校寺事 有學問名節 父唐
忤辛旽門客 禍將不測 竊負而逃 旽被誅 還居驪州

이공(李公) 집(集)의 자는 호연(浩然), 호는 둔촌(遁村)이다.

본관은 광주(廣州)이다. 고려 말 문과에 급제하여 벼슬이 판전교시사(判典校寺事)에 이르렀으며, 학문과 명절(名節)로 알려졌다. 아버지는 당(唐)이다.

신돈(辛旽)[1]의 문객(門客)에게 미움을 사게 되자 화가 장차 이를 것을 우려하여 아버지를 업고 달아났다가[2] 신돈이 죽은 뒤 돌아와서 여주(驪州)에 살았다.

1 원문의 '辛肫'은 '辛旽'의 오기이다.

2 원문의 절부(竊負)는 아버지를 업고 도망치는 것을 뜻하는 말이다. 순임금이 아버지 고수(瞽瞍)가 만약 살인죄를 지었다면 '천하를 헌신짝처럼 던져 버린 채 아버지를 업고 남모르게 도망쳐(棄天下猶棄弊屣也 竊負而逃)' 숨어 살 것이라고 한데서 온 말이다. 『맹자』「진심(盡心)」에 나온다.

필자

이집 李集

1327년(충숙왕 14) ~ 1387년(우왕 13)*

본관은 광주(廣州). 초명은 원령(元齡). 자는 호연(浩然), 호는 둔촌(遁村). 광주 향리 이당(李唐)의 아들이다.

생애와 활동

충목왕 때 과거에 급제하였으며, 문장을 잘 짓고 지조가 굳기로 명성이 높았다. 1368년(공민왕 17) 신돈(辛旽)의 미움을 사 생명의 위협을 받자, 가족과 함께 영천으로 도피하였다. 1371년(공민왕 20) 신돈이 주살되자 개경으로 돌아와 판전교시사(判典校寺事)에 임명되었으나 곧 사직하고, 여주 천녕현(川寧縣)에서 전야(田野)에 묻혀 살면서 시를 지으며 일생을 마쳤다.

그의 시에는 꾸밈과 우회보다는 직서체(直敍體)에 의한 자연스럽고 평이한 작품이 많다. 그는 당시 임심문(任深文)을 비롯한 60명에 달하는 많은 인물들과 시로써 교유하였다. 특히, 이색(李穡) · 정몽주(鄭夢周) · 이숭인(李崇仁)과의 친분이 두터웠다.

문집 부록에 실린 삼은(三隱)의 기(記) · 서(序) · 서(書)는 그와 삼은과의 관계를 잘 알 수 있게 한다. 『동국여지승람』에는 그가 조선조에 벼슬을 지냈다고 잘못 기록되어 있는데, 1611년(광해군 3) 8대손인 영의정 이덕형(李德馨)의 주청이 받아들여져 『신증동국여지승람』에서 바로잡혀지게 되었다. 광주의 구암서원(龜巖書院)에 제향되었다. 저서는 『둔촌유고』가 있다.

* 제발에 따라 이집을 소개한다. 시고의 기명이 '遁村'으로 되어있으나 동일한 시가 『퇴계집(退溪集)』에 실려있어 세밀한 후속 검토 연구가 요구된다. 참고로 이외 '遁村' 호를 쓴 이는 조문형(趙門衡, 1617~1700), 정지영(丁志永) 등이 보인다.(한국고전종합DB)

03

정이오 鄭以吾의 시詩

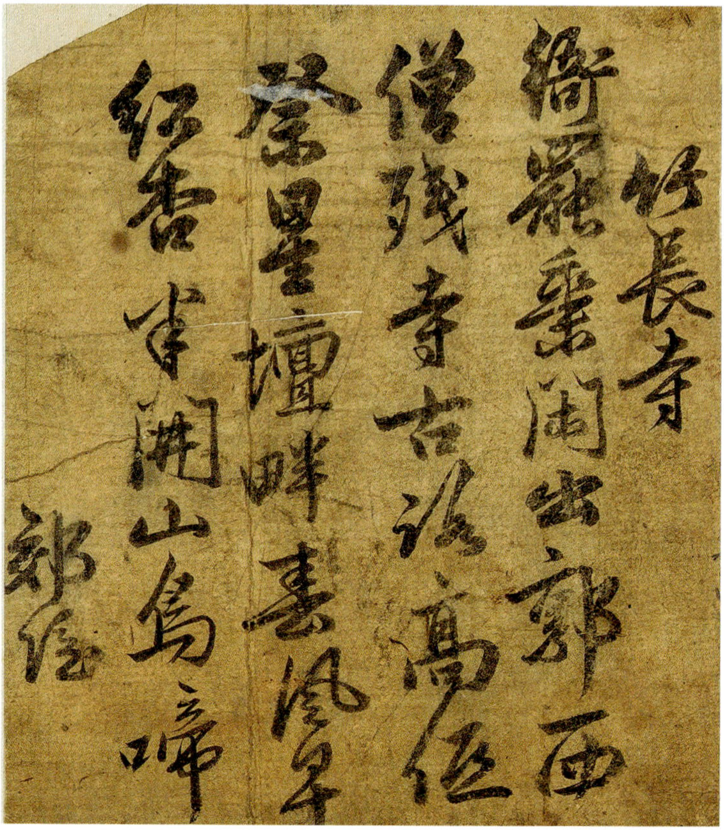

정이오 鄭以吾의 시詩
15.8x17.8cm

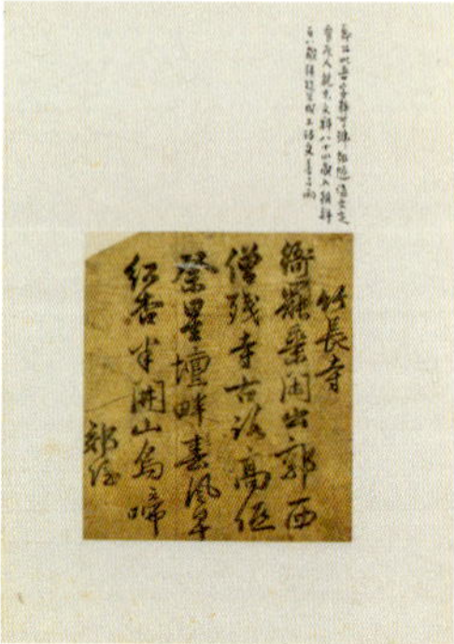

원문

竹長寺

衙罷乘閑出郭西
僧殘寺古路高底
祭星壇畔春風早
紅杏半開山鳥啼
　郊隱

죽장사

관아를 파하고 틈 내어 성곽 서쪽을 나서니
중 드문 오래된 절에 길은 울퉁불퉁하네.
제성단(祭星壇) 가에는 이른 봄바람이 불어와
붉은 살구꽃 반쯤 피었는데 산새가 운다.
　교은

제발

鄭公 以吾 字粹可 號郊隱 諡文定 晋州人
麗末 文科 八十四歲 入朝鮮
百八歲 拜贊成 工詩文善占兩

정공(鄭公) 이오(以吾). 자는 수가(粹可), 호는 교은(郊隱), 시호는 문정(文定)이다. 본관은 진주(晉州)이다.

고려 말에 문과에 급제하여 84세[1]에 조선 조정에 들어갔다.

108세에 찬성(贊成)에 제수되었다. 시와 문장에 힘써 두 분야에서 뛰어났다.

1 연대와 나이가 오류가 있는 것으로 보인다.

필자

정이오 鄭以吾

1347년(충목왕 3) ~ 1434년(세종 16)

본관은 진주(晋州). 자는 수가(粹可), 호는 교은(郊隱) · 우곡(愚谷). 아버지는 성사 정신중(鄭臣重)이다.

생애와 활동

1374년(공민왕 23) 문과에 급제하여, 1376년(우왕 2) 예문관검열이 된 뒤, 삼사도사, 공조 · 예조의 정랑, 전교부령(典校副令) 등을 역임하였다.

1394년(태조 3) 지선주사(知善州事)가 되었다. 1398년(태조 7) 9월 이첨(李詹) · 조용(趙庸) 등과 함께 군왕의 정치에 도움이 될 만한 경사(經史)를 간추려 올려 봉상시소경(奉常寺少卿)이 되었다. 1398년 조준(趙浚) · 하륜(河崙) 등과 함께 『사서절요(四書節要)』를 찬진(撰進)하였다.

1400년(정종 2) 성균관악정(成均館樂正)이 되었으며, 병조의랑(兵曹議郎), 예문관의 직제학, 사성을 역임하였다. 1403년(태종 3) 대사성으로 승진하였고, 1405년 3월에 김과(金科)와 함께 생원시를 관장하였다. 1409년 병서습독제조(兵書習讀提調)를 거쳐 동지춘추관사를 겸임, 『태조실록』의 편찬에 참여하였다.

1413년(태종 13) 『태조실록』 편찬에 대한 노고로 예문관대제학이 되면서 지공거(知貢擧)를 겸하였다. 1418년 72세로 치사(致仕: 늙어 벼슬에서 물러남)하였다. 세종이 즉위하자 태실증고사(胎室證考使)가 되어 진주 각처를 다녔고, 속현인 곤명(昆明)을 태실소로 정하게 하였다. 노성(老成)한 덕이 있다 하여 숭정대부(崇政大夫)에 올랐다.

젊어서는 이색(李穡) · 정몽주(鄭夢周)의 문인과 교유하였고, 늙어서는 성석린(成石璘) · 이행(李行) 등과 교유하였다. 특히 그는 시(詩)에 재능이 뛰어났다고 한다. 영의정에 추증되었으며, 저서로는 『교은집』 · 『화약고기(火藥庫記)』가 있다. 시호는 문정(文定)이다.

04

조준趙浚의 시詩

조준 趙浚의 시詩
9.8x18.9cm

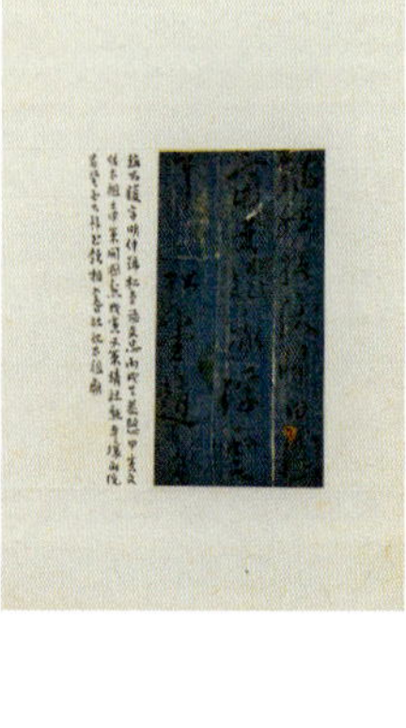

원문

飄然投紱歸田園
富貴於我浮雲耳
　松堂 趙浚

표연히 벼슬을 내던지고 전원으로 돌아가리니
부귀는 나에게 뜬구름이로다.
　송당 조준

제발

趙公浚 字明仲 號松堂 諡文忠

丙戌生 恭愍甲寅 文

佐太祖壬申 策開國勳 戊寅又策靖社勳 平讓府院君

癸酉大拜 至領相 入耆社 配太祖廟

조공(趙公) 준(浚)의 자는 명중(明仲), 호는 송당(松堂), 시호는 문충(文忠)이다.
병술(1346)년에 태어나 공민 갑인(1374)년에 문과에 급제하였다.
태조를 보좌하여, 임신(1392)년에 개국공신에 책봉되었다. 또한 무인(1398)년에 다시 정사훈(靖社勳)에 책록되었으며, 평양부원군(平讓府院君)에 봉해졌다.
계유(1393)년 영의정에 제수되었고, 기로소에 들었다. 태조의 묘정(廟庭)에 배향(配享)되었다.

필자

조준 趙浚

1346년(충목왕 2) ~ 1405년(태종 5)

조선전기 판문하부사, 좌정승, 영의정부사 등을 역임한 문신이다. 본관은 평양(平壤). 자는 명중(明仲), 호는 우재(吁齋) 또는 송당(松堂). 문하시중 조인규(趙仁規)의 증손으로, 아버지는 판도판서 조덕유(趙德裕)이다. 아들 조대림(趙大臨)이 태종의 둘째딸 경정공주(慶貞公主)와 혼인해 태종과 사돈이 된다.

생애와 활동

1374년(우왕 즉위년) 함과에 급제하고, 이성계가 위화도에서 회군한 뒤 정도전(鄭道傳) 등과 함께 전제 개혁에 앞장서서 권신을 탄핵하였다. 창왕을 폐위, 공양왕을 옹립하는 데 참여하여 이성계 · 정도전 등과 더불어 중흥공신에 서훈되었다.

1392년 이성계를 추대하여 개국공신 1등으로 평양백(平壤伯)에 봉해지고 문하우시중(門下右侍中)의 자리에 올랐다. 조선 개국 후 정도전과 정치적 의견을 달리하였다. 1398년(태조 7) 제1차 왕자의 난 때 정종을 왕으로 옹립하여 정사공신(定社功臣) 1등에 책록되었다. 1400년(정종 2) 11월 이방원을 왕으로 옹립하고 좌정승, 영의정부사으로 승진하여 평양부원군에 진봉되었다.

조준의 관제 및 사회개혁안은 정도전과 상통하는 점이 많으며, 정도전의 『조선경국전(朝鮮經國典)』 및 『경제문감(經濟文鑑)』 편찬에 영향을 준 것으로 평가된다. 시호는 문충(文忠)이며, 태조의 묘정에 배향되었다.

조준은 사학(史學)을 잘하고 경학(經學)과 시문에도 능했다. 문집으로 『송당집(松堂集)』을 남겼다. 한편, 검상조례사(檢詳條例司)에게 국조의 헌장조례(憲章條例)를 모아 『경제육전(經濟六典)』을 간행하게 했는데, 이는 뒤에 『속육전(續六典)』 · 『육전등록(六典謄錄)』 등으로 보완되어 『경국대전(經國大典)』 편찬의 토대가 되었다.

05 신개申槩의 시詩

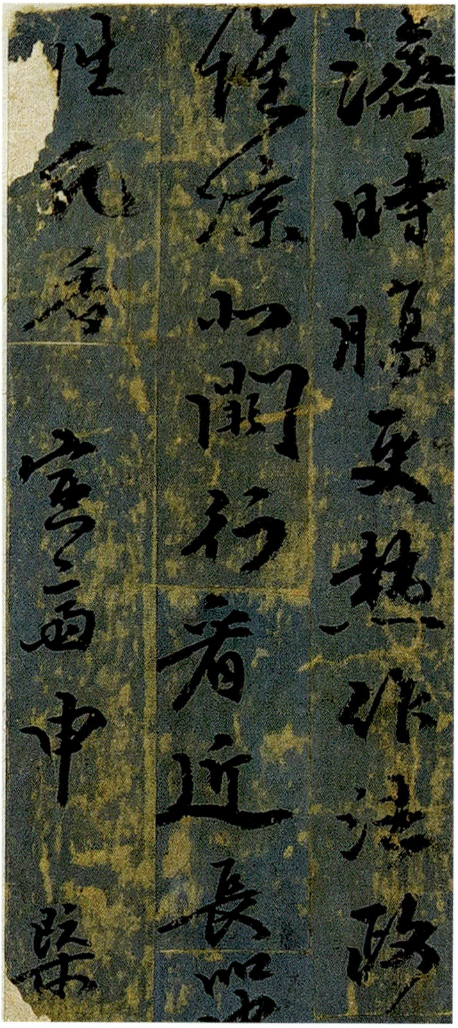

신개 申槩의 시詩
7.1x15.9cm

원문

*濟時膓更熱
作法政惟涼
北闕行看近
長留姓氏香

寅齋 申槩

시대를 구하느라 다시 애간장을 태웠으며
법을 만드니 정치는 맑기만 하였네.
대궐 행차를 가까이에서 살펴보니
그 성씨(姓氏) 향기롭게 오래 남으리.

인재 신개

* 이 시는 『인재집(寅齋集)』 제1권에 실려 있다.

제발

申公槩 字子格 號寅齋 謚文僖

平山人 甲寅生

太祖 癸酉 翰林 世宗 己未大拜 至左相 入耆社 配世宗廟

신공(申公) 개(槩)는 자가 자격(子格) 호는 인재(寅齋), 시호는 문희(文僖)이다.
본관은 평산(平山)이며 갑인(1374)년에 태어났다.
태조 계유(1393)년에 한림(翰林, 예문관검열)이 되었으며, 세종 기미(1439)년 좌의정에 올랐다. 기로소에 들어갔고, 세종의 묘정(廟庭)에 배향되었다.

필자

신개 申槩

1374년(공민왕 23) ~ 1446년(세종 28)

조선전기 우참찬, 우의정, 좌의정 등을 역임한 문신이다. 본관은 평산(平山). 자는 자격(子格), 호는 인재(寅齋) · 양졸당(養拙堂). 할아버지는 보문각대제학(寶文閣大提學) 신집(申諿)이고, 아버지는 종부시령(宗簿寺令) 신안(申晏)이다. 어머니는 문하찬성사(門下贊成事) 임세정(任世正)의 딸이다.

생애와 활동

1390년(공양왕 2) 사마시에 합격하고 1393년(태조 2) 식년 문과에 병과로 급제하여 검열로 발탁되었는데, 당시 태조가 실록을 보자고 할 때 그 불가함을 강력히 논하였다. 1413년(태종 13) 우사간대부(右司諫大夫)로 발탁되는 동시에 춘추관편수관 · 지제교(知製敎)를 겸임하였다.

간관(諫官)으로 있으면서 주장한 의정부서사제도(議政府署事制度)의 폐지는 다음 해에 실현되었다. 그 뒤 예조참의 · 병조참의 · 충청도관찰사 · 한성부윤을 역임했다. 1417년에 공조참판에 올랐고 천추사(千秋使)로 명에 다녀왔다. 세종 즉위 후 전라도 · 경상도 · 황해도의 도관찰사를 지내고, 형조참판 · 진주목사 · 우군총제 · 좌군총제 · 예문관대제학 · 전라도관찰사 · 중군도총제(中軍都摠制) · 대사헌 등을 역임하였다.

1433년(세종 15)에는 야인이 자주 변경을 침입하자 이들을 토벌하도록 하였다. 이후 우참찬에 올라 지춘추관사(知春秋館事)를 겸임하면서 『고려사(高麗史)』 편찬에 참여하였다. 1442년(세종 24)에는 감춘추관사(監春秋館事)로 권제(權踶) 등과 더불어 편찬한 『고려사(高麗史)』를 올렸다. 1444년(세종 26)에 궤장(几杖)을 하사받고 기로소(耆老所)에 들었다. 이듬해 좌의정이 되었다.

재상으로 있으면서 공법(貢法) · 축성(築城) 등으로 백성들이 불편해하는 부분을 건의해 시정하도록 하였다. 세종의 묘정에 배향되었다. 시호는 문희(文僖)이다. 저서는 『인재문집(寅齋文集)』이 있다.

06

배극렴裵克廉의 시詩

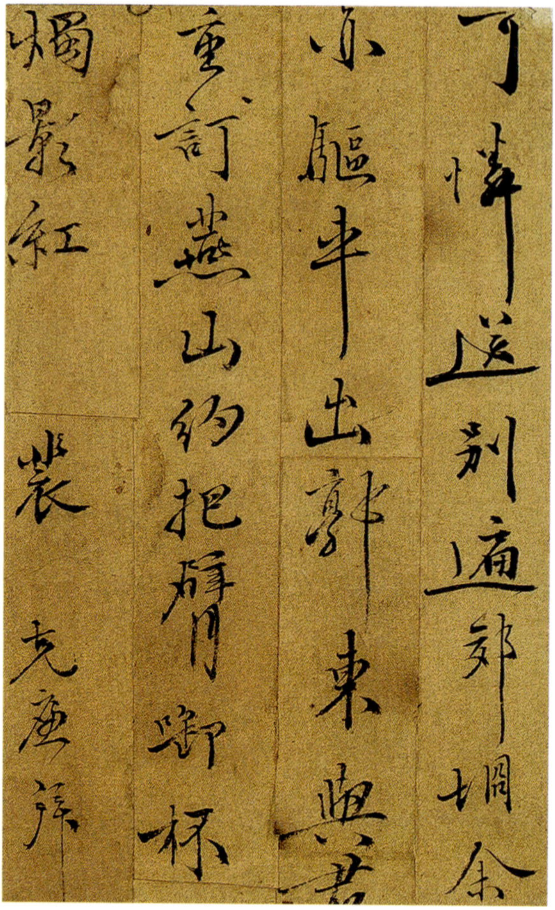

배극렴裵克廉의 시詩
12.0x15.9cm

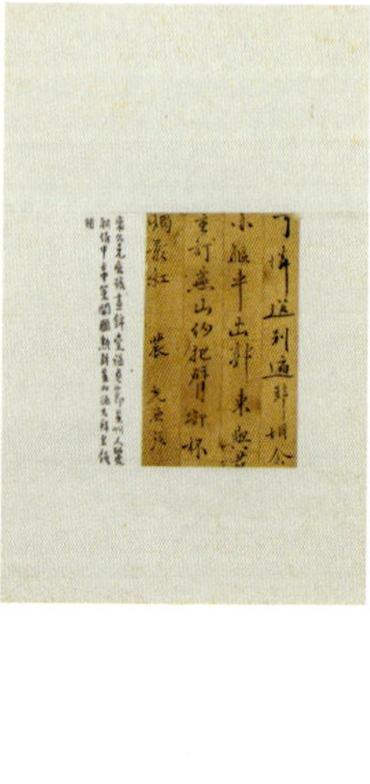

원문

可憐送別遍郊垌
余亦驅車出郭東
與君重訂燕山約
把臂啣杯燭影紅
　裵克廉 拜

들판에 서서 서글프게 송별하고서
나도 수레를 몰아 성곽 동쪽을 나서네.
그대와 더불어 연산(燕山)의 언약을 다시 잡아
두 손 부여잡고 술잔 기울이면 촛불그림자 붉으리라.
　배극렴 올림

제발

裵公 克廉 號 書錦堂 諡貞節 星州人
麗朝侍中 壬申 策 開國勳 封星山伯 大拜至領相

배공(裵公) 극렴(克廉)의 호는 주금당(書錦堂), 시호는 정절(貞節)이다. 본관은 성주(星州)이다. 고려조정에서 시중(侍中)을 지냈다. 임신(1392)년 개국공신에 책록되고 성산백(星山伯)에 봉해졌으며 영의정을 지냈다.

필자

배극렴 裵克廉

1325년(충숙왕 12) ~ 1392년(태조 1)

조선전기 문신으로 개국1등공신에 책록된 공신이다. 본관은 경산(京山: 지금의 星州). 자는 양가(量可), 호는 필암(筆菴) · 주금당(晝錦堂). 문음(門蔭) 출신. 아버지는 위위시소윤(衛尉寺少尹) 배현보(裵玄甫)이다.

생애와 활동

고려 말 진주 · 상주의 목사(牧使)와 계림윤(鷄林尹) · 화령윤(和寧尹) 등 외직을 담당할 때 선정을 베풀었다.

1376년(우왕 2)에는 진주도원수(晉州都元帥)로 진주에 침략한 왜구를 반성현(班城縣)에서 크게 격파하였다. 이듬해에는 경상도도순문사(慶尙道都巡問使)가 되어 창원 합포(合浦)에 왜구 방어를 위한 축성을 완성했는데, 조선시대 경상우도병마절도사영(慶尙右道兵馬節度使營)의 번성(藩城)이 그것이다. 1380년(우왕 6)에는 밀직부사(密直副使)에 올랐다.

1388년(우왕 14) 요동 출병 때 이성계(李成桂)의 휘하에 참여하여 위화도회군(威化島回軍)을 도와주었다. 1390년(공양왕 2)에는 평리(評理)로서 회군공신(回軍功臣)에 추록되었다. 같은 해에 양광도찰리사(楊廣道察理使)가 되어 한양 궁궐의 조성을 감수하였다. 이어 3군도총제부(三軍都摠制府)의 중군총제사(中軍摠制使)가 되어 도총제사(都摠制使) 이성계의 병권 장악에 일익을 담당하였다.

1392년 조준(趙浚) · 정도전(鄭道傳)과 함께 이성계를 추대하여 1등 개국공신이 되었다. 성산백(星山伯)에 봉해지고 문하좌시중(門下左侍中)이 되었다. 그러나 이방석(李芳碩)이 세자에 책봉되는 데 관여했다는 이유로 후에 태종에 의해 폄하(貶下)되었다. 시호는 정절(貞節)이다.

07

최치운崔致雲의 시詩

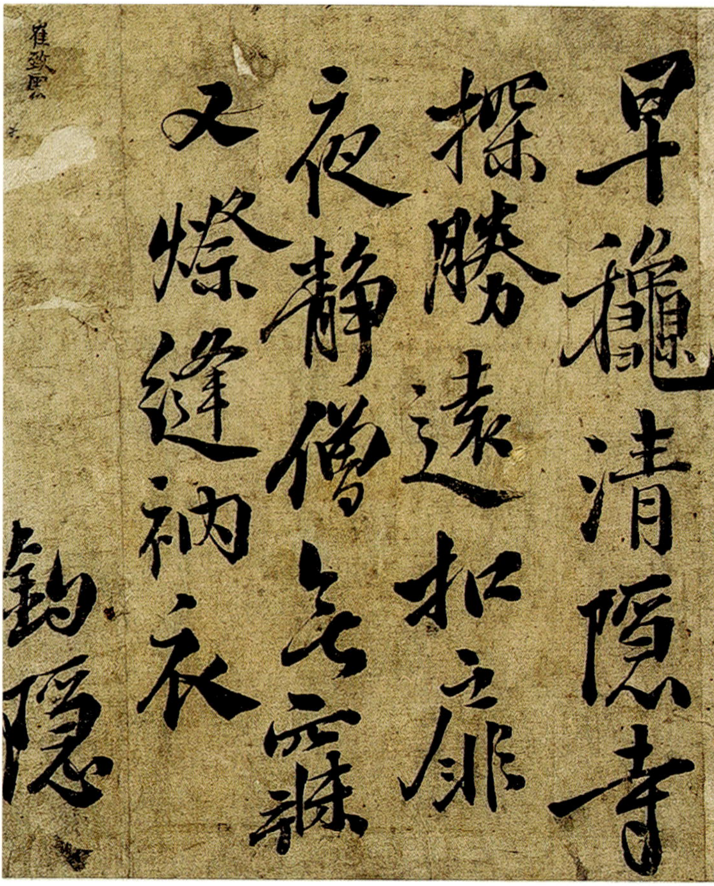

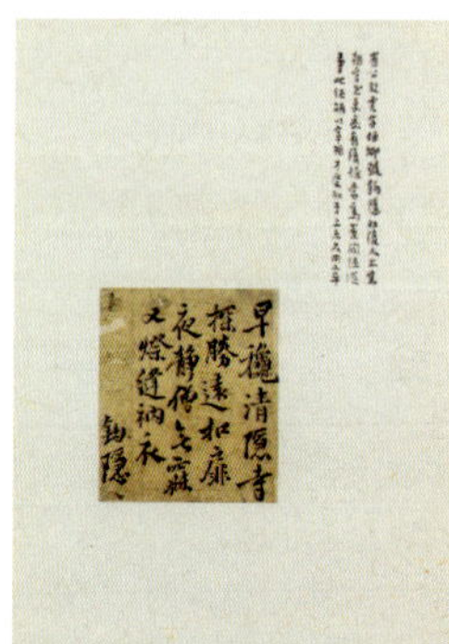

최치운 崔致雲의 시詩
10.7×12.4cm

원문

早秋淸隱寺
探勝遠扣扉
夜靜僧無寐
又燈縫衲衣
　釣隱

초가을 청은사
아름다운 경치를 찾아 멀리 와 사립문을 두드리네.
밤은 고요한데 중은 잠을 이루지 못하고
등불 다시 돋우고 납의(衲衣, 중의 옷)를 깁고 있구나.
　조은

제발

崔公致雲 字伯卿 號釣隱 江陵人
太宗朝 官至吏參 有淸操
嘗爲崔閏德從事 北征胡 以宰相才 受知于上 未及用而卒

최공(崔公) 치운(致雲)의 자는 백경(伯卿)이며, 호는 조은(釣隱)이다. 본관은 강릉(江陵)이다.
태종조에 관직은 이조참판에 이르렀으며 깨끗한 지조를 지녔다. 일찍이 최윤덕(崔閏德)의 종사관이 되어 오랑캐를 정벌하였고, 재상의 재목으로 임금에게 인정받았으나 서용되지 못하고 죽었다.

필자

최치운 崔致雲

1390년(공양왕 2) ~ 1440년(세종 22)

조선전기 이조참의, 예문관제학, 이조참판 등을 역임한 문신이다. 본관은 강릉(江陵). 자는 백경(伯卿), 호는 경호(鏡湖) · 조은(釣隱). 할아버지는 좌윤 최원량(崔元亮)이고, 아버지는 최안린(崔安獜)이며, 어머니는 전인구(全仁具)의 딸이다.

생애와 활동

1408년(태종 8) 사마시에 합격하고, 1417년 식년문과에 동진사(同進士)로 급제하였다. 승문원에 등용된 뒤 집현전에 들어가서 학문을 연구하였다. 1433년(세종 15) 경력(經歷)이 되어 평안도도절제사 최윤덕(崔潤德)의 종사관(從事官)으로서 야인정벌에 공을 세우고 돌아와 지승문원사(知承文院事)가 되었다. 이어 판승문원사(判承文院事)가 되고, 공조참의와 이조참의를 거쳐 좌승지를 지냈다.

1439년 공조참판으로 계품사(啓稟使)가 되어 명나라에 가서 범찰(凡察) · 동창(童倉) 등의 야인들이 양민으로 경성지역에 영주할 수 있도록 요청하고 이를 관철시켰다. 이 공으로 밭 300결(結)과 노비 30구가 상으로 내려졌으나 노비는 사양하였다. 예문관제학이 되고, 그 뒤 여러 차례 사신으로 명에 다녀와서 외교적인 공을 세웠다.

한편, 왕명으로 『무원록(無寃錄)』을 주석(註釋)하고 율문(律文)을 강해(講解)하는 등 학문정비에 기여하였다. 형옥(刑獄)에 관하여 여러번 왕에게 자문을 하였다. 이후 이조참판이 되었다.

술을 지나치게 즐겨 왕이 친서를 내려 절제할 것을 명하자, 그 글을 벽에 걸어두고 출입할 때에는 꼭 이것을 바라보았다는 일화가 전해진다. 강릉의 향사(鄕祠)에 제향되었다.

08

서거정徐居正의 시詩

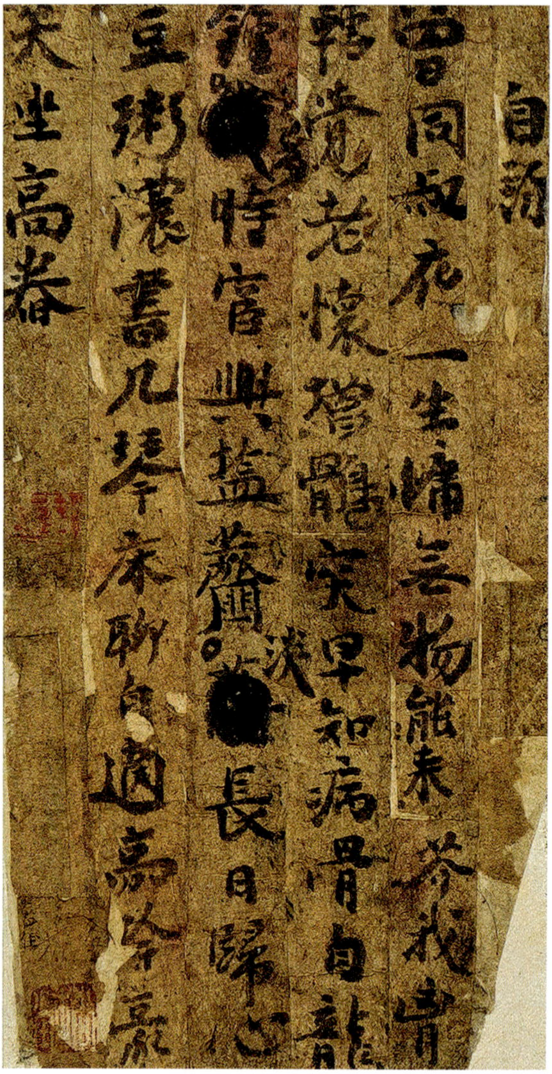

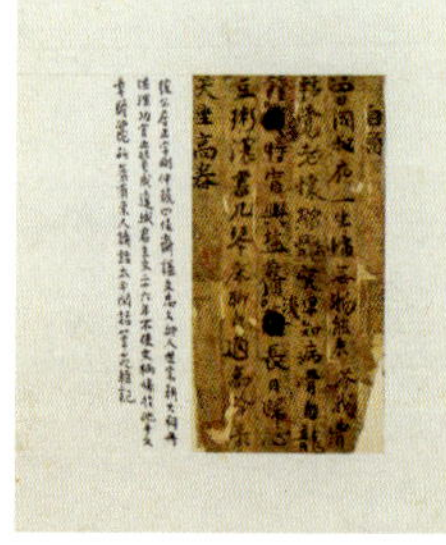

서거정徐居正의 시詩
10.4x19.8cm

원문

自詠

曾同叔夜一生慵
無物能來芥我胷
轉覺老懷增鶻突
早知病骨自龍鍾

多時官興塩虀淡
長日歸心豆粥濃
書几琴床聊自適
高吟豪笑坐高春

스스로 읊다[1]

일찍이 숙야(叔夜)[2]처럼 일생이 게을러
마음에 걸릴 것은 아무것도 없었네.
늙고 보니 생각이 점점 흐리멍덩해[3]짐을 깨닫게 되고
허약한 몸은 절로 노쇠했음을 일찌감치 알겠네.

---

1 《사가집(四佳集)》〈사가시집보유(四佳詩集補遺)〉 제1권에 수록되어 있다.

2 숙야(叔夜)는 죽림칠현의 한 사람인 혜강(嵇康)의 자이다. 친구 산도(山濤)가 자신의 관직을 대신하도록 그를 천거하자, 절교서(絕交書)를 보내 완강히 거절하였는데, 그 절교서에 '자신은 성질이 거칠고 게을러서 15일 혹은 한 달씩이나 머리와 얼굴을 씻지도 않고,……몸에는 이가 항상 득실거리고, 방종한 생활을 한 지 이미 오래되어 합당치 못하다'고 썼다.

3 원문의 '골돌(鶻突)'은 흐리멍덩하여 사리에 분명하지 못함을 이른 말이다.

오랜 관직의 감흥은 절인 채소[4]처럼 담담한데
기나긴 날 돌아갈 마음은 팥죽처럼 짙구나.
애오라지 책과 거문고로 마음 내키는 대로 살며
황혼을[5] 바라보며 크게 읊조리고 한바탕 웃으리.

제발

徐公居正 字剛仲 號四佳齋 謚文忠 大邱人
世宗朝大科 冊佐理功
官止贊成 達城君 主文 二十六年 不使文柄歸於他手 文章贍麗
所著有東人詩話 太平閑話 筆苑雜記

서공(徐公) 거정(居正)의 자는 강중(剛中), 호는 사가재(四佳齋), 시호는 문충(文忠)이다. 본관은 대구이다.
세종조에 대과(大科)에 급제하고 좌리공신(佐理功臣)에 책록(冊錄)되었다. 벼슬은 찬성(贊成)에 이르렀고, 달성군(達城君)에 봉해졌다. 주문(主文, 대제학)을 26년간 역임하여 문병(文柄)이 다른 이의 손에 돌아가지 않도록 하였다. 문장이 풍부하고 아름다웠다.
저술로 『동인시화』, 『태평한화(골계전)』, 『필원잡기』가 있다.

4 원문 '염제(塩虀)'의 '염'은 소금, '제'는 절인 채소를 뜻한다.
5 해가 서산 너머로 지는 모습을 절구에 해가 들어가서 마치 절구를 찧는 모양, 즉 '고용(高舂)'으로 은유하였다.

필자

서거정 徐居正

1420년(세종 2) ~ 1488년(성종 19)

조선전기 형조판서, 좌참찬, 좌찬성 등을 역임한 문신이다. 본관은 대구(大丘). 자는 강중(剛中) · 자원(子元), 호는 사가정(四佳亭) 혹은 정정정(亭亭亭). 서익진(徐益進)의 증손으로, 할아버지는 호조전서(戶曹典書) 서의(徐義)이고, 아버지는 목사(牧使) 서미성(徐彌性)이다. 어머니는 권근(權近)의 딸이다. 자형(姉兄)이 최항(崔恒)이다.

생애와 활동

1438년(세종 20) 생원 · 진사시에 모두 합격하고, 1444년(세종 26) 식년 문과에 을과로 급제해 사재감직장(司宰監直長)에 제수되었다. 1457년(세조 3) 문과 중시에 병과로 급제, 우사간 · 지제교에 초수(招授)되었다. 1458년 정시(庭試)에서 우등해 공조참의 · 지제교에 올랐다가 곧이어 예조참의로 옮겼다. 1466년(세조 12) 발영시(拔英試)에 을과로 급제해 예조참판이 되었다. 이어 등준시(登俊試)에 3등으로 급제해 행동지중추부사(行同知中樞府事)에 특가(特加)되었으며, 『경국대전(經國大典)』 찬수에도 참가하였다. 1471년(성종 2) 순성명량좌리공신(純誠明亮佐理功臣) 3등에 녹훈되고 달성군(達城君)에 봉해졌다. 여섯 왕을 섬겨 45년간 조정에 봉사, 23년간 문형을 관장하고, 23차에 걸쳐 과거 시험을 관장해 많은 인재를 뽑았다.

학문이 매우 넓어 천문(天文) · 지리(地理) · 의약(醫藥) · 복서(卜筮) · 성명(性命) · 풍수(風水)에까지 관통하였다. 문장에 일가를 이루고, 특히 시(詩)에 능하였다. 저술로는 시문집으로 『사가집(四佳集)』이 전한다. 공동 찬집으로 『동국통감(東國通鑑)』 · 『동국여지승람(東國輿地勝覽)』 · 『동문선(東文選)』 · 『경국대전(經國大典)』 · 『연주시격언해(聯珠詩格言解)』가 있다. 개인 저술로서 『역대연표(歷代年表)』 · 『동인시화(東人詩話)』 · 『태평한화골계전(太平閑話滑稽傳)』 · 『필원잡기(筆苑雜記)』 · 『동인시문(東人詩文)』 등이 있다. 서거정에 의해 편찬된 사서 · 지리지 · 문학서 등은 많은 문화적 업적을 남겼다.

조선 전기 세종에서 성종대까지 문병(文柄)을 장악했던 핵심적 학자의 한 사람으로서 서거정의 학풍과 사상은 이른바 15세기 관학(官學)의 분위기를 반영하였다. 시호는 문충(文忠)이다.

09

허종 許琮의 시詩

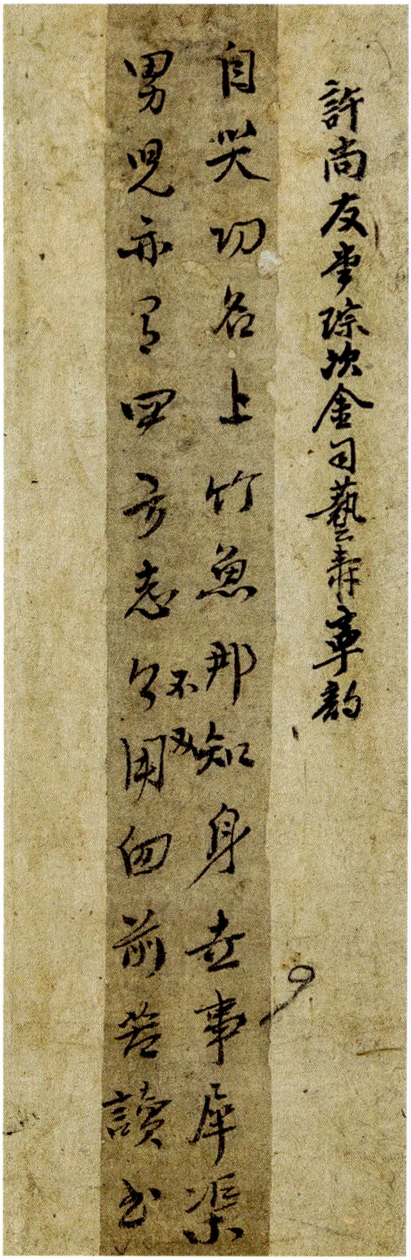

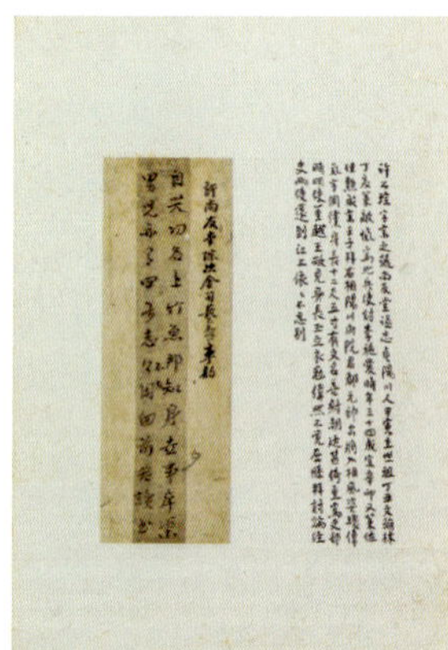

허종 許琮의 시詩
7.7x22.8cm

원문

許尙友堂琮 次金 司藝 壽寧 韻

自笑功名上竹魚
那知身世事犀渠
男兒亦有四方志
不又窓前苦讀書 今用

상우당(尙友堂) 허종(許琮)이 성균사예(成均司藝) 김수녕(金壽寧)의 운으로 시를 짓다.

가소롭다. 공명(功名)은 대나무 위 생선[1] 같은데
누군들 서거(犀渠)[2] 들 신세일 줄 알았으랴.
남아로 태어나 사방을 경영할 뜻도 가졌으나
창 앞에서 다시는 애써 글 읽지 않으리라.[3]

---

1 몸이 미끄러운 메기가 대나무를 타고 올라가는 것 같이 아무리 힘을 들여 풀려고 해도 잘 풀리지 않는 상황을 비유할 때 쓰는 '점어죽간(鮎魚竹竿)'에서 온 말이다. 송(宋)나라 매성유(梅聖俞)가 시로 이름을 날리면서도 30년 동안 관직을 얻지 못하다가 만년에 『당서(唐書)』를 편수하게 되었을 때, 아내에게 말하기를, "자유스럽던 원숭이가 푸대 속에 들어가 구속당하는 것 같다(可謂猢猻入布袋矣)"고 하자, 아내가 말하기를, "당신의 벼슬살이는 메기가 대나무를 타고 오르는 것과 다를 것이 없다(君於仕宦 亦何異鮎魚上竹竿耶)"고 대꾸했다는 고사에서 나왔다. '구양수(歐陽脩)'의 『귀전록(歸田錄)』에 나온다.

2 서거(犀渠)는 방패 이름. 좌사(左思)의 오도부(吳都賦)의, "家有鶴膝 戶有犀渠"라고 한 그 주에, '渠楯也'라 하였음. 서거(犀渠)는 곧 무소의 가죽으로 만든 방패이다. 『國語 吳語』

3 원래 구절은 '금용(今用)'으로 시작되어 창 앞에서 글을 읽는다는 의미로 썼으나, 나중에 부정의 의미로 바꾸었다. 이는 아마 문과에 급제한 문인으로서 출정을 앞두고 생긴 마음의 변화로 추측된다.

제발

許公 琮 字 宗之號 尙友堂 諡 忠貞 陽川人 甲寅生

世祖 丁丑 文翰林 丁亥策敵愾 爲北兵使 討李撕捱 時年三十四 成宗 辛卯 又策佐理勳

成宗 壬子 拜右相 陽川府院君 都元帥 出將入相

風姿瓌偉 氣宇倜儻 身長 十二尺五寸 文名善射 朝廷甚倚 重爲吏部

時明使董越王敞 見身長玉立 衣冠偉然 不覺屈膝拜 討論經史

兩使還到 江上依依不忍別

허공(許公) 종(琮)의 자는 종지(宗之)이고 호는 상우당(尙友堂), 시호는 충정(忠貞)이다. 본관은 양천(陽川)이며 갑인(1434)년에 태어났다.

세조조 정축(1457)년 문과에 급제하여 한림(翰林)이 되고, 정해(1467)년 적개공신(敵愾功臣)으로 책록되었다. 함경북도 병마절도사(咸鏡北道兵馬節度使)로서 이시애(李施愛)를 토벌하였으니, 그때가 34세였다. 성종 신묘(1471)년 또 한 번 좌리공신(佐理功臣)에 책록되었고, 성종 임자(1492)년 우의정, 양천부원군(陽川府院君), 도원수(都元帥)를 모두 역임하였으므로, 문무(文武)를 다 갖추어 장상(將相)의 벼슬을 모두 지낸 것이다.

풍채가 훌륭하고 기개와 도량이 탁월하였다. 키는 12척 5촌이었고 글로 이름이 났으며, 활을 잘 쏘았다. 조정이 그에게 심히 의지하여 이조(吏曹)에 중용하였다.

명나라 사신 동월(董越)과 왕창(王敞)은 그의 우뚝한 큰 키와 당당한 의관을 보고서 저절로 무릎을 꿇고 절을 올렸으며, 경전과 역사를 토론하였다.

두 사신은 돌아가는 길에 강가에 이르러 이별을 무척 아쉬워하였다.

필자

허종許琮

1434년(세종 16) ~ 1494년(성종 25)

조선전기 병조판서, 우의정, 내의원제조 등을 역임한 문신이다. 본관은 양천(陽川). 자는 종경(宗卿)·종지(宗之), 호는 상우당(尙友堂). 허기(許愭)의 증손으로, 할아버지는 양양도호부사 허비(許扉)이고, 아버지는 군수 허손(許蓀)이며, 어머니는 부녹사 최안선(崔安善)의 딸이다. 좌의정 허침(許琛)의 형이다.

생애와 활동

1456년(세조 2)에 생원시를 거쳐, 1457년 별시문과에 을과로 급제하였다. 1460년 여진족의 침입 때 평안도병마절제사도사로 출정했고, 조정으로 돌아와 성균관주부·예문관봉교 등을 거쳐 이듬해 형조도관좌랑이 되었다.

1467년 이시애(李施愛)의 난을 평정한 공으로 적개공신 1등에 책록되고 양천군(陽川君)에 봉해졌다. 1470년(예종 2) 병조판서, 1477년(성종 8) 예조판서, 1481년(성종 12) 호조판서, 1487년(성종 18) 이조판서가 되었다. 1491년(성종 22) 여진족 우디거(兀狄哈)가 함길도 방면으로 침입하자, 북정도원수(北征都元帥)가 되어 이를 격파하고, 이듬해에 우의정에 올랐다.

문무를 겸비해 국방과 문예에 큰 공을 남겼고, 의학에도 조예가 깊어 내의원제조(內醫院提調)를 겸임하였다. 중종 때의 명의인 김순몽(金順蒙)·하종해(河宗海) 등을 가르쳤고, 천문·역법에도 조예가 깊었다. 서거정(徐居正)·노사신(盧思愼) 등과 『향약집성방(鄕藥集成方)』을, 서거정·노사신·어세겸(魚世謙)·유순(柳洵)·유윤겸(柳允謙) 등과 『연주시격(聯珠詩格)』·『황산곡시집(黃山谷詩集)』을 언해하였다. 또한 윤호(尹壕) 등과 『신찬구급간이방(新撰救急簡易方)』을 편찬하였다.

문집으로는 『상우당집』이 있다. 편서에는 『의방유취(醫方類聚)』를 요약한 『의문정요(醫門精要)』가 있다. 성종조의 청백리로 녹선되었다. 시호는 충정(忠貞)이다.

10

김굉필金宏弼의 시詩

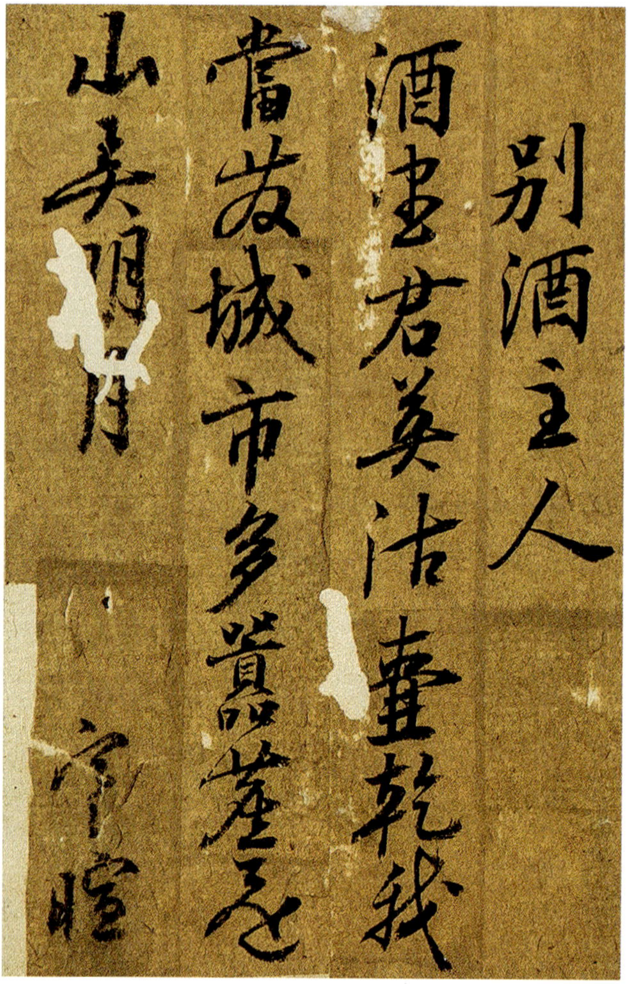

김굉필 金宏弼의 시詩
10.0x15.5cm

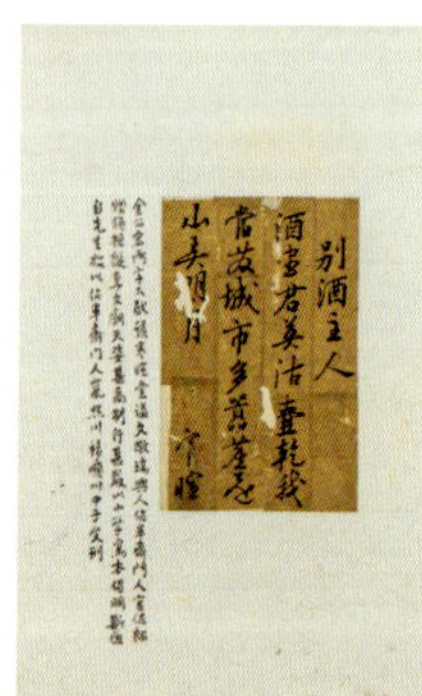

원문

別酒主人

酒盡君莫沽
壺乾我當發
城市多囂塵
還山弄明月
　寒暄

주인과 작별주를 나누며.

술이 떨어져도 그대여 다시 사오지 말게.
술병이 바닥나면 나는 떠나려하네.
저자거리는 너무도 시끄러우니
산으로 돌아가 밝은 달을 즐기리라.
　한훤

제발

金公 宏弼 字 大猷 號 寒暄堂 謚 文敬 瑞興人
佔畢齋 門人 官 佐郎 贈 領相 從享文廟
天姿甚高 制行甚嚴 以小學爲本 倡明斯道
自先生 始以佔畢齋門人 竄熙川 移順川 甲子受刑

김공(金公) 굉필(宏弼)의 자는 대유(大猷), 호는 한훤당(寒暄堂), 시호는 문경(文敬)이다. 본관은 서흥(瑞興)이다.
점필재(佔畢齋)의 문인으로 관직은 좌랑(佐郎)을 역임하였으며, 영의정에 추증되고 문묘에 배향되었다. 타고난 자질이 뛰어나고 몸가짐이 매우 엄정하였다. 소학을 바탕으로 삼아 유학의 도를 밝혔으니, 선생으로부터 점필재의 문인이 비롯되었다. 희천(熙川)에 유배를 당했다가 순천(順川)으로 이배되었고, 갑자(1504)년에 형을 받았다.

필자

김굉필 金宏弼

1454년(단종 2) ~ 1504년(연산군 10)

조선전기 사헌부감찰, 형조좌랑 등을 역임한 문신이며 학자이다. 본관은 서흥(瑞興). 자는 대유(大猷), 호는 사옹(簑翁) · 한훤당(寒暄堂). 예조참의 김중곤(金中坤)의 증손으로, 할아버지는 의영고사(義盈庫使) 김소형(金小亨)이고, 아버지는 충좌위사용(忠佐衛司勇) 김뉴(金紐)이며, 어머니는 청주 한씨(淸州韓氏)로 중추부사(中樞副使) 한승순(韓承舜)의 딸이다.

생애와 활동

김종직(金宗直)의 문하에 들어가『소학(小學)』을 배웠다. 이를 계기로『소학』에 심취해 스스로를 '소학동자'라 일컬었다. 1480년(성종 11) 생원시에 합격해 성균관에 입학하였다. 1494년 이극균(李克均)의 천거해 남부참봉에 제수되면서 관직 생활을 시작하였다. 1496년(연산 2) 군자감주부에 제수되었으며, 사헌부감찰을 거쳐 이듬해에는 형조좌랑이 되었다.

1498년(연산 4) 무오사화 때 김종직의 문도라는 죄목으로 평안도 희천에 유배되고 2년 뒤 순천으로 이배되었다. 1504년(연산 10) 갑자사화 때 무오당인의 죄목으로 극형에 처해졌다. 중종반정 이후 신원하여 도승지에 추증하고, 1517년(중종 12) 다시 우의정에 추증되었다. 그러나 1519년 기묘사화 때 다시 김굉필에 내려진 증직과 은전에 대한 수정론이 대두되었다. 1610년(광해군 2) 대간과 유생들의 지속적인 상소로 정여창 · 조광조 · 이언적 · 이황 등과 함께 오현(五賢)으로 문묘에 종사되었다.

학문적으로는 정몽주(鄭夢周) · 길재(吉再) · 김숙자(金叔滋) · 김종직의 학문을 계승하였다. 후학으로는 조광조(趙光祖)가 있다.

아산의 인산서원(仁山書院), 서흥의 화곡서원(花谷書院), 희천의 상현서원(象賢書院), 순천의 옥천서원(玉川書院), 현풍의 도동서원(道東書院) 등에 제향되었다. 저서로는『경현록(景賢錄)』·『한훤당집(寒暄堂集)』·『가범(家範)』등이 있다. 시호는 문경(文敬)이다.

11

성수침成守琛의 필적

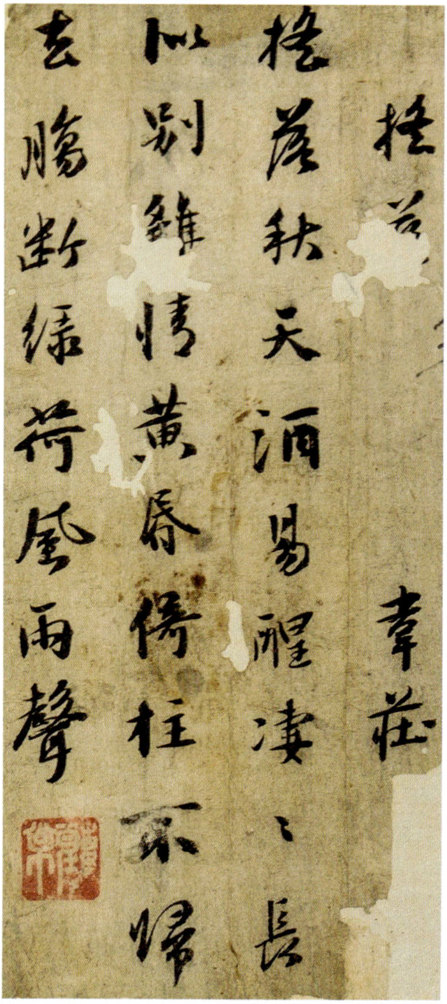

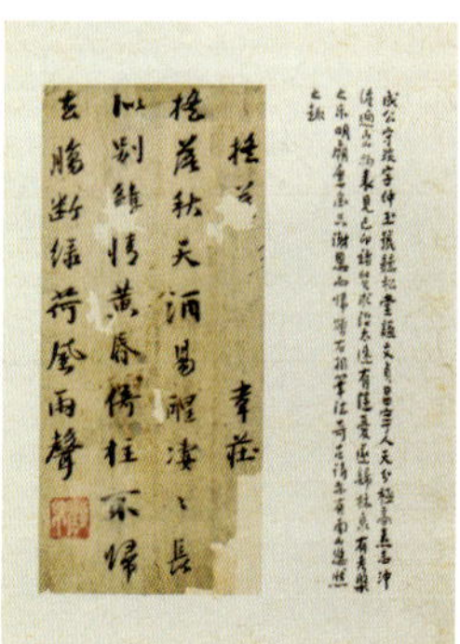

성수침成守琛의 필적
13.1 x 29.5cm

원문

搖落* 韋莊

搖落秋天酒易醒
淒淒長似別離情
黃昏倚柱不歸去
腸斷綠荷風雨聲

낙엽은 지고 위장

낙엽 지는 가을날 술은 쉬이 깨고
아득한 소슬함은 이별의 정과 같네.
황혼 녘 기둥에 기대어 돌아가지 못하니
푸른 연 위 비바람 소리 애간장을 끊누나.

* 여기에 쓴 글씨는 중국 당나라 말기에 활약한 시인 '위장(韋莊 851~910)'의 시 「요락(搖落)」이다.

제발

成公 守琛. 字 仲玉 號 聽松堂 諡 文貞 昌寧人

天分極高 素志沖澹 逈出物表 見己卯諸賢 求治太速 有隱憂遂歸林泉 有考槃之樂

明廟屢徵 只謝恩而歸

贈右相 筆法奇古 詩亦有南山悠然之趣

성공(成公) 수침(守琛)의 자는 중옥(仲玉), 호는 청송당(聽松堂), 시호는 문정(文貞)이다. 본관은 창녕(昌寧)이다.

타고난 자질이 무척 뛰어나고 본디 품은 뜻이 담백하고 맑아 세속의 티끌에서 멀리 벗어났다. 기묘제현(己卯諸賢)을 보며 성급한 정치[1]에 번민을 느끼고 초야에 묻혀 은거의 즐거움을 누렸다. 명종조에 여러 번 불렀으나 다만 사은만 하고 돌아갔다.

우의정에 추증되었으며 필법이 기이하고 예스러우며 고아하였다. 시에도 또한 「남산유연지취(南山悠然之趣)」[2]가 있었다.

1 성급한 정치('求治太速')는 '소동파(蘇東坡 1037~1101)'의 "신종(神宗) 황제께 올리는 글(上神宗皇帝書)"에 나온다. '신종'이 '왕안석(王安石 1069~1076)'을 발탁하여 신법(新法)의 시행을 단행하자 급하게 정치하는 것은 황제가 경계할 일이라는 뜻을 쓴 글이다.

2 '남산유연지취(南山悠然之趣)'는 전원으로 돌아가 일평생 은둔하며 시를 지은 '도연명(陶淵明 365~427)'의 운치가 있다는 뜻으로 썼다. 도연명의 시 "음주(飮酒)"에 "동쪽 울 밑에서 국화를 꺾어 들고 편안한 마음으로 남산을 바라보네(采菊東籬下, 悠然見南山)"라는 구절에서 인용하였다.

필자

성수침 成守琛

1493년(성종 24) ~ 1564년(명종 19)

본관은 창녕(昌寧). 자는 중옥(仲玉), 호는 청송(聽松) · 죽우당(竹雨堂) · 파산청은(坡山淸隱) · 우계한민(牛溪閒民). 한성부윤 성득식(成得識)의 증손으로, 할아버지는 현령 성충달(成忠達)이고, 아버지는 대사헌 성세순(成世純)이다. 어머니는 강화부사 김극니(金克怩)의 딸이다.

생애와 활동

아우 성수종(成守琮)과 함께 조광조(趙光祖)의 문인이다. 1519년(중종 14) 현량과(賢良科)에 천거되었으나 기묘사화가 일어나자 벼슬을 단념하였다. 집에 '청송'이라는 편액을 내걸고 두문불출하며, 『대학(大學)』과 『논어(論語)』 등 경서 공부에 전념하였다.

1541년(중종 36) 유일(遺逸)로서 후릉참봉(厚陵參奉)에 임명되었으나 사양하고, 어머니를 모시고 처가가 있는 우계(牛溪)에 은거하였다. 1552년(명종 7) 내자시주부(內資寺主簿) · 예산현감(禮山縣監) · 토산현감(兔山縣監) · 적성현감(積城縣監)에 임명되었으나 모두 사양하였다. 1564년(명종 19) 사지(司紙)에 임명되었으나 나이가 많다는 이유로 사퇴하였다. 세상을 떠날 때는 집안이 가난하여 장례를 지낼 수가 없었다. 이에 사간원의 상소로 국가에서 관곽(棺槨)과 미두(米豆)와 역부(役夫)를 지급해주고 사헌부집의(司憲府執義)에 추증하였다.
조선 초기 성리학의 토착화는 조광조를 중심으로 하는 도학사상으로 나타났는데 이는 대의명분과 요순(堯舜)의 지치(至治)를 현실에 구현하려는 것이었다. 그러나 기묘사화로 불가능하게 되자, 은일(隱逸)을 일삼고 산간에 묻혀 자기수양과 실천에 힘썼다. 성수침의 문하에서 아들 성혼(成渾)을 비롯한 많은 석학들이 배출되었다.

저서로는 『청송집(聽松集)』이 있으며, 「방참판유령묘갈(方參判有寧墓碣)」 등이 있다. 영의정에 추증되었으며, 파주의 파산서원(坡山書院)과 물계(勿溪)의 세덕사(世德祠)에 제향되었다. 시호는 문정(文貞)이다.

12

신종호 申從護가 보내는 간찰簡札

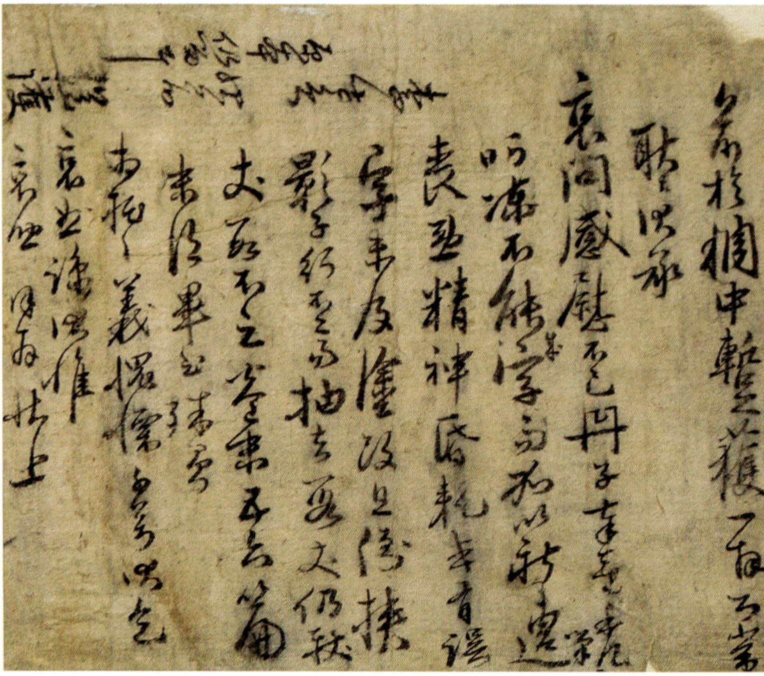

신종호 申從護가 보내는 간찰簡札
19.1 x 16.2cm

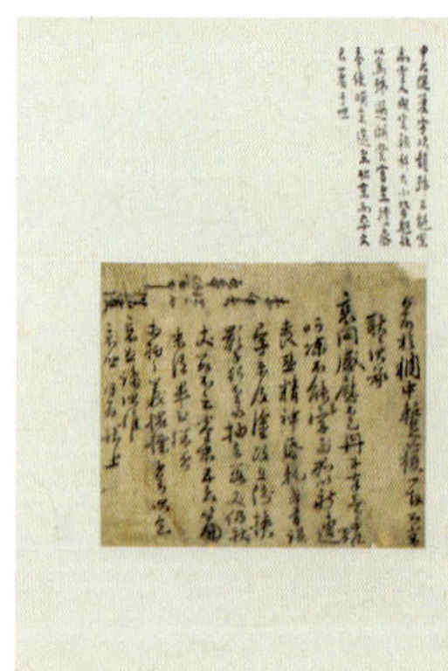

원문

前於稠中 蹔獲一拜 心常耿耿 伏承哀問 感慰不已
冊子奉還 禿筆呵凍 不能成字
而加以新遭喪患 精神昏耗 或有誤字 未及塗改 且倒挾影子 行不已易
抽去數丈 仍致丈數不足 卷末五六篇 未得畢書
殊負相托之義 愧慄千萬 伏乞哀恕諒

伏惟哀照 謹拜狀上　　從護
李生員 服前 原本仍留耳

지난 번 여러 사람이 있는 가운데 잠시 한 번 뵙고는 마음이 항상 아쉬웠는데 그대께서 보내신 안부편지[1]를 받고 감사와 위안이 끝이 없습니다.
책자는 돌려보냈습니다. 몽당붓으로 언 손을 녹여가며 쓴 탓에 글자가 제대로 되지 않았습니다. 게다가 새롭게 상을 치르게 되어 정신이 흐릿하여 혹시 오자(誤字)가 있어도 고쳐 쓰지 못하였습니다. 또한 등사된 것이 뒤집힌 채 끼어있어 쉽게 마무리되지 않았습니다.
몇 장을 빼내고 나니 장 수가 부족하여 책의 마지막 권 5, 6편을 다 쓰지 못하였습니다.
믿고 맡기신 마음을 저버린 듯하여 부끄럽고 두려운 마음 그지없습니다.
그대께서 해량해주시기만 빌 뿐입니다.

살펴주시기 바라며 삼가 글을 올립니다.　　종호
이 생원이 상을 치르기 전에 원본을 그대로 두었습니다.

1 원문 '애문(哀問)'은 '애'는 상중에 있는 상대방을 이르는 이인칭 대명사이다. 이후에 나오는 애서량(哀恕諒), 애조(哀照) 등의 표현도 그런 의미에서 쓴 것이다. 본문의 '영자(影字)'는 여러 문집 등에서 보인다. 문맥상 글자를 등사한 것이라는 뜻으로 보이나 분명하지는 않다.

제발

申公從護 字次韻 號三魁堂 高靈人
成宗朝科 大小皆魁 故以爲號選湖堂
官至禮參 奉使明京 還至松京而卒 文名著于世

신공(申公) 종호(從護)의 자는 차운(次韻)[2], 호는 삼괴당(三魁堂)이다.
본관은 고령(高靈)이다.
성종조 과거에 대과 · 소과 모두 장원하여 호당(湖堂)에 선발되어 들어갔으며, 관직은 예조참판에 이르렀다. 명경(明京 북경)에 사신으로 갔다가 송경(松京 개성)에 돌아와 죽었다. 문명으로 세상에 드러났다.

2 원신종호의 자는 '차소(次韶)'이다. 차운(次韻)은 오류로 보인다.

필자

신종호 申從護

1456년(세조 2) ~ 1497년(연산군 3)

조선전기 대사헌, 이조참판, 경기도관찰사 등을 역임한 문신이다. 본관은 고령(高靈). 자는 차소(次韶), 호는 삼괴당(三魁堂). 도승지 신장(申檣)의 증손으로, 할아버지는 영의정 신숙주(申叔舟)이고, 아버지는 봉례랑(奉禮郎) 신주(申澍)이다. 어머니는 영의정 한명회(韓明澮)의 딸이다.

생애와 활동

1474년(성종 5) 약관으로 성균진사시에서 장원하였고, 1480년(성종 11) 식년문과에서 다시 장원하였다. 그 해 감찰에 임명되고 사가독서(賜暇讀書)하였다. 이듬해 천추사(千秋使) 홍귀달(洪貴達)의 서장관(書狀官)으로 명에 갔다. 그 때 명의 역관에는 조선인들이 수료병(水潦病)에 걸려서 돌아오지 못하고 고생하는 자가 많았으므로 명의 예부(禮部)에 건의하여 그들을 치료하게 한 뒤 모두 귀환하게 하였다. 돌아온 뒤 수찬(修撰) · 교리를 역임하였다.

1486년(성종 17) 부응교로 있을 때 또다시 문과중시에 장원하여 과거제도가 생긴 이후 세 번이나 장원을 한 것은 처음이라며 칭송이 자자하였다. 그 해에 예빈시부정(禮賓寺副正)으로 초배(超拜) 되었고,『여지승람』을 정정하여『동국여지승람』으로 다시 찬술해내는 데 참여하였다. 1487년(성종 18) 왕명으로 요동(遼東)에서 한어(漢語)를 습득한 후 홍문관직제학이 되고, 1488년 부제학, 1489년 동부승지를 거쳐 예조참의 · 좌승지 · 우승지 · 도승지를 차례로 역임하였다. 1491년(성종 22) 대사헌으로 있을 때 북쪽 오랑캐 침입 사건에 관한 어전회의 중에 영의정을 모욕한 죄로 파면되었으나, 얼마 뒤 다시 등용되어 도승지 · 동지중추부사를 거쳐, 병조 · 예조 · 이조참판을 역임하였다. 1494년 경기도관찰사로 나갔으며, 1495년(연산군 1) 중앙으로 들어와 예조참판 겸 동지춘추관사(同知春秋館事)로 있으면서『성종실록』편찬에 참여하였다.

1496년(연산군 2) 병환을 무릅쓰고 정조사(正朝使)가 되어 명에 갔다가 1497년에 돌아오던 중에 개성에서 사망하였다. 관후(寬厚)한 장자의 풍모를 지녔으며, 문장과 시, 글씨에 뛰어났다. 저서는『삼괴당집』이 있다.

13

이언적李彥迪이 보내는 간찰簡札

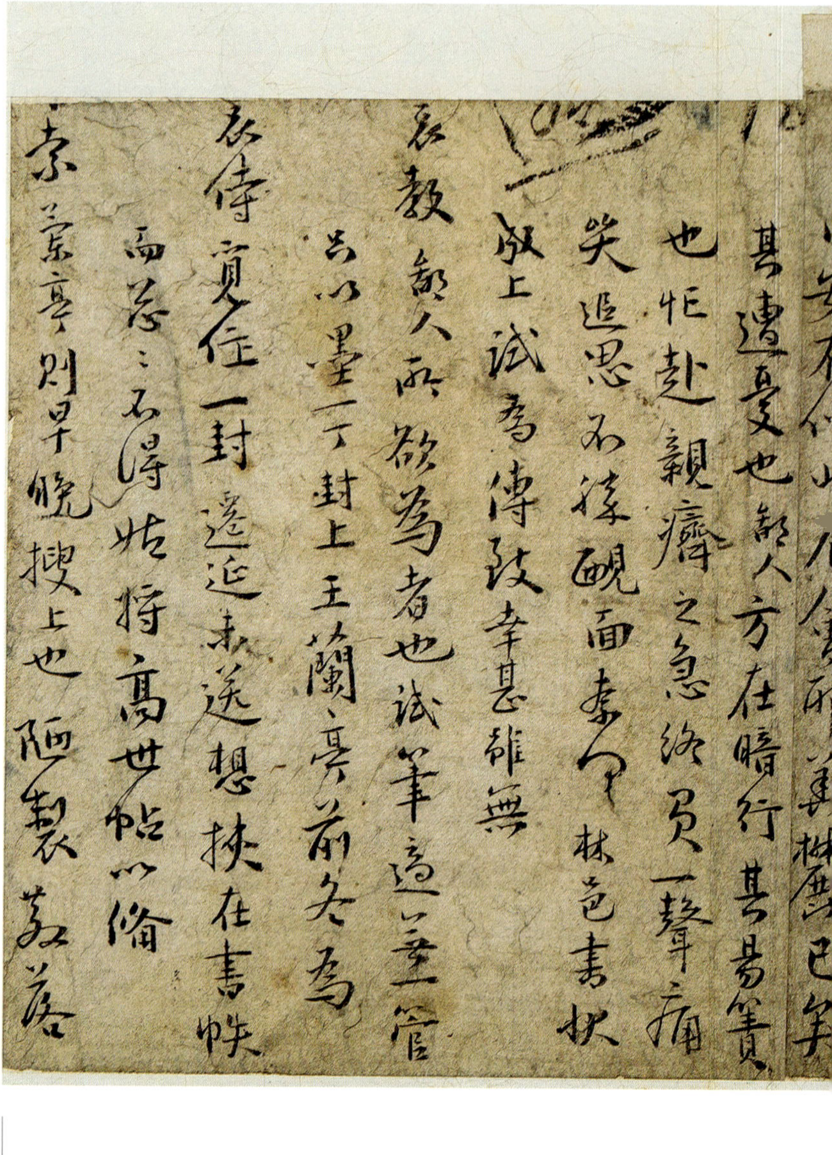

이언적李彥迪이 보내는 간찰簡札
32.1x21.5cm

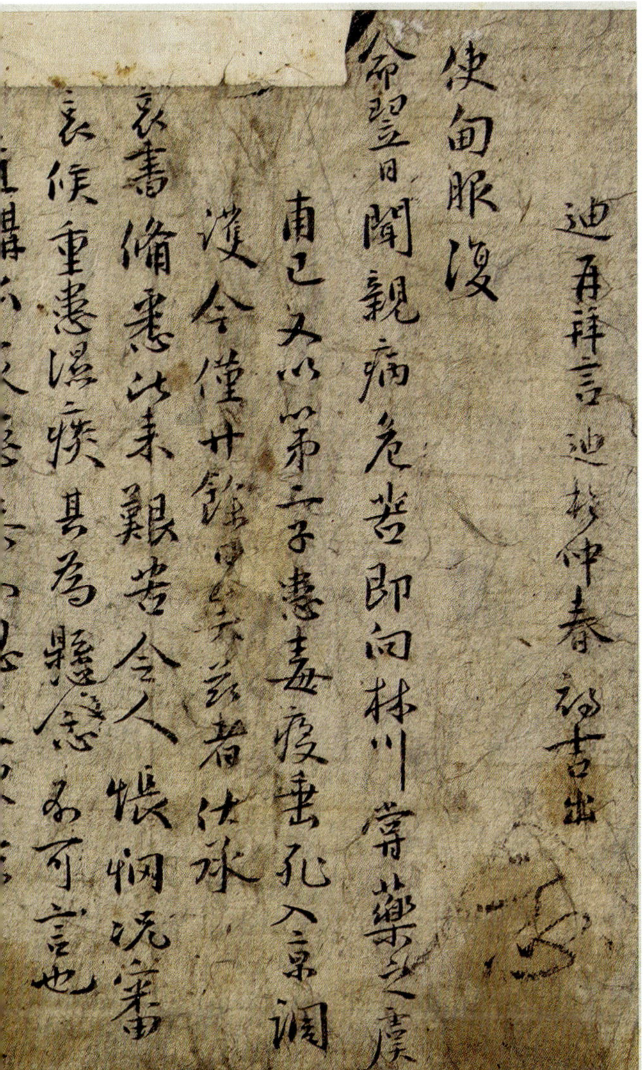
迪再拜言 迪杪仲春謝吉出
使甸服復
命翌日聞親病危苦即向林川嘗藥之虞
甫已又以第三子患毒疫垂孔入京調
護今僅廿餘日而又亡去者法冰
哀書備悉比來艱苦令人悵惘況審
哀侯重患濕痰甚爲懸念不可言也

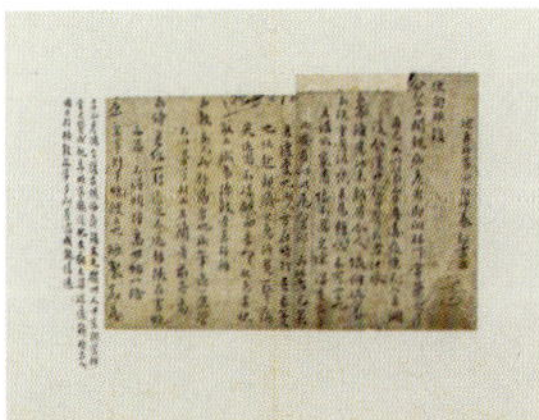

원문

迪再拜言 迪於仲春初吉 出使甸服 復命翌日 聞親病危苦 卽向林川
嘗藥之虞 甫已 又以第二子 患毒疫垂死 入京調護 今僅卄餘日矣
玆者伏承哀書 備悉比來艱苦 令人悵惘
況審哀候 重患濕痰 其爲懸念 不可言也

直講公家患 慘不忍更陳 浮生百年內 安有似此厄會耶
華麓已矣 其遭憂也 鄙人 方在暗行 其易簀也 忙赴親癠之急
終負一聲痛哭 追思不勝 靦面奈何

林邑書狀成上 試爲傳致 幸甚
雖無哀教 鄙人 所欲爲者也
試筆適無一管 只以墨一丁封上

王蘭亭 前冬爲哀侍 覓作一封 遷延未送 想挾在書帙 而悤悤不得
姑捋古世帖 以備索蘭亭 則早晚搜上也
陋製散落....

적(迪)[1]은 재배하고 아뢰니다.
적(迪)이 2월 초하루 전복(甸服)[2]으로 나갔다가 돌아와 보고를 한 다음 날 부모님이 병으로 위중하시다는 소식을 듣고 바로 임천(林川)으로 갔습니다. 부모님의 병 걱정[3]이 겨우 끝나자 또 둘째 아들이 독한 역질(疫疾)로 사경을 헤매고 있어 서울로 들어가 보살핀 지도 지금 거의 20여일이 되었습니다. 이즈음 상중의 그대께서 보내신 편지를 받고 나서 근래의 어려운 고통을 모두 잘 알게 되니 근심과 걱정으로 어쩔 줄 모르겠습니다. 하물며 그대께서 습담(濕痰)[4] 증세를 크게 앓고 계신다고 하니 안타까운 마음 말로 다할 수 없습니다.

직강공(直講公)[5] 집안의 우환은 너무 참혹하여 차마 다시 말씀드리지도 못하겠습니다.
덧없는 인생 백 년 동안에 어쩌면 이와 같은 액운이 있단 말입니까.
영화(榮華)의 기슭 끝에서 그가 우환을 마주할 때는 제가 암행(暗行) 중이었고, 그가 임종[6]할 때는 부모님의 병환이 위급하여 바삐 달려갈 때였습니다. 끝내 한마디 통곡도 못하였습니다. 추모하는 마음을 이겨낼 수도 없으니, 이 부끄러움을 어찌하면 좋겠습니까.

---

1 이언적의 초명은 이적(李迪)이었다. 31세 때 신하들 가운데 같은 이름을 가진 사람이 있어서 중종(中宗)이 언(彦) 자를 더하여 언적(彦迪)으로 명하게 하였다. 따라서 이 편지는 이언적의 31세 이전 편지로 추측할 수 있다.

2 전복(甸服)은 보통 경기(京畿) 지역의 지방 관리를 가리킨다.

3 원문의 상약(嘗藥)은 약을 달여 바치는 일을 말한다.

4 습담(濕痰)은 수습(水濕)이 속에 오랫동안 머물러 있어서 생긴 담증(痰證)이나 가래를 뜻한다.

5 직강공(直講公)은 미상이나 이언적의 생존연대를 살펴보건대 최립(崔岦, 1539~1612) 《간이집(簡易集)》 제3권 〈한경홍서첩서(韓景洪書帖序)〉의 내용 중 한호(韓濩, 1543~1605)의 외조부인 최영(崔泳)이 직강공(直講公)이라고 되어있다. 동일 인물인지는 불확실하여 추후 연구가 필요하다. "族祖直講公父子暨吾先考。皆以筆優場屋稱。…… 韓景洪。實直講公之甥孫。"

6 원문의 역책(易簀)은 스승이나 현인의 죽음을 가리키는 말이다. 책(簀)은 평상의 깔개를 뜻한다. 증자(曾子)가 병환 중에 화려한 깔개를 깔고 있었는데, 임종(臨終)할 당시 자신의 분수에 맞지 않는다고 하여 제자들에게 깔개를 바꾸게 한 데서 유래하였다. 『예기(禮記)』에 나온다.

임읍(林邑)에 보내는 서장(書狀)을 만들어 올립니다. 한 번 전해주시길 간절히 바랍니다.

비록 그대께서 말씀하시지 않았더라도 제가 하고 싶어서 한 것입니다.

과거시험에 쓸 붓은 마침 한 자루도 없습니다. 기껏 먹 한 개만 보내드립니다.

왕난정(王蘭亭)[7]은 지난 겨울 애시(哀侍)[8]를 위하여 1통 찾아서 썼는데 미적거리느라 보내지 못하였습니다. 아마도 책 속에 끼어있을 것으로 생각되지만 바빠서 찾지 못하고 우선 고세첩(古世帖)[9]에서 난정(蘭亭)[10]을 찾고 있으니, 조만간 찾아 올리도록 하겠습니다.

제가 쓴 글들은 여기저기 흩어져 있어...[11]

제발

李公 彦迪 字 復古 號 晦齋 謚 文元 驪州人
中宗朝登科 官止贊成 配享明宗廟 從祀文廟
天姿近道 穎悟出人 用力於格致之學 多少著述 成就後進

이공(李公) 언적(彦迪)의 자는 복고(復古), 호는 회재(晦齋), 시호는 문원(文元)이다.

본관은 여주(驪州)이다.

중종조에 과거에 급제하여 관직이 찬성(贊成)에 이르렀다. 명종의 묘정에 배향되고, 문묘(文廟)에 종사하였다.

천품이 도에 가깝고 총명이 남보다 뛰어났다. 격물치지(格物致知)의 학문에 마음을 쏟아 다수의 저술을 남겼으며, 후진을 양성하였다.

7 왕난정(王蘭亭)은 왕희지(王羲之)의 글씨를 말하는 듯하다.
8 애시(哀侍)의 원래 의미는 아버지 상중에 어머니를 모시고 있는 상주를 이르는 말이다.
9 고세첩(古世帖)은 옛날 글씨를 모아놓은 서첩을 말한다.
10 난정(蘭亭)은 왕희지의 난정서(蘭亭序)를 말하는 듯하다.
11 이하의 글은 사라져 없다.

필자

이언적李彦迪

1491년(성종 22) ~ 1553년(명종 8)

조선전기 예조판서, 형조판서, 좌찬성 등을 역임한 문신이자 학자이다. 본관은 여강(驪江: 여주(驪州)). 자는 복고(復古), 호는 회재(晦齋) · 자계옹(紫溪翁). 회재라는 호는 회암(晦菴)의 학문을 따른다는 견해를 보여준 것이다. 할아버지는 참군 이수회(李壽會)이고, 아버지는 생원 이번(李蕃)이며, 어머니는 경주손씨(慶州孫氏)로 계천군(鷄川君) 손소(孫昭)의 딸이다.

생애와 활동

1514년(중종 9) 문과에 급제하여 이조정랑 · 사헌부장령 · 밀양부사를 거쳐 1530년(중종 25) 사간이 되었다. 이때 김안로(金安老)의 등용을 반대하다가 관직에서 쫓겨나 경주의 자옥산에서 성리학 연구에 전념하였다. 1537년(중종 32) 김안로가 몰락하자 종부시첨정으로 불려나와 홍문관교리 · 응교 · 직제학이 되었다. 이후 이조 · 예조 · 형조의 판서를 거쳐 1545년(명종 즉위년) 좌찬성이 되었으나 스스로 관직에서 물러났다. 1547년(명종 2) 윤원형 등이 조작한 양재역벽서사건(良才驛壁書事件)에 무고하게 연루되어 강계로 유배되었다. 그 곳에서 많은 저술을 남기고 세상을 떠났다. 유배생활 동안 『구인록(求仁錄)』(1550) · 『대학장구보유(大學章句補遺)』(1549) · 『중용구경연의(中庸九經衍義)』(1553) · 『봉선잡의(奉先雜儀)』(1550) 등의 중요한 저술을 남겼다.

이언적은 조선시대 성리학의 정립에 선구적인 인물로서 성리학의 방향과 성격을 밝히는 데 중요한 역할을 하였다. 이기론(理氣論)의 주리론적 견해로서 이선기후설(理先氣後說)과 이기불상잡설(理氣不相雜說)을 강조하였다. 이러한 이우위설(理優位說)은 이황(李滉)에게로 계승되는 영남학파 성리설의 선구가 되었다.

이언적은 사화가 거듭되는 사림의 시련기에 살았던 선비로서 을사사화 때는 좌찬성 · 판의금부사의 중요한 직책으로 사림과 권력층 간신 사이에서 억울한 사림의 희생을 막으려고 노력하다가 결국 사화의 희생물이 되고 말았다.

1569년(선조 2) 종묘(宗廟)의 명종(明宗) 묘정에 배향되었으며, 1610년(광해군 2) 문묘에 종사되었고, 경주의 옥산서원(玉山書院) 등에 제향되었다. 시호는 문원(文元)이다.

14

정사룡 鄭士龍의 시詩

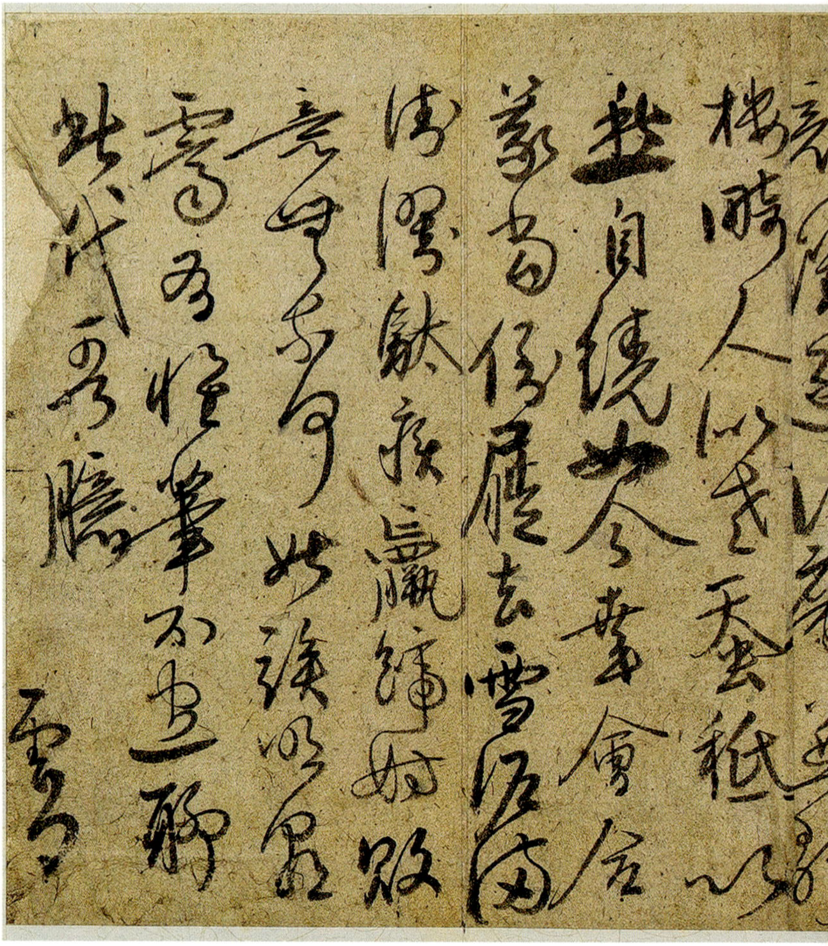

정사룡 鄭士龍의 시詩
31.1x16.0cm

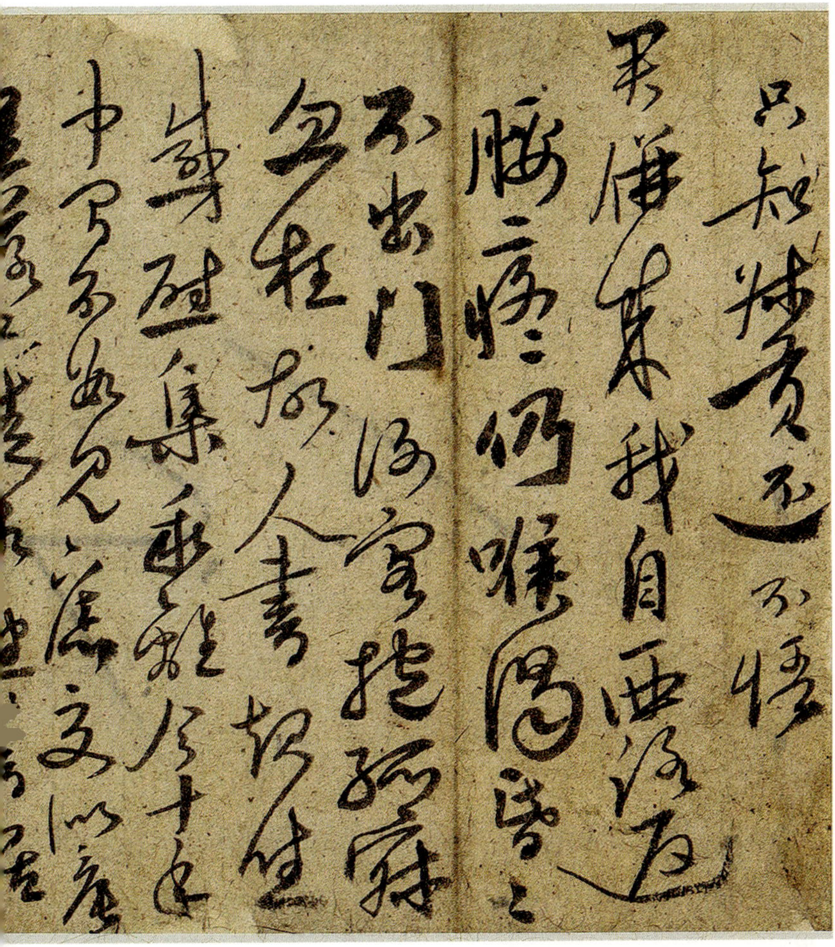

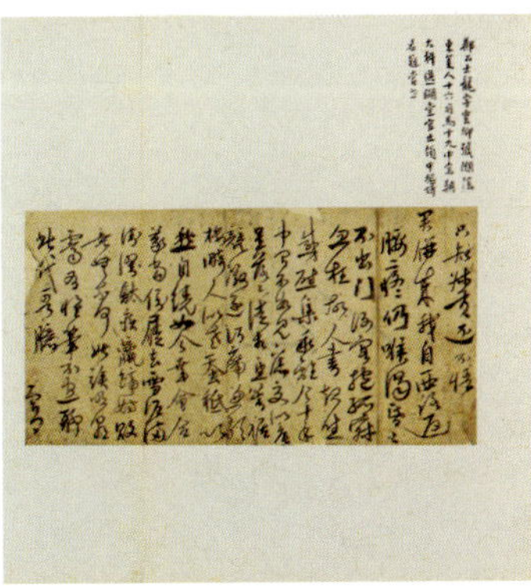

원문

只知叔貢还	숙공(叔貢)[1]이 돌아온다는 것만 알았을 뿐
不悟君併來	그대 함께 오는 것은 미처 알지 못했네.
我自西路返	나는 서로(西路)[2]로 돌아오느라
腰疼仍喉渴	허리가 쑤시고 목도 말랐네.
昏昏不出門	정신이 몽롱하여 문을 나서지도 못한 채
謝客抱孤寂	손님도 사절하고 쓸쓸하고 외롭게 지냈는데
忽往故人書	갑자기 옛 친구 편지를 보내주어
起坐感慰集	일어나 앉으니 감사와 위안이 가득하네.
乖離今十年	멀리 떨어져 지낸 지 십 년이 흘렀고
中間不數見	그 사이 자주 만나지도 못하였네.
舊交似晨星	옛 벗은[3] 마치 새벽 별과 같아
落落徒相望	그저 쓸쓸히 바라만 보았구나.

1 숙공(叔貢)은 황효헌(黃孝獻, 1491~1532)의 자(字)이다. 황효헌의 호는 축옹(蓄翁) · 현옹(玄翁) · 신재(愼齋)이다. 영의정 황희(黃喜)의 현손으로 홍문관 직제학, 동부승지, 강원도 관찰사, 대사성 등을 지냈으며 정사룡과 시로서 교류하였다.

2 서로(西路)는 서도(西道), 즉 평안도를 말한다. 정사룡은 동지사(冬至使) 등 사신으로 몇 차례 명나라를 다녀왔다.

3 옛 벗~ 이하의 내용은 당(唐) 시인 '유우석(劉禹錫)'의 "송장관부거시서(送張盥赴擧詩序)"에 "옛날 함께 급제했던 벗들과 어울려 노닐 적에는 말고삐를 나란히 하고서 마치 병풍처럼 대로(大路)를 휩쓸고 돌아다녔는데, 지금 와서는 마냥 쓸쓸하기가 새벽 별빛이 서로들 멀리서 바라보는 것 같기만 하다(今來落落 如晨星之相望)"는 구절을 인용한 것이다.

對裾競徵逐	옷깃을 마주하고 서로 다퉈가며 부르고 따를 때
酒席兼歌樓	술자리나 노래하는 누각에서도
疇人似老蚕	기인(畸人)[4]은 늙은 누에처럼[5]
秖以愁自繞	단지 스스로 시름에 쌓였을 뿐.
如今幸會合	지금처럼 요행히 만날 때면
義當倒屣去	신발을 거꾸로 신고서라도 달려가야 하지만
雪泥滿街衢	길이 온통 눈으로 진창이 되었으니
駄疾羸蹄妨	급히 말 달려 가려 하지만 쇠약한 말이 헤살을 놓네.
敗竟無奈何	이 낭패를 어찌할까나.
故竢明朝霽	내일 아침 갤 때까지 기다려야 하는구나.
有惟筆不盡	오로지 붓으로 다 쓸 수는 없지만
聊此代吾臆	애오라지 이로서 내 마음을 대신하네.
雲卿	운경

4 기인(畸人)은 세상과 잘 어울리지 못한 채 홀로 외로이 살아가는 사람이라는 뜻이다. 『장자』「대종사(大宗師)」에 "기인이란 사람들과는 잘 어울리지 못해도 하늘과는 서로 짝이 되는 사람이다."는 말이 나온다.

5 '늙은 누에처럼'은 노년에 근심 걱정으로 자신을 속박하는 것을 비유한 말이다. 소식(蘇軾)의 시 「석지(石芝)」에 "늙은 누에고치 틀어 어느 때나 벗어날까. 꿈속에 지인을 생각하니 공연히 격렬하네(老蠶作繭何時脫 夢想至人空激烈)"에서 유래하였다.

제발

鄭公 士龍 字雲卿 號湖陰 東來人
十六司馬 十九中宗朝 大科 選湖堂 官止領中樞
詩名冠當世

정공(鄭公) 사룡(士龍)의 자는 운경(雲卿), 호는 호음(湖陰)이다. 본관은 동래(東來)이다. 16세에 사마시에 합격하고 19세 때 중종조에 대과에 급제하여 호당(湖堂)에 선발되었다. 관직은 영중추(領中樞)에 이르렀다.
시인으로서의 명성은 당대에 으뜸이었다.

필자

정사룡鄭士龍

1491년(성종 22) ~ 1570년(선조 3)

조선전기 대제학, 판중추부사, 공조판서 등을 역임한 문신이며 문인이다. 본관은 동래(東萊). 자는 운경(雲卿), 호는 호음(湖陰). 아버지는 부사 정광보(鄭光輔)이며, 영의정 정광필(鄭光弼)의 조카이다.

생애와 활동

1507년(중종 2)에 진사가 됐고, 1509년(중종 4) 별시문과에 병과 4위로 급제했다. 1514년(중종 9) 사가독서(賜暇讀書)하였고, 1516년(중종 11) 황해도도사로서 문과 중시에 장원하였으며 사간을 거쳐 1523년(중종 17) 부제학이 되었다.

1534년(중종 29) 동지사(冬至使)로서 명에 다녀왔다. 1542년(중종 37) 예조판서로 승진하였고, 1544년(중종 39) 공조판서 때 다시 동지사로서 명에 다녀왔다. 1554년(명종 9) 대제학이 되었으나 1558년(명종 13) 과거의 시험문제를 응시자인 신사헌(愼思獻)에게 누설하여 파직되었다. 같은 해 판중추부사(判中樞府事)로 복직되고 이어 공조판서를 거쳐 1562년(명종 17) 판중추부사에 전임되었다. 이듬해에 사화를 일으켰던 이량(李樑) 일당으로 지목되어 삭탈관직 당했다.

정사룡은 명에 사신으로 갔을 때 문명을 떨쳤을 뿐만 아니라 명의 사신을 접대하는 동안 그들과 주고받은 시가 많았다. 다녀와서는 『조천록(朝天錄)』을 남겼다. 말을 치밀하게 다듬어 웅대하고 호방하며 기이한 문구를 사용하는 한시가 장기였다. 특히 칠언율시에 뛰어나 당시 문단에서 그와 신광한(申光漢)을 한시의 쌍벽으로 꼽았다. 관료이자 시인으로서 시문과 음률에 뛰어났고 글씨에도 능했으나 탐학하다는 비난을 받았다. 저서로는 『호음잡고(湖陰雜稿)』·『조천록』 등이 있고, 글씨로는 광주(廣州)에 있는 이둔촌집비(李遁村集碑)가 있다.

15 이연경李延慶이 보내는 간찰簡札

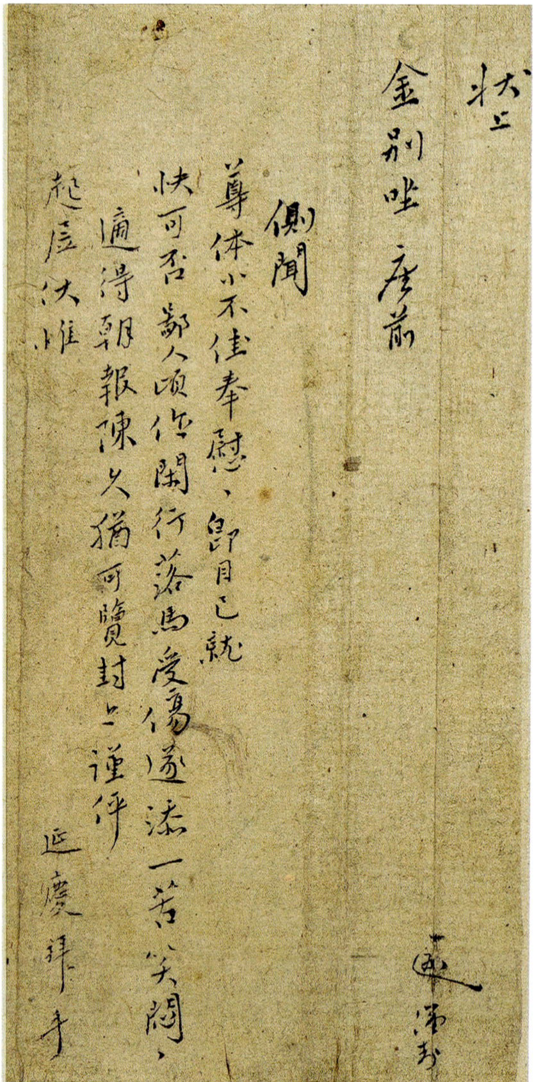

이연경李延慶이 보내는 간찰簡札
11.3x22.7cm

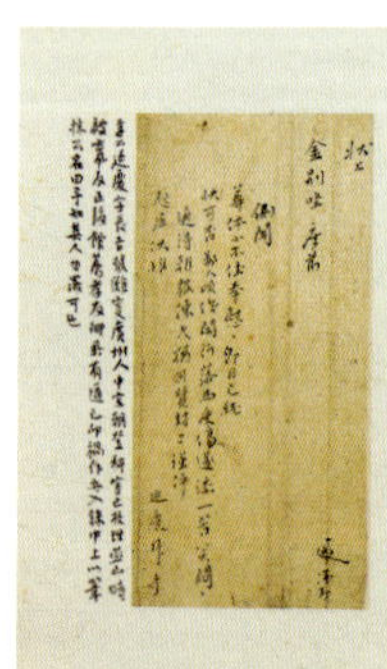

원문

狀上

金別坐 座前　　　手決 謹封

側聞 尊體所不佳 奉慰奉慰

卽 目已就快可否

鄙人 頃作閑行 落馬受傷 遂添一苦 笑悶笑悶

適得朝服 陳久猶可覽奉上

謹伻起居 伏惟

　延慶 拜手

장상

김 별좌에게　　수결 근봉

얼핏 듣자니 그대의 건강이 좋지 않다고 하여, 거듭 위문의 말씀을 전합니다.

지금 눈은 다 나았는지요?

저는 접때 한가로이 나들이를 하다가 말에서 떨어져 다쳤습니다.

결국 이렇게 고통을 겪고 있으니, 우습기도 하고 걱정스럽기도 합니다.

마침 조복(朝服 관원이 조정에 나아가 의식을 시행할 때 입는 예복)이 생겼습니다.

오래 된 것이기는 하지만 볼만은 하므로 올려드립니다.

심부름하는 사람을 시켜 삼가 안부 인사를 여쭙니다.

　연경 올림

제발

李公 延慶 字 長吉 號 灘叟 廣州人
中宗朝 登科 官止 校理
燕山時 被竄 反正後 館薦孝友 鄕擧有道
己卯禍作 亦入錄中 上以筆抹公名 曰 予知其人 勿罪可也

이공(李公) 연경(延慶)의 자는 장길(長吉), 호는 탄수(灘叟)이다. 본관은 광주(廣州)이다. 중종조에 과거에 급제하여 관직은 교리(校理)를 지냈다.

연산군 시절 귀양을 갔다가 반정(反正) 후 관천(館薦)[1]으로 효우(孝友)에 천거되고 향거(鄕擧)[2]로 유도(有道)에 천거되었다. 기묘사화(己卯士禍)가 일어나자 기록에[3] 있었는데, 임금이 그 이름을 지우며 말하길, "나는 그를 안다. 죄를 주지 않는 것이 가하다(予知其人 勿罪可也)"하였다.

1 관천(館薦)은 성균관에서 인재를 천거하는 일을 말한다.

2 향거(鄕擧)는 향리에서 위로 인재를 천거하는 일을 뜻한다.

3 이연경은 기묘사화 때 조광조와의 친분으로 인하여 귀양 갈 뻔하였으나, 중종이 찬인록(竄人錄 귀양갈 인물들을 적은 기록)에서 그의 이름을 지워 버림으로써 유배를 면하였다. 이 일을 말한 것이다.

필자

이연경 李延慶

1484년(성종 15) ~ 1548년(명종 3)

조선전기 선릉참봉, 공조좌랑, 홍문관교리 등을 역임한 문신이다. 본관은 광주(廣州). 자는 장길(長吉), 호는 탄수(灘叟) · 용탄자(龍灘子). 할아버지는 판중추부사 이세좌(李世佐)이고, 아버지는 도사 이수원(李守元)이며, 어머니는 남양 방씨(南陽房氏)로 사용(司勇) 방의문(房毅文)의 딸이다.

생애와 활동

1504년(연산군 10) 갑자사화에 연루되어 섬으로 귀양을 갔다. 1507년(중종 2) 생원시에 합격했으나 학문에만 전념하였다. 1518년(중종 13) 재행(才行)을 겸용한 인물로서 억울하게 죽은 인물의 자손으로 천거되어 선릉참봉 · 조지서사지(造紙署司紙) · 공조좌랑을 거쳤다. 이듬해 현량과(賢良科)에 급제해 사헌부지평을 거쳐 곧 홍문관교리로 승진하였다. 교리로서 경연에 참석했을 때 재상의 선출이 논의되자 조광조(趙光祖)를 천거하였다. 이 일로 조광조 일파의 지지를 받아 급제 전에 청요직에 진출하는 혜택을 입었다.

1519년(중종 14) 기묘사화가 일어나자 평소 조광조와의 교유로 인해 축출될 뻔했으나, 중종이 어필로 찬인록(竄人錄)에서 이름을 지워 귀양을 면했다. 현량과가 혁파되자 관직을 버리고 충주 북촌 인근에 거주하면서, 이자(李耔)와 더불어 산수를 주유하며 낚시를 즐겼다고 전해진다. 1539년(중종 34) 평시서령(平市署令)에 제수되었으나 나가지 않았고, 1545년(인종 1) 현량과가 복과(復科)되었을 때도 나가지 않았다.

자품이 높고 학문과 식견이 뛰어났으며 지조가 있었다고 한다. 학문은 세속에서 벗어나 고명한 경지에 마음을 두어 시종 불변하였다. 덕망과 의리가 세상에 알려지면서 사방에서 선비들이 모여와 문하가 되었는데, 노수신(盧守愼) · 강유선(康維善) · 심건(沈鍵)은 이연경의 문하이자 사위들이다. 이조판서에 증직되었고, 광안군(廣安君)으로 봉해졌으며, 팔봉서원(八峯書院)에 제향되었다. 시호는 정효(貞孝)이다.

16

정구鄭逑가 보내는 간찰簡札

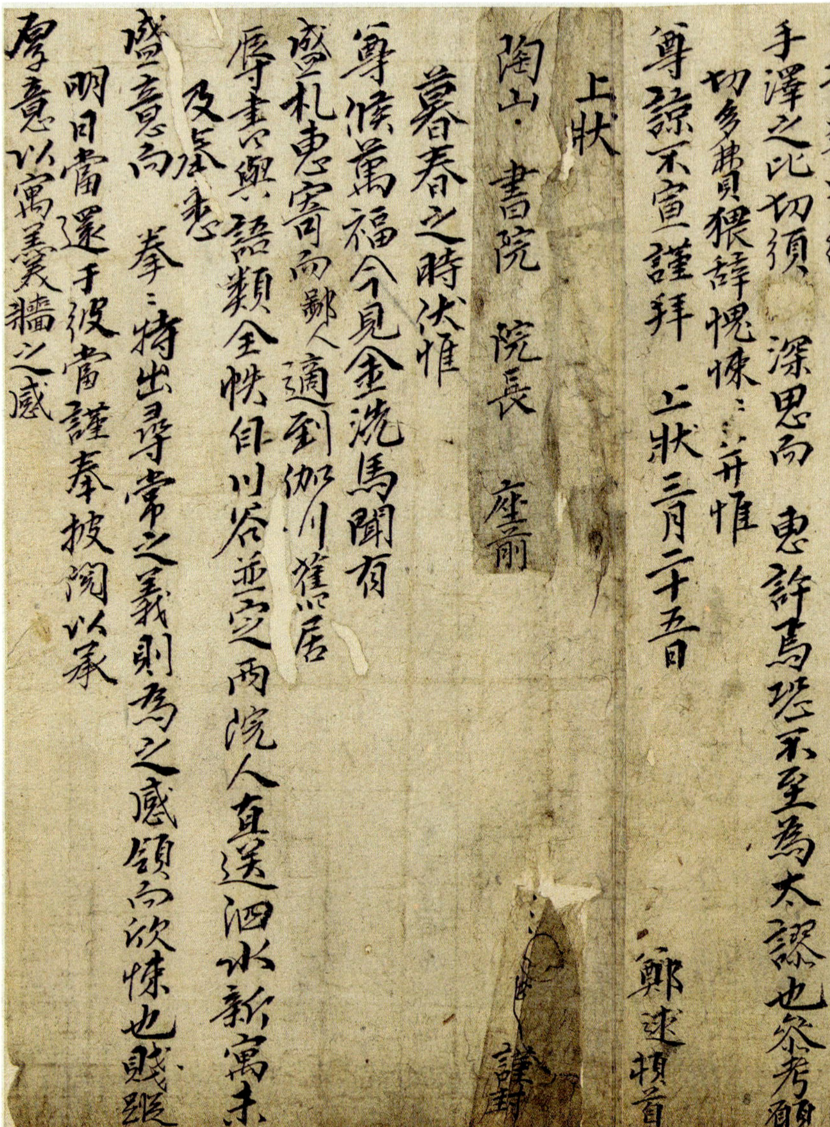

정구鄭逑가 보내는 간찰簡札
36.3x32.7cm

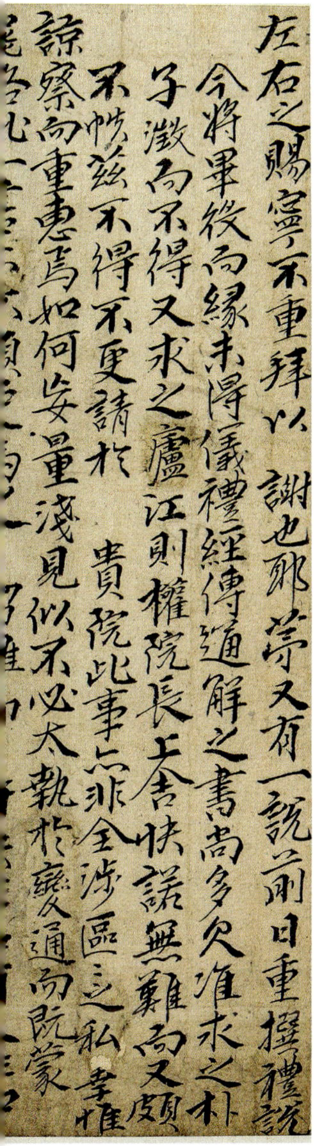
左右之賜寧不重拜以 謝也鄙等又有一說前日重撰禮說
今將畢役而緣未得儀禮經傳通解之書尚多欠准求之朴
子澂而不得又求之盧江則權院長上舍快諾無難而又頗
不快茲不得不更請於 貴院此事亦非全涉區區之私李惟
諒察而重惠焉如何妄量淺見似不必太執於變通而旣蒙

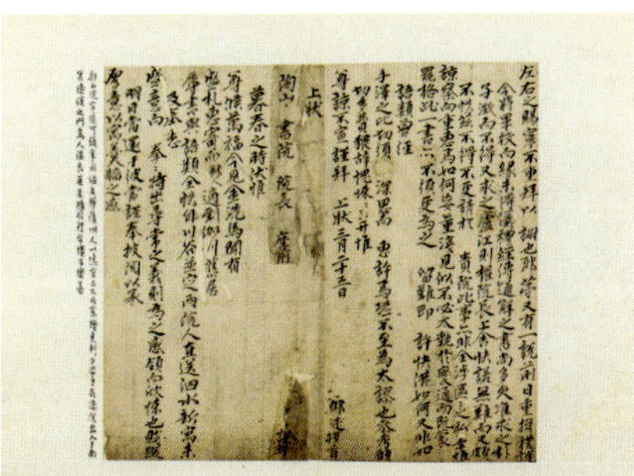

원문

上狀

陶山書院 院長 座前　手決　謹封

暮春之時 伏惟尊候萬福

今見金洗馬 聞有盛札惠寄 而鄙人適到伽川舊居

辱書與語類全帙 自川谷竝定兩院入直 送泗水新寓 未及

奉悉盛意 而拳拳特出 尋常之義 則爲之感領 而欣悚也

賤蹤明日當還于役 當謹奉披閱 以承厚意 以寓羹牆之感

左右之賜 寧不重拜以謝也耶

第又有一說 前日重撰禮說 今將畢役

而緣未得 儀禮經傳通解之書 尙多欠准

求之朴子澂而不得 又求之廬江 則權院長上舍 快諾無難

而又頗不帙 玆不得不更請於貴院

此事亦非全涉 區區之私 幸惟諒察 而重惠焉如何

妄量淺見 似不必太執於變通

而旣蒙罷格此一書 亦不須更爲之留難 卽許快借如何

又非如語類 曾經手澤之比 切須深思 而惠許焉 恐不至爲太謬也

參考 願切 多費猥辭 愧悚愧悚

幷惟尊諒 不宣 謹拜上狀 三月 二十五日 鄭逑 頓首

상장

도산서원 원장님께. 수결 근봉

봄이 무르익어가는 이즈음, 그대께서는 만복을 누리고 계시리라 생각합니다.
지금 김 세마(洗馬)[1]를 만나 편지를 보내셨다는 말을 들었습니다. 그런데 제가 마침 가천(伽川 경북 성주)에 있는 옛집에 가 있었습니다.
보내신 편지와 『주자어류(朱子語類)』 전질(全帙)은 천곡서원(川谷書院)으로부터 양원(兩院) 입직(入直)을 정해 사수(泗水)[2]의 새 거처로 보냈다고 하나 아직 받지 않았습니다.
융숭한 뜻은 잘 알았습니다. 그리고 일반적인 의리를 넘어 정성을 다해 특별히 베풀어주셔서 감사히 받겠습니다만 기쁘고도 송구합니다.

미천한 저는 내일 일을 마치고 돌아가서 삼가 받아 펴보겠습니다. 후의를 받들고 그리워하는 마음[3] 그지없습니다.
그대께서 보내어 주신 것을 어찌 거듭 절하고 감사드리지 않을 수 있겠습니까.

다만 또 한 가지 드릴 말씀이 있습니다.
지난번 시작한 『예설(禮說)』의 중찬(重撰)을 이제 막 마치려고 하는데 『의례경전통해(儀禮經傳通解)』 책을 찾지 못하여 아직 보완해야 할 곳이 많이 남았습니다.
박자징(朴子澂)[4]에게 구하려 했으나 얻지 못하였습니다.
여강(廬江)[5]에서 다시 구하려 한다면, 즉 권(權) 원장상사(院長上舍)에게서 쾌히 승낙 받는 일은 무난하겠지만, 또한 어느 정도의 낙질이 있습니다. 이에 부득이 귀원(貴院)에 다시

---

1 원문의 낙선(樂善)은 '선을 즐기고 악을 부끄러워한다(樂善恥惡)'에서 온 말이다.

2 세마(洗馬)는 조선시대 세자익위사(世子翊衛司)에 속(屬)하는 정9품(正九品) 벼슬 이름이다.

3 한강(寒岡) 정구(鄭逑)는 72세이던 1614년(광해군6)에 칠곡군(柒谷郡)에 있는 사수(泗水) 물가로 이사했으며 1617년에 사양정사(泗陽精舍)를 짓고 그곳에서 거처하였다. 사수는 사양정사 앞을 흐르는 강을 말하는데 금호강(琴湖江) 하류이다.

4 원문의 '갱장(羹牆)'은 옛날 요(堯) 임금이 죽은 뒤 순(舜) 임금이 3년 동안 지극히 앙모(仰慕)한 나머지 국그릇에서도 요 임금을 보고, 담장에서도 요 임금을 보았다는 고사가 전한다. 이로서 연유하여 그리워하는 마음을 표현하는 말로 쓰인다.

5 박자징(朴子澂): 미상이다.

청하는 것입니다. 이 일 또한 온전하게 아우르는 것은 아닙니다. 제 마음을 해량하시고 살펴 거듭 베풀어주시기 바랍니다.
망령되고 미천한 생각으로 변통을 지나치게 고집할 필요가 없을 것도 같습니다만, 그러나 이미 격식에 구애됨 없이 이 글을 받았으니 다시 어려워하지 않아도 될 듯합니다. 즉시 기꺼이 빌려주시는 것이 어떻습니까.
또 『주자어류』 같이 일찍이 손때 같은 것을 겪지 않은 것이라면, 꼭 깊이 생각해보시고 허락해주신다고 해도 크게 잘못되지는 않을 것입니다.
참고하시길 간절히 바랍니다.

외람된 말씀을 많이 올려 부끄럽고 송구하기만 합니다.
아울러 그대께서 해량해주시리라 생각하며 이만 줄이며 삼가 글을 올립니다.
3월 25일
정구 올림.

제발

鄭公 逑 字 道可 號 寒岡 諡 文穆
淸州人 以逸官止大司憲 贈吏判
少學于吳德溪出入于南冥 退溪之門
爲人溫良英果 精於禮學 博古樂善

정공(鄭公) 구(逑)의 자는 도가(道可), 호는 한강(寒岡), 시호는 문목(文穆)이다. 본관은 청주(淸州)이다. 유일로 천거되어 관직은 대사헌에 이르렀으며 이조판서에 증직되었다. 어려서 덕계 오건(德溪 吳健)에게 배웠고 남명 조식(南冥 曺植)과 퇴계 이황(退溪 李滉)의 문하에서 학문을 익혔다. 사람됨이 온량(溫良)하고 과감하였다. 예학(禮學)에 정통하였으며 고전에 해박하고 선(善)을 즐겼다.[6]

6 원문의 낙선(樂善)은 '선을 즐기고 악을 부끄러워한다(樂善恥惡)'에서 온 말이다.

필자

정구 鄭逑

1543년(중종 38) ~ 1620년(광해군 12)

조선시대 강원도관찰사, 형조참판, 대사헌 등을 역임한 문신이자 학자이다. 본관은 청주(淸州). 자는 도가(道可), 호는 한강(寒岡). 철산군수 정윤증(鄭胤曾)의 종손으로, 할아버지는 사헌부감찰 정응상(鄭應祥)이고, 아버지는 충좌위(忠佐衛) 부사맹(副司孟) 정사중(鄭思中)이며, 어머니는 성주이씨(星州李氏)로 이환(李煥)의 딸이다.

생애와 활동

1563년(명종 18)에 이황(李滉)을, 1566년(명종 21)에 조식(曺植)을 스승으로 삼았다. 1563년 향시(鄕試)에 합격한 이후 과거를 포기하고 학문 연구에 전념하였다. 여러 번 관직을 사양하다가 1580년(선조 13) 비로소 창녕현감(昌寧縣監)으로 관직생활을 시작하였다. 임진왜란 때는 통천군수(通川郡守)로서 의병 활동을 하였다. 이후 우부승지, 장례원판결사, 강원도관찰사, 형조참판 등을 지냈다. 전체적으로 중앙 관직보다는 지방의 수령으로 더 많이 활약하였다. 만년에 정치적으로는 남인으로 처신하지만 서경덕(徐敬德) · 조식 등 문인들과 관계를 끊지 않았기 때문에 사상적으로는 영남 남인과 다른 요소들이 많았으며, 뒤에 근기남인 실학파의 탈주자학적 사상에 영향을 주었다.

정구는 이황학파의 주자를 기반으로 한 학문적 전통과 서경덕 · 조식학파의 박학(博學)의 전통을 계승하였다. 그 결과 성리학과 예학뿐만 아니라 제자백가 · 역사 · 산수(算數) · 병진(兵陳) · 의약(醫藥) · 복서(卜筮) · 풍수지리 등 여러 방면에 걸쳐 박학하여 예서, 성리서, 역사서, 의학서, 읍지 등의 방대한 저술을 남겼다. 문인으로는 한준겸(韓浚謙) · 허목(許穆) · 황종해(黃宗海) 등이 있다.

1623년(인조 원년) 이조판서에 추증되었으며, 1625년 문목(文穆)의 시호를 받았다. 성주 회연서원(檜淵書院), 천곡서원(川谷書院), 칠곡의 사양서원(泗陽書院), 창녕의 관산서원(冠山書院), 충주의 운곡서원(雲谷書院), 현풍의 도동서원(道東書院) 등에 제향되었다.

17

유성룡柳成龍이 보내는 간찰簡札

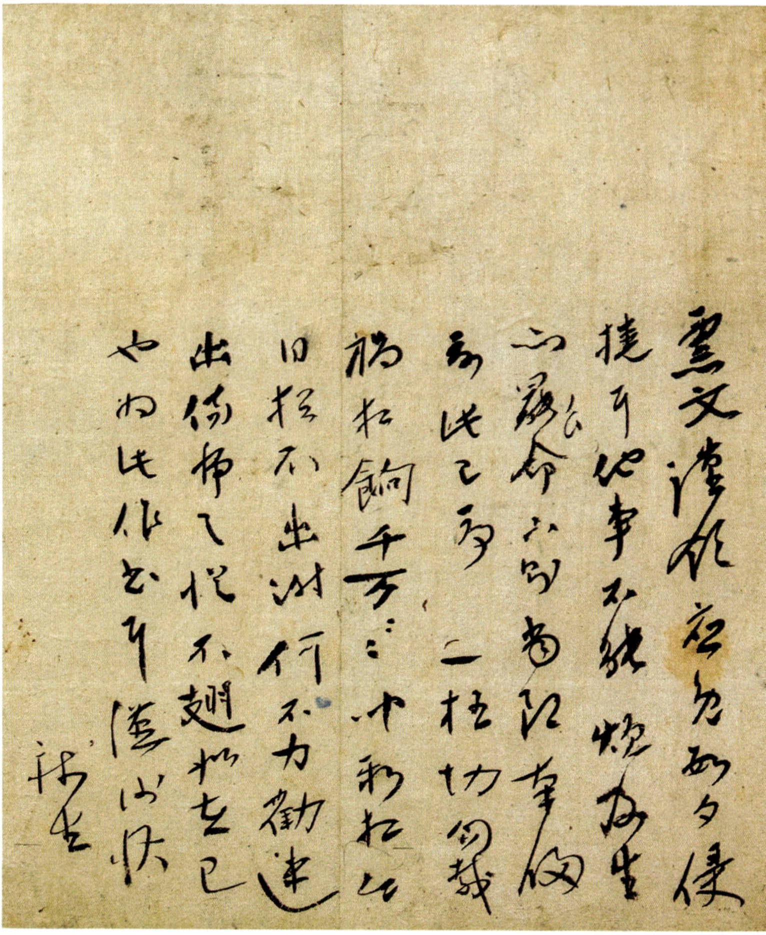

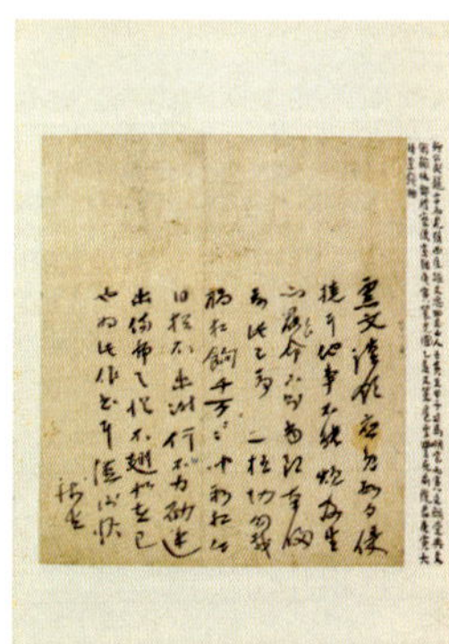

유성룡 柳成龍이 보내는 간찰簡札
22.2x25.4cm

원문

慮文謹領 應免數夕侵撓耳 他事不能煩及

生亦罷命下 則當卽南歸

前此已俯一枉 切勿載禍相餉 千万千万

聞新相今日 猶不出謝 何不力勸速出 傷虎之從 不翅如在已也

爲此作書耳

謹謝狀

病生

염려해주시는 글을 삼가 받고 여러 날 밤 동안 엄습했던 어지러움에서 벗어날 수 있었습니다. 다른 일은 번거로워 말씀드릴 수 없습니다.

저 역시 파직명령을 받았으니 곧장 남쪽으로 돌아갑니다. 이 이전에 한 번 찾아주셨으니, 절대로 재화상향(載禍相餉)[1]은 하지 마시길 간절히 바랍니다.

듣자니 새로운 정승이 오늘도 여전히 출사(出謝)[2]하지 않았다고 합니다. 어찌 빨리 출사하도록 힘쓰시지 않으십니까. 호랑이에게 물리는[3] 것 같은 일이 예전의 일로 그치지는 않을 것입니다.

이 때문에 이 글을 씁니다.

삼가 답장에 대합니다.

병든 사람이

1 재화상향(載禍相餉)은 동한(東漢)의 '하복(夏馥)'이 중관들의 미움을 받아 체포령이 내리자 임려산(林慮山)으로 숨어들어 대장간에서 일하고 있었는데, 그의 아우 '하정(夏靜)'이 비단을 싣고 찾아와서 대접하려 하자, "아우는 어찌하여 재앙을 싣고 와서 나를 먹이려 하는가(弟奈何載禍相餉乎)"라고 한 일이 있다. 여기서는 죄가 될 줄을 알면서도 죄인을 찾아와 대접해 준다는 의미로 쓰였다.

2 출사(出謝)는 새로 벼슬에 제수된 관리가 대궐에 나와 사은숙배(謝恩肅拜)하고 대신(大臣)이나 전주관(銓注官)에게 당참(堂參)하던 일을 일컫는다.

3 원문의 '상호(傷虎)'는 호랑이에게 해를 입은 자가 호랑이 두려운 줄 안다는 뜻으로 흔히 쓰는 표현이다.

제발

柳公成龍 字而見 號西厓 謚文忠 豐山人

壬寅生 甲子司馬 明宗丙寅文 湖堂 典文衡 翰林 都體察使

宣祖庚寅 策光國 乙亥又策扈聖豐原府院君 庚寅大拜至領相

유공(柳公) 성룡(成龍)의 자는 이현(而見), 호는 서애(西厓), 시호는 문충(文忠)이다. 본관은 풍산(豊山)이다.

임인(1542)년에 태어나 갑자(1564)년 사마시에 합격하고 명종(明宗) 병인(1566)년 문과에 올라 호당(湖堂)에 선발되었다. 전문형(典文衡 대제학)을 지냈으며, 한림(翰林)으로 도체찰사(都體察使)를 역임하였다.

선조 경인(1590)년 광국공신(光國功臣)에 녹훈되고, 을해(1575)년[4] 다시 호성공신(扈聖功臣)에 책록되고 풍원부원군에 봉해졌다. 경인(1590)년 영의정에 올랐다.

4 을해(1575)년은 기해(1599)년의 오기며, 이하의 문장에서 상당한 오류가 발견된다. 유성룡은 선조 경인(1590)년 우의정에 올랐으며,선조 갑진(1604)년 호성공신(扈聖功臣) 2등에 책록되고 다시 풍원부원군에 봉해졌다.

필자

유성룡 柳成龍

1542년(중종 37) ~ 1607년(선조 40)

조선시대 이조판서, 좌의정, 영의정 등을 역임한 문신이다. 본관은 풍산(豊山). 자는 이현(而見), 호는 서애(西厓). 의성 출생. 유자온(柳子溫)의 증손으로, 할아버지는 유공작(柳公綽)이다. 아버지는 황해도관찰사 유중영(柳仲郢)이며, 어머니는 진사 김광수(金光粹)의 딸이다. 이황(李滉)의 문인이다. 김성일(金誠一)과 동문수학했으며 서로 친분이 두터웠다.

생애와 활동

1564년(명종 19) 생원 · 진사가 되고, 1566년 별시 문과에 병과로 급제해 승문원권지부정자가 된 이후 여러 관직을 역임하였다. 1590년(선조 23) 우의정에 승진, 광국공신(光國功臣) 3등에 녹훈되고 풍원부원군(豊原府院君)에 봉해졌다. 1591년 우의정으로 이조판서를 겸하고, 이어 좌의정에 승진해 역시 이조판서를 겸하였다.

1592년(선조 25) 임진왜란이 발생하자 병조판서를 겸하고 도체찰사로 군무(軍務)를 총괄하였다. 이어 영의정이 되어 왕을 호종(扈從)해 평양에 이르렀으나 반대파의 탄핵을 받고 면직되었다. 의주에 이르러 평안도도체찰사가 되었다. 이듬해 명의 장수 이여송(李如松)과 함께 평양성을 수복하고, 충청 · 경상 · 전라 3도의 도체찰사가 되어 파주까지 진격하였다. 이 해 다시 영의정에 올라 4도의 도체찰사를 겸해 군사를 총지휘하였다. 1598년(선조 31) 명의 정응태(丁應泰)가 조선이 일본과 연합해 명을 공격하려 한다고 무고했을 때 진상을 변명하러 가지 않는다는 북인들의 탄핵으로 관작을 삭탈당했다. 1600년(선조 33)에 복관되었으나 다시 벼슬을 하지 않고 은거하였다.

1604년(선조 37) 호성공신(扈聖功臣) 2등에 책록되고 다시 풍원부원군에 봉해졌다. 도학(道學) · 문장(文章) · 덕행(德行) · 글씨로 이름을 떨쳤고, 특히 영남 유생들의 추앙을 받았다. 저서로는 임진왜란사 연구에 있어 빼놓을 수 없는 『서애집(西厓集)』 · 『징비록(懲毖錄)』을 포함하여 다양한 저술을 남겼다. 안동의 병산서원(屛山書院) 등에 제향되었다. 시호는 문충(文忠)이다.

18

운재芸齋*의 시詩

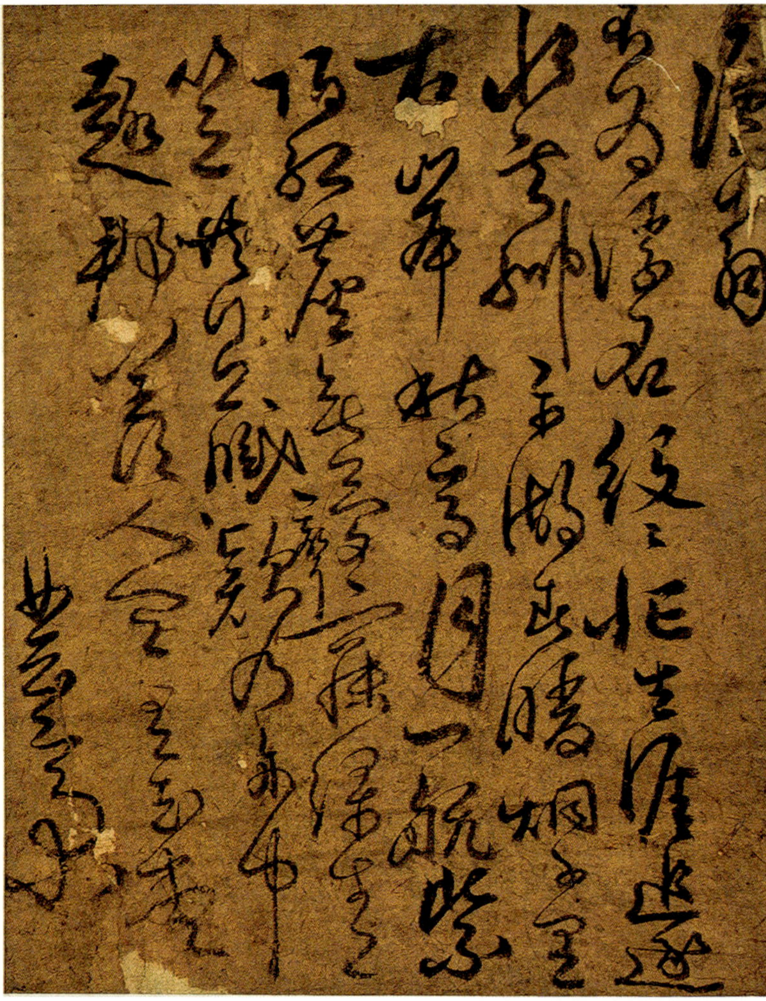

운재芸齋의 시詩
12.5x15.8cm

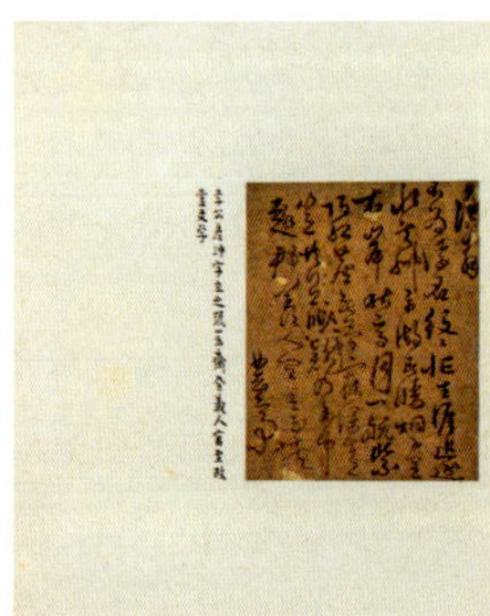

원문

漁翁	고기 잡는 늙은이
不爲浮名役役忙	부질없는 이름 때문에 고달프게 바쁘지 않고
生涯追逐水雲鄕	이 내 생애 수운향(水雲鄕)[1]을 좇았네.
平湖春暖烟千里	따뜻한 봄날엔 잔잔한 호수 위로 안개가 아득하고
古岸秋高月一航	오래된 둑길에 가을 달 높이 뜨면 외로운 배 지나리.
紫陌紅塵無夢寐	도성의 뿌연 먼지 꿈에도 없고
綠靑(簑)笠共行藏	푸른 도롱이에[2] 삿갓으로 행장을 꾸리네.
一聲款乃舟中趣	한 마디 뱃노래 배 위의 정취가 되니
那羨人間有玉堂	누군들 세상 높은 벼슬 부러워할까나.
芸齋	운재

* 이 시고의 작자는 미상이다. 이 첩을 정리한 사람이 마지막 부분에 운재(芸齋)라고 적힌 것만 보고, 고려 후기의 문신 이언충(李彦忠 1273~1338)의 친필로 판단해서 기록하였다. 『동문선(東文選)』에는 이 시가 1358년(공민왕 7) 홍건적(紅巾賊)의 난을 피해 고려로 와서 귀화(歸化)한 설장수(偰長壽 1341~1399)의 작품으로 소개되어 있기도 하다. 설장수의 호도 역시 운재(芸齋)이다. 그러나 이 시가 누구의 작품이건 간에 이 시고를 특정인의 친필로 특정하는 것은 잘못된 것이다. 종이의 연대 등으로 미루어볼 때, 조선 후기 서예에 능한 이의 작품으로 보는 편이 옳다.

1 수운향(水雲鄕)은 물과 구름의 고향이라는 뜻으로 은자(隱者)가 사는 맑고 그윽한 곳을 가리킨다.

2 푸른 도롱이(靑簑笠)의 원문에 한 자가 빠져있어 문맥상 '도롱이 사(簑)'로 채웠다.

제발

李公 彦忠 字 立之 號 芸齋 全義人 官至 政堂文學

이공(李公) 언충(彦忠)의 자는 입지(立之), 호는 운재(芸齋)이다. 본관은 전의(全義)이다. 관직은 정당문학(政堂文學)에 이르렀다.

필자

운재 芸齋*

이언충(李彦冲, 1273년(원종 14) ~ 1338년(충숙왕 복위 7))

고려후기 집의, 정당문학, 지춘추관사 등을 역임한 문신이다. 본관은 전의(全義)이며, 자는 입지(立之), 호는 운재(芸齋)이다. 서림(西林) 이씨의 시조이다. 할아버지는 정헌대부 중서문하평장사(正憲大夫中書門下平章事) 이천(李仟)이고, 아버지는 정순대부 성균관대사성(正順大夫成均館大司成) 이자원(李子原)이다.

1292년(충렬왕 18) 사마시에 뽑혔고, 1294년 문과에 등제하여 내시(內侍)에 속하였다. 1314년(충숙왕 1)에 서림공(西林公)에 봉해졌다. 벼슬이 광정대부(匡靖大夫) · 정당문학(政堂文學) · 첨의평리 · 예문관대제학 · 지춘추관사(知春秋館事)에 이르렀다. 충렬 · 충선 · 충숙 · 충혜 네 왕을 섬기면서 총애를 받았다. 시호는 문의(文義)이다.

설장수(偰長壽, 1341년(충혜왕 복위 2) ~ 1399년(정종 1))

고려후기 문하찬성사, 판삼사사, 검교문하시중 등을 역임한 문신이다. 본관은 경주(慶州). 자는 천민(天民), 호는 운재(芸齋). 부원후(富原侯) 설손(偰遜)의 아들이다. 본래 위구르(Uighur, 回鶻) 사람인데, 1358년(공민왕 7) 아버지와 함께 홍건적(紅巾賊)의 난을 피해 고려로 귀화(歸化)하였다.

1362년(공민왕 11) 문과 급제로 판전농시사(判典農寺事)에 오르고, 1390년(공양왕 2) 충의군(忠義君)에 봉해졌으며 이듬해 정난공신(定難功臣)이 되었다. 1392년 판삼사사(判三司事)로 지공거(知貢擧)를 겸하였으나 그해 정몽주(鄭夢周) 일당으로 지목되어 해도(海島)에 유배되었다.

조선 건국 후 태조(太祖)의 특명으로 1396년(태조 5) 검교문하시중(檢校門下侍中)에 복직되어 계림(鷄林)을 본관으로 받아 연산부원군(燕山府院君)에 봉해졌다. 시와 글씨에도 능하였다. 시호는 문량(文良)이다. 저서로는 『직해소학(直解小學)』 · 『운재집(芸齋集)』이 있다.

* 시에 '운재(芸齋)' 기명에 따라 제발은 이언충(李彦忠)으로 기록하였다. 그러나 『동문선(東文選)』에는 설장수(偰長壽)의 시라고 되어 있다. 설장수의 호도 역시 운재(芸齋)이다.

19

이달李達의 시詩와 윤두수尹斗壽의 감사편지

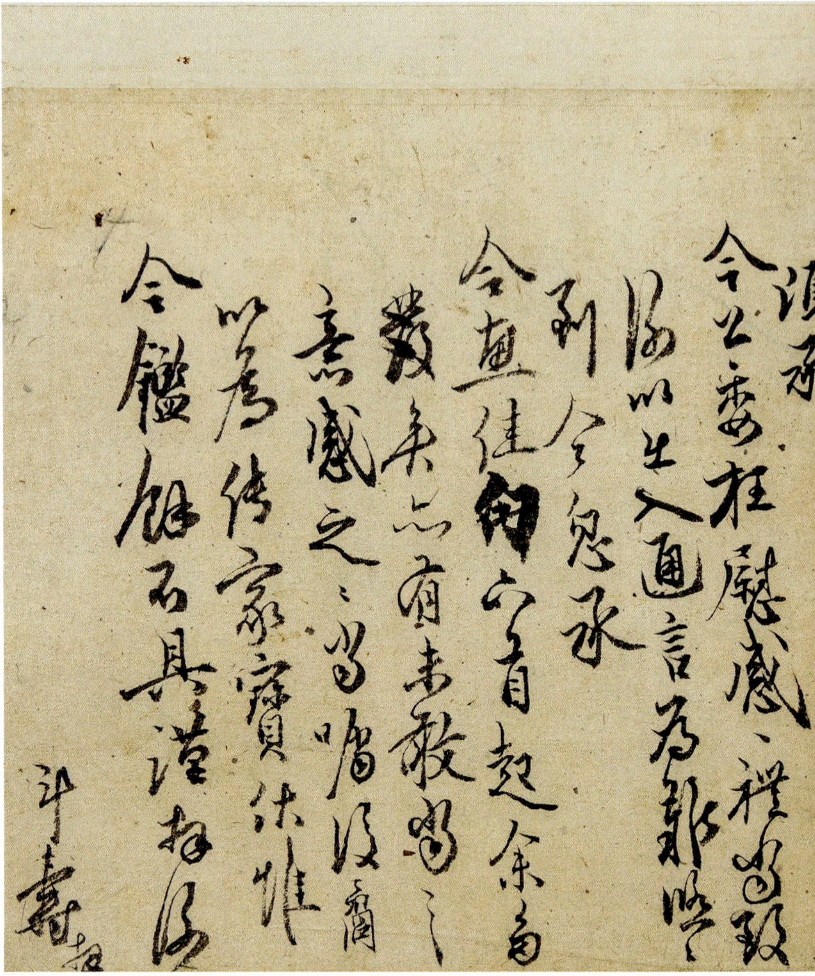

이달李達의 시詩와 윤두수尹斗壽의 감사편지
43.1×26.0cm

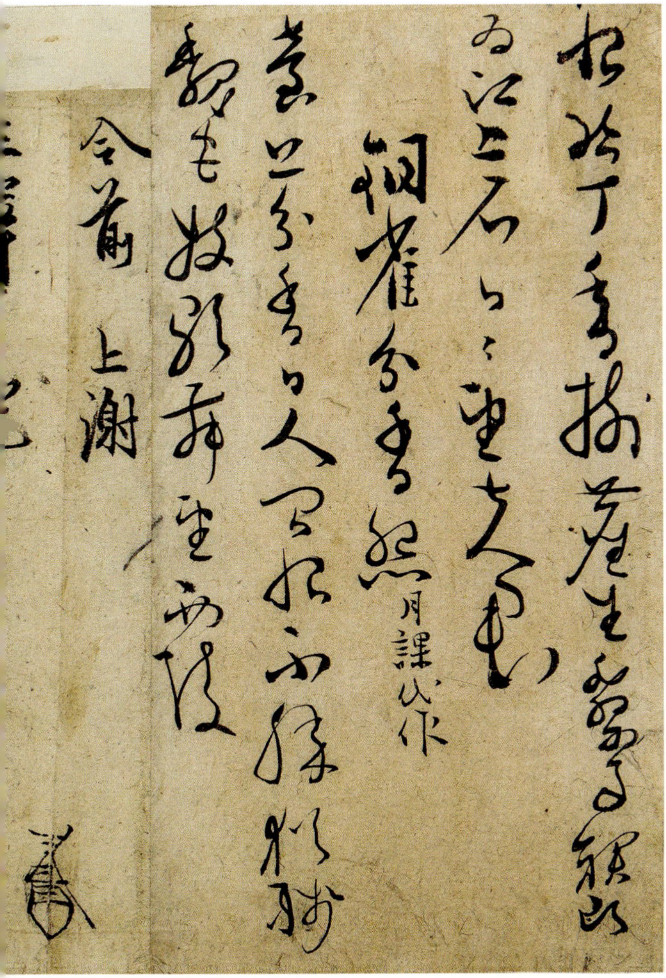

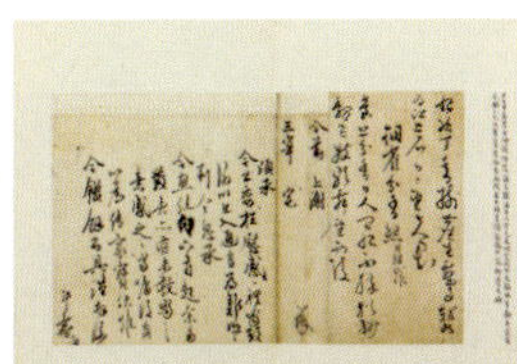

원문

*恨結丁香樹　　한 맺힌 정향나무
塵生翡翠裙　　비취빛 치마엔 먼지가 쌓였구나.
願爲江上石　　강가의 돌이 되어서
日日望夫君　　날마다 부군을 기다리려 하네.

銅雀分香怨　　동작분향[1]의 슬픔(銅雀分香怨)
月課代作　　월 과제를 대신하여 짓다.
臺上分香日　　누대 위에서 향을 나누는 날[2]
人間恨不勝　　인간세상의 한을 이기지 못하네.
猶殘魏宮妓　　위(魏)나라 궁중 기녀들만 그대로 남아
歌舞望西陵　　노래 부르고 춤추며 서릉(西陵)을 바라보네.

* 시 두 수 중 위의 시는 이달(李達 1539?~1612?)의 『손곡시집(蓀谷詩集)』에 이달이 지은 시로 기록되어 있다. 이달은 백광훈(白光勳), 최경창(崔慶昌)과 함께 삼당시인(三唐詩人)'으로 일컬어지며 윤두수(尹斗壽) 집안과도 교류하였다. 정황을 볼 때 여기 기록된 두 시는 이달이 윤두수에게 보낸 시로 여겨진다.

1 동작분향의 동작(銅雀)은 위 무제(魏武帝) 조조(曹操)의 무덤인 서릉(西陵)을 일컫는다. 이 시는 조조의 죽음을 빗대어 인생의 부귀영화가 허무함을 표현한 내용으로 되어있다. 동작대(銅雀臺)는 또한 악부가사(樂府歌詞)의 이름이기도 하다. 이 내용은 조조가 죽을 무렵 그의 기첩(妓妾)들을 연연(戀戀)한 일과 그의 기첩들이 무제가 죽은 뒤에 쓸쓸히 무제의 은총을 추모하는 등의 일을 서술하고 있다.

2 원문의 분향은 장례 후 신주를 모시고 나서 남은 향을 음식을 마련할 만한 사람에게 보내면 음악을 성대하게 갖추어 놓고 숙계(宿戒)를 하고 모두 모여 즐기는 날을 말한다. 이를 일컬어 분향연(分香宴)이라고도 한다.

원문

令前 上謝

三宰 宅 手決

頃承 令公委枉 慰感慰感

禮當致謝 以出入通言 爲難悠悠

到今忽承 令惠佳句六首 起余多發矣 亦有未敢當之意 感之感之

當囑後裔 以爲傳家寶

伏惟令鑑 餘不具

謹拜謝

斗壽 拜

영감[3]께 올리는 답장

삼재(三宰)[4] 댁　　수결

지난번 영감께서 왕림해 주신 일은 위로와 감사로 남았습니다.

예를 따라 감사를 올려야 하지만 오고 가며 말을 전하기가 어렵고 아득하기만 하였습니다.

지금 불현듯 영감께서 보내주신 아름다운 시 6수를 받고 나니 제 스스로를 일으켜 여러 가지로 분발하게 하지만 역시 그 뜻을 감당할 수는 없습니다. 고맙고 고맙습니다.

당연히 후손들에게 물려주어 전가의 보물로 삼을 것입니다.

영감께서 살펴주시기 바라며 이만 줄입니다.

삼가 답장에 대합니다.

두수 올림

3 영감은 앞의 시를 볼 때 수신인은 손곡 이달(蓀谷 李達)로 여겨진다.

4 삼재(三宰)는 좌참찬을 가리키는 말이다.

제발

尹公 斗壽 字 子仰 號 梧陰 諡文靖 海平人

癸巳生 明宗 戊午 文 翰林 宣廟庚寅 策光國 乙巳又策 扈聖 海原府院君

大拜至領 起謫中 爲御營大將

윤공(尹公) 두수(斗壽)의 자는 자앙(子仰), 호는 오음(梧陰), 시호는 문정(文靖)이다. 본관은 해평(海平)이다.

계사(1533)년에 태어나 명종 무오(1558)년 문과에 급제하여 한림(翰林)이 되었다.

선조 경인(1590)년 광국공신(光國功臣)에 책록되고 을사(1606)년 호성공신(扈聖功臣)에 책록되었으며, 해원부원군(海原府院君)에 봉해졌다.

영의정에 올랐으며, 유배 중에 기용되어 어영대장(御營大將)이 되었다.

필자

윤두수尹斗壽

1533년(중종 28) ~ 1601년(선조 34)

윤두수 초상, 국립중앙박물관 소장

조선시대 대사헌, 좌의정, 영의정 등을 역임한 문신이다. 본관은 해평(海平). 자는 자앙(子仰), 호는 오음(梧陰). 윤계정(尹繼丁)의 증손으로, 할아버지는 윤희림(尹希琳)이다. 아버지는 군자감정 윤변(尹忭)이며, 어머니는 부사직(副司直) 현윤명(玄允明)의 딸이다. 이황의 문인이다.

생애와 활동

1555년(명종 10) 생원시에 1등으로 합격하고 1558년 식년 문과에 을과로 급제해 승문원에 들어간 다음, 검열(檢閱) · 정자(正字) · 저작(著作)을 역임하였다. 관직 경력은 정쟁으로 파직과 유배, 복직을 거듭하였다. 1565년(명종 20) 문정왕후(文定王后)의 천거로 부응교에 임용된 뒤 동부승지 · 우승지를 거쳐 1576년(선조 9) 대사간에 이르렀다.

1589년(선조 22) 평안감사를 지내고 명에 사신으로 가서 종계(宗系: 명의 『태조실록』과 『대명회전』에 이성계의 가계가 고려의 권신 이인임(李仁任)의 후손으로 잘못 기록된 것)를 변무(辨誣)한 공으로 광국공신(光國功臣) 2등이 되어 해원군(海原君)에 봉해졌다.

1592년 임진왜란이 발발하자 다시 기용되어 어영대장 · 우의정을 거쳐 좌의정으로서 이원익(李元翼), 김명원(金命元) 등과 함께 평양성을 지켰다. 이듬해 삼도체찰사(三道體察使)를 겸하였다. 1595년 판중추부사가 되었고 해원부원군(海原府院君)에 봉해졌다. 1597년 정유재란 때에는 영의정 유성룡(柳成龍)과 함께 난국을 수습하였다. 1598년(선조 31) 좌의정을 거쳐 영의정에 올랐으나, 대간(臺諫)의 계속되는 탄핵으로 사직하고 남파(南坡)에 물러났다. 1605년(선조 38) 호성공신(扈聖功臣) 2등에 봉해졌다.

평소 온화하고 화평했으나, 나라의 큰일 앞에서는 직언을 아끼지 않았다 한다. 또한 임진왜란 · 정유재란의 국가적 위기를 극복하기 위하여 적극적으로 나섰다. 저서로는 『오음유고』 · 『기자지(箕子誌)』 등이 있다. 시호는 문정(文靖)이다.

20

이원익李元翼이 보내는 간찰簡札

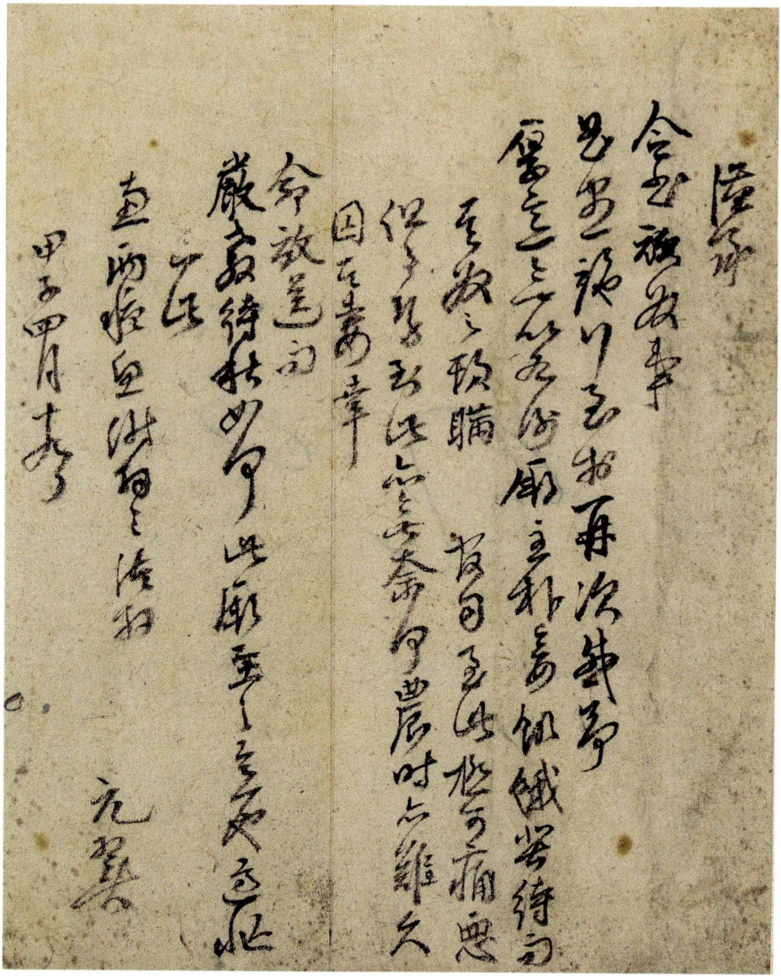

이원익李元翼이 보내는 간찰簡札
21.8×26.9cm

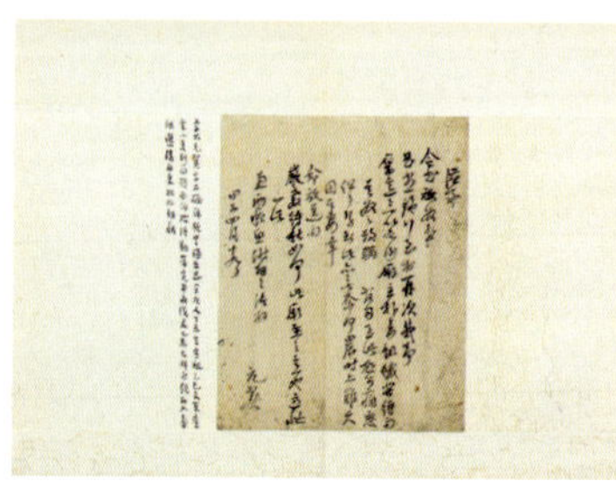

원문

謹承令書 頑奴事 見盡施行
至於再次 感荷厚意 無以爲謝
厥主朴妻 飢餓苦待 而其奴之欺瞞官司 至此 極可痛惡
但事勢到此 亦無奈何
農時亦難久囚 其妻幸命放送 而嚴敎待秋如何
此厥主之意也

適忙只此 惠兩種魚 謝拜之
謹拜
　甲子 四月 十九日　元翼

영감께서 보내신 편지를 받아 못된 종의 일이 잘 마무리되었다는 것을 보게 되었습니다.
다시 한 번 그 도타운 마음에 감사드리며 어떻게 보답해야 할지 모르겠습니다.
그 주인 박씨 아내가 굶주리며 기다리고 있었는데, 그 종이 관아를 기만한 것이 이 지경에 이르렀으니 지극히 통탄스럽고 괘심합니다.
다만 사정이 이렇게 되고 말았으므로 어찌할 도리도 없습니다.
또 농사철이어서 오래 가둬놓기도 어려운 일입니다.
그 처는 석방해 주시기를 바라고 있습니다. 그러니 엄하게 말씀해주셔서 가을을 기대하는 것이 어떠신지요. 이는 그 주인의 뜻입니다.

마침 바쁜 일이 생겨 더 이상 쓰지 못하고 이만 줄입니다.
보내주신 두 가지 생선은 고맙게 잘 받았습니다.
삼가 절하고 올립니다.
　1624년 4월 19일 원익.

제발

李公元翼 字 公礪 號 梧里 謚 文忠
全州人 丁未生 宣祖 乙巳文
策扈聖 以吏判 以間授西伯 始終勤勞 完平府院君 乙未大拜 至領相 入耆社
選淸白吏 配仁祖廟

이공(李公) 원익(元翼)의 자는 공려(公礪)[1], 호는 오리(梧里), 시호는 문충(文忠)이다. 본관은 전주(全州)이다. 정미(1547)년에 태어나 선조 기사(1569)년 문과에 급제하였다. 호성공신(扈聖功臣)에 녹훈되었으며, 이조판서로서 중간에 평안도관찰사를 역임하면서 한결같이 힘써 일하였다. 완평부원군(完平府院君)에 봉해졌으며, 을미(1595)년 영의정에 오르고, 기로소에 들어갔다.
청백리에 뽑혔고 인조의 묘정(廟庭)에 배향되었다.

1 이원익의 자는 공려(公勵)이다. 공려(公礪)는 착오가 있는 것으로 보인다.

필자

이원익 李元翼

1547년(명종 2) ~ 1634년(인조 12)

이원익 초상, 국립중앙박물관 소장

조선시대 이조판서, 우의정, 좌의정, 영의정 등을 역임한 문신이다. 본관은 전주(全州). 자는 공려(公勵), 호는 오리(梧里). 태종의 아들 익녕군(益寧君) 이치(李袳)의 4세손이며, 할아버지는 청기수(靑杞守) 이표(李彪)이다. 아버지는 함천정(咸川正) 이억재(李億載)이며, 어머니는 감찰 정치(鄭錙)의 딸이다. 키가 작아 '키작은 재상'으로 널리 불렸다.

생애와 활동

1564년(명종 19) 사마시에 합격하고, 1569년(선조 2) 별시 문과에 병과로 급제해 승문원권지부정자로 활동하였다. 이이(李珥)에게 인정되어 여러 차례 중앙관으로 천거되었다.

임진왜란 때 이조판서로서 평안도도순찰사의 직무를 수행하였고, 1593년(선조 26) 정월 평양을 탈환한 공로로 숭정대부(崇政大夫)에 가자(加資)되었다. 1604년(선조 37) 호성공신(扈聖功臣)에 녹훈되고 완평부원군(完平府院君)에 봉해졌다.

광해군 즉위 후 다시 영의정으로서 전쟁 복구와 민생 안정책으로 대동법(大同法)을 경기도에 한해 실시하여 토지 1결(結)당 16두(斗)의 쌀을 공세(貢稅)로 바치도록 하였다. 대비폐위론에 반대하는 상소를 올려 홍천으로 유배되었으며 뒤에 여주로 이배되었다.

1623년(인조 1) 인조 즉위와 함께 영의정으로 부름을 받았다. 1627년(인조 4) 정묘호란 때에는 노구를 이끌어 도체찰사로 세자를 호위해 전주로 갔다가 강화도로 와서 왕을 호위했으며, 서울로 환도하자 훈련도감제조에 임명되었다. 다섯 차례나 영의정을 지냈으나 집은 오막살이 초가였을 정도로 청빈했다 한다. 인조로부터 궤장(几杖)을 하사받았다.

저서로는 『오리집(梧里集)』·『속오리집(續梧里集)』·『오리일기(梧里日記)』 등이 있으며, 가사로 「고공답주인가(雇貢答主人歌)」가 있다. 인조의 묘정(廟庭)에 배향되었고, 충현서원(忠賢書院)에 제향되었다. 시호는 문충(文忠)이다.

21

유근柳根의 시詩

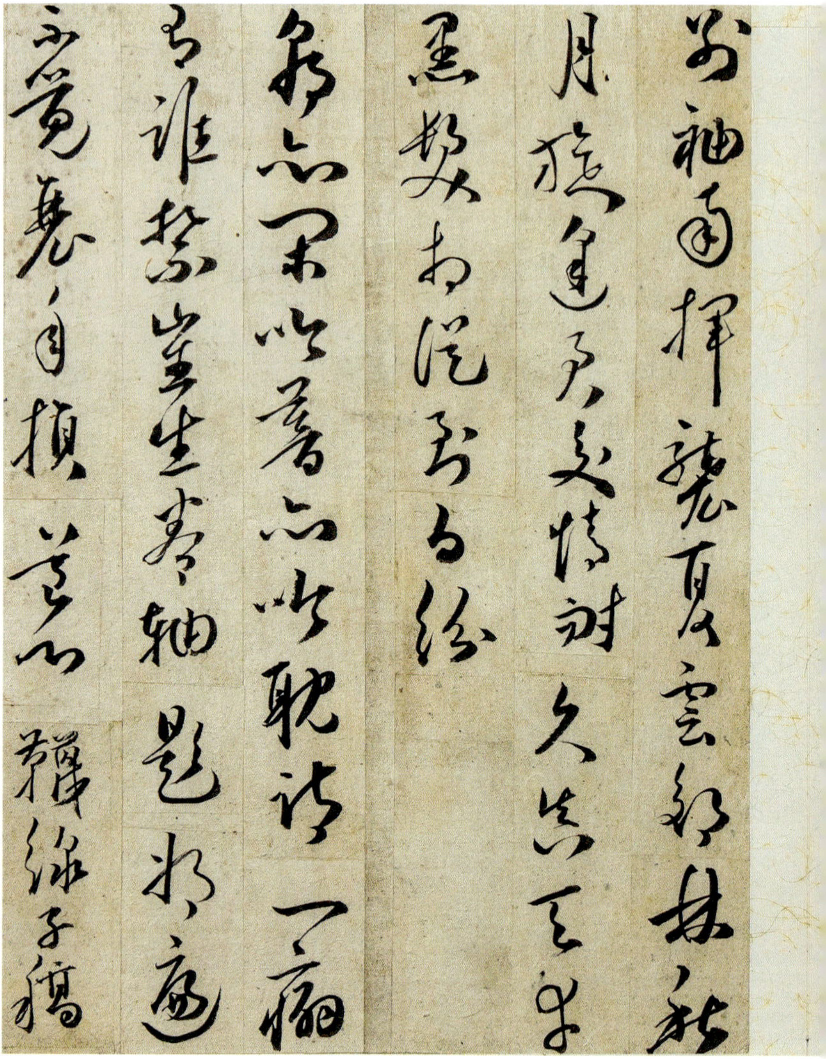

유근 柳根의 시詩
35.9x26.8cm

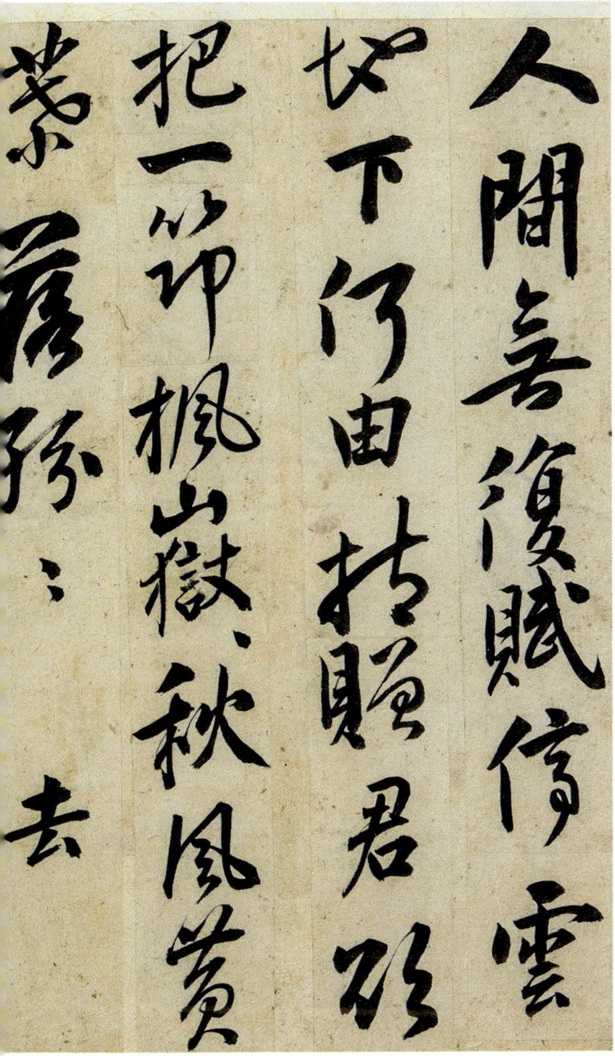
人間無復賦停雲
坐下何由持贈君聽
把一節楓嶽、秋風黃
葉蕭〻去

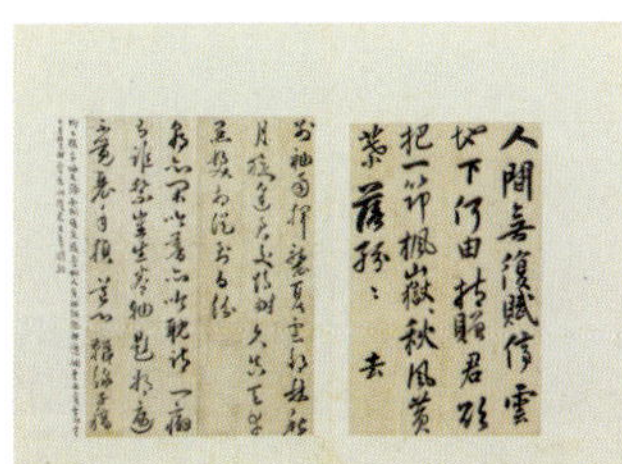

원문

人間無復賦停雲
地下何由持贈君
欲把一筇楓嶽去
秋風黃葉落紛紛

別袖南揮襲夏雲
郊林秋月旋逢君
交情耐久眞天幸
黑髮相從到白紛

朝亦閑吟暮亦吟
耽詩一癖有誰禁
崔生卷軸題將遍
不覺衰年損道心

襪線子稿

인간세상에서 정운시(停雲詩)[1] 읊을 일 다시없으니
지하세계 그대에게 어떻게 갖다 드릴까.
지팡이 하나 짚고 풍악산(楓嶽山)[2]으로 가려는데
가을바람에 낙엽이 어지럽게 날려 떨어지네.

남으로 옷소매 펄럭이며 헤어질 땐 여름구름 덮였고
돌아온 그대와 만난 성 밖 숲엔 가을 달이 떴구나.
오래토록 만나는 정은 참으로 하늘이 준 행운인데
검은 머리로 어울리다 백발로 접어들었네.

아침에도 한가히 시를 읊고 저녁에도 읊나니
시를 즐기는 이 내 고질병 뉘라서 막을 건가.
최고의 인생은 권축(卷軸)에 두루 시를 싣는 것인데
늙어가면서 나도 모르게 도심(道心)이 사그라드네.

말선자고[3]

1 정운시(停雲詩)는 도연명(陶淵明)의 시 가운데 친우를 그리워하며 지은 시이다. 다시 읊을 일 없다는 것은 곧 친우가 죽었다는 뜻이다.

2 풍악산(楓嶽山)은 가을 금강산 이름이다. 참고로 금강산은 봄에는 금강산(金剛山), 여름에는 봉래산(蓬萊山), 가을에는 풍악산(楓嶽山), 겨울에는 개골산(皆骨山)으로 불린다.

3 말선(襪線)은 하찮은 재주나 보탬을 가리키는 표현이다. 촉(蜀)나라 한소(韓昭)가 태학사(太學士)가 되어 거문고, 바둑, 글씨, 활쏘기를 모두 할 줄 아는데, 이태하(李台瑕)가 평하기를 "그 사람의 재주는 떨어진 버선의 실 끝과 같으니, 한 치의 잘하는 것도 없다."라고 한데서 온 말이다.韓昭仕前蜀, 多才藝而無一精通, 時人李台嘏以「韓八座事藝如拆襪線, 無一條長」譏刺之。見宋. 孫光憲《北夢瑣言. 卷五》。本以襪線譏刺他人才短。後轉為自謙才疏學淺之辭。《幼學瓊林. 卷四. 文事類》:「襪線之才, 自謙才短。」촉(蜀)의 한소(韓昭)가 금기서화(琴碁書畫)에 두루 대강 능했는데, 이태하(李台瑕)가 '한씨의 재주는 버선을 풀어 놓은 실오리 같아서 하나도 긴 것이 없다.'고 말했다 함.〈태평광기太平廣記 조초嘲誚〉

제발

柳公根 字晦夫 號西坰 謚文靖 晉州人
宣祖朝魁科 選湖堂 册扈聖功 官止左贊成

유공(柳公) 근(根)의 자는 회부(晦夫), 호는 서경(西坰), 시호는 문정(文靖)이다.
본관은 진주(晉州)이다.
선조조에 과거에 장원하였으며 호당(湖堂)에 선발되었다. 호성공신(扈聖功臣)에 책록되었고 관직은 좌찬성(左贊成)에 이르렀다.

필자

유근 柳根

1549년(명종 4) ~ 1627년(인조 5)

유근 초상, 보물제566호 문화재청 소장

조선시대 예조판서, 충청도관찰사, 좌찬성 등을 역임한 문신이다. 본관은 진주(晉州). 자는 회부(晦夫), 호는 서경(西坰). 유팽수(柳彭壽)의 증손으로, 할아버지는 유윤(柳潤)이다. 아버지는 진사 유영문(柳榮門)이며, 어머니는 안세언(安世彦)의 딸이다. 진사 유광문(柳光門)에게 입양되었다. 황정욱(黃廷彧)의 문인이다.

생애와 활동

1570년(선조 3) 생원시와 진사시에 모두 합격하였다. 1572년(선조 5) 별시 문과에 장원하고, 1574년에 사가독서(賜暇讀書)를 하였다. 1587년(선조 20) 이조정랑으로서 문신 정시(文臣庭試)에 다시 장원하였다. 그해 일본의 승려 겐소(玄蘇)가 사신으로 오자, 유근의 문장이 뛰어났으므로 선위사(宣慰使)로 특임하여 맞이하도록 하였다.

1591년(선조 24) 좌승지로서 건저문제(建儲問題)로 정철(鄭澈)이 화를 당할 때 일파로 몰려 탄핵을 받았으나, 문재(文才)를 아끼는 선조의 두둔으로 화를 면하였다. 임진왜란이 일어나자 의주로 임금을 호종했으며, 예조참의 · 좌승지를 거쳐 예조참판에 특진되었다. 1593년 도승지로 경성안무사(京城安撫使)가 되어 민심을 수습하고, 이어 한성부판윤에 올라 사은부사로 명에 다녀와 경기도관찰사가 되었다. 그리고 1597년(선조 30) 운향검찰사(運餉檢察使)로 명에서 들어오는 군량미의 수송을 담당하는 등 명과 관련한, 관계된 일을 많이 하였다. 1601년(선조 34) 예조판서가 되어 동지사로 다시 명에 다녀왔고, 1604년(선조 37) 호성공신(扈聖功臣) 2등에 녹훈되고 진원부원군(晉原府院君)에 봉해졌다. 광해군 때 대북파가 국정을 농단하고 1613년(광해군 5) 폐모론까지 일어나자 괴산으로 물러나 정청(庭請)에 참여하지 않아 관작이 삭탈되었다가 1619년(광해군 11) 복관되었다. 1623년 인조반정으로 다시 기용되었으나 나가지 않았다. 1627년(인조 5) 정묘호란 때 강화로 왕을 호종하던 중 통진에서 죽었다.

괴산 화암서원(花巖書院)에 제향되었다. 문집으로 『서경집』을 남겼다. 시호는 문정(文靖)이다.

22

이호민李好閔*이 보내는 간찰簡札

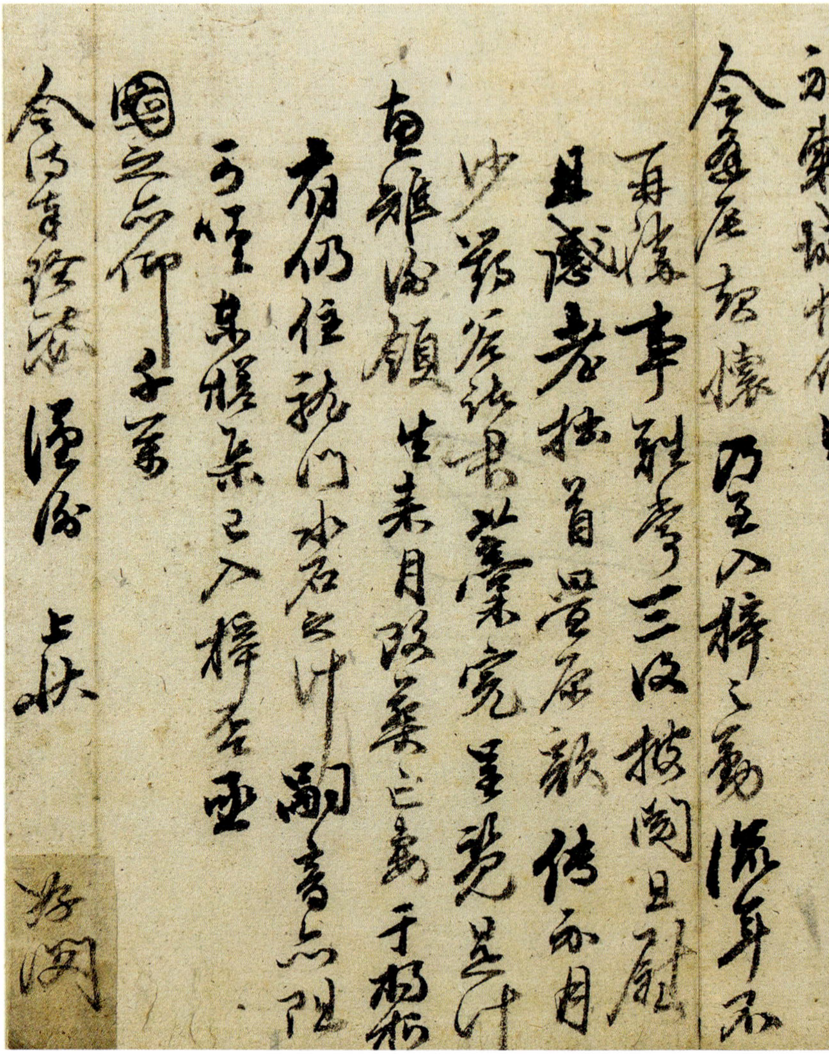

이호민李好閔이 보내는 간찰簡札
36.6×27.0cm

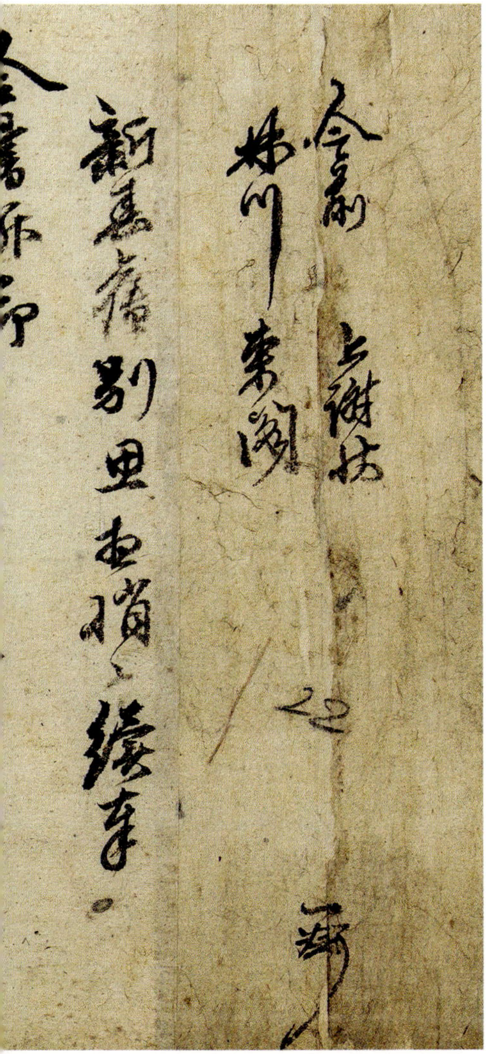

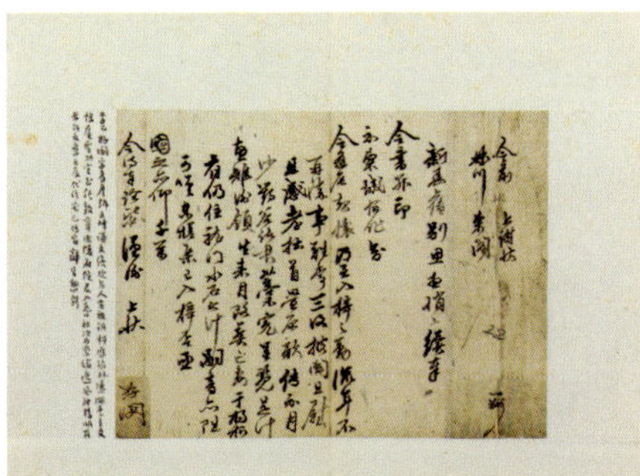

원문

令前 上謝狀
林川 東閣　手決

新春舊別 思想悄悄
續奉令書幷印示東城宿作 知令逢辰 起懷乃至入梓之勤
流年不再 勝事難常三復披閱 且慰且感

老拙 首疊原韻 傳示月沙鶴谷諸君 藁完呈覽是計
惠雉謝領 生 來月改葬亡妻于楊根 有仍住龍門水石之計
嗣音亦阻 可嘆
東槎集已入梓否 亟圖之 亦仰千萬

令侍奉珍毖 謹謝上狀
　好閔

* 이호민은 이 간찰에 등장하는 월사 이정귀(月沙 李廷龜), 학곡 홍서봉(鶴谷 洪瑞鳳), 동악 이안눌(東岳 李安訥 1571～1637)과 함께 지금 동국대 학생 기숙사가 있는 묵사동(墨寺洞 먹적골)에 단을 쌓고 그 위에 누대를 지어 시(詩)를 읊었다. 이안눌의 호를 따서 이들을 동악시사(東岳詩社)라 부른다. 참고로 이호민, 이정귀, 홍서봉 등은 모두 다 대제학을 지냈다.

영감께 올리는 답장

임천 동각 수결

새봄이 되었지만 예전에 헤어진 이후 그리움은 시름이 되어 남았습니다. 이어진 영감의 편지와 더불어 동성(東城)에서 예전에 찍은 판본을 받아 영감께서 생신을 맞으셨다는 것을 알게 되어 감회가 새로우며, 아울러 출간에 대한 생각도 생겨났습니다.

흐르는 세월은 다시 오지 않고 좋은 일은 늘 있기 어려운 법입니다.

거듭 세 번을 펼쳐 읽으니 위로와 감사가 느껴집니다.

늙고 어리석은 저는 원운(原韻)으로 제일 먼저 첩운(疊韻)[1]한 시를 월사(月沙)[2]와 학곡(鶴谷)[3] 등 여러분에게 전해 보여주었습니다. 원고가 마무리 되면 올려서 보게 할 계획입니다.

은혜롭게 보내주신 꿩은 고맙게 받았습니다.

저는 다음 달 죽은 아내의 묘를 양근(楊根)[4]에 이장합니다.

그리고 그대로 용문(龍門)[5]의 자연 속에 파묻혀 살 계획으로 있습니다.

소식도 뜸하여 한탄스럽습니다.

---

1 첩운(疊韻)은 같은 운(韻)으로 시를 짓는 것을 말한다. 즉 전운(前韻)에 거듭하여 시를 짓는 것으로 차운(次韻), 또는 화운(和韻)이라고도 한다. 이호민의 『오봉집』에는 '再疊原韻', '四疊原韻', '謹疊原韻' 등 표현이 다수 나온다.

2 월사(月沙)는 이정귀(李廷龜 1564~1635)의 호이다. 이정귀의 본관은 연안(延安)이며 병조, 형조, 예조의 판서를 거쳐 대제학을 지내고 우의정, 좌의정을 역임하였다. 문장에 능하여 한문사대가(漢文四大家)의 한 사람으로 꼽힌다.

3 학곡(鶴谷)은 홍서봉(洪瑞鳳 1572~1645)의 호이다. 홍서봉의 본관은 남양이며 이조, 병조, 예조 판서와 대제학을 지내고 우의정, 좌의정, 영의정을 역임하였다. 문장과 시에 능하였다.

4 양근(楊根)은 현재 경기도 양평이다. 현재의 양평군(楊平郡)은 1908년 양근군(楊根郡)이 지평군(砥平郡)과 합친 것이다. 현재 이곳에는 이호민의 묘와 신도비가 있다.

5 용문(龍門)은 이호민은 지금의 경기도 양평군 옥천면 용천리에 별서(別墅)를 짓고 노년을 보냈다.

『동사집(東槎集)』[6]은 이미 간행되었는지요?
조속히 마무리되길 간절히 바랍니다.

영감께서 부모님 모시고 평강하시길 빌며 삼가 답장을 올립니다.
호민

제발

李公好閔 字孝彦 號 五峯 諡 文僖 延安人
宣祖朝 科 歷翰林選湖堂主文 錄扈聖功 官至領敦寧 延陵府院君 入耆社
姿稟俊逸 風神精明 有學行文章
壬辰代作 罪己傳旨 辭旨懇到

이공(李公) 호민(好閔)의 자는 효언(孝彦), 호는 오봉(五峯), 시호는 문희(文僖)이다. 본관은 연안(延安)이다.
선조조에 과거에 급제하여 한림(翰林)을 거쳐 호당(湖堂)에 뽑혔으며 홍문관 대제학(大提學)을 지냈고 호성공신(扈聖功臣)에 녹훈되었다. 관직은 영돈녕(領敦寧)에 이르렀으며 연릉부원군(延陵府院君)에 진봉되어 기로소에 들어갔다. 사람된 바탕과 타고난 성품이 빼어나고 풍채가 깨끗하고 맑았으며 학행과 문장에 뛰어났다.
임진(1592)년 죄기전지(罪己傳旨)[7]를 대신 작성하였는데 그 내용이 간절하면서도 자상하여 빈틈이 없었다.

6 동사(東槎)는 중국의 사신을 가리킨다. 이 책은 중국에서 사신이 나올 때 이정귀(李廷龜)가 원접사(遠接使)로 나가 중국 사신을 맞아 지은 시를 모아 지은 책이다.
7 죄기전지(罪己傳旨): 자기를 허물하는 전지. 즉 자기의 죄를 알린다는 말로, 주로 임금이 천재지변(天災地變)이나 정사의 실행(失行)을 자기의 허물로 돌리면서 신하와 백성에게 이해를 구하고자 하는 내용을 띤다.

필자

이호민 李好閔

1553년(명종 8) ~ 1634년(인조 12)

이호민 초상, 한국학중앙연구원 소장

조선시대 예조판서, 대제학, 좌찬성 등을 역임한 문신이다. 본관은 연안(延安). 자는 효언(孝彦), 호는 오봉(五峯) · 남곽(南郭) · 수와(睡窩). 증조부는 호조판서 · 적개좌리공신 연안군(延安君) 이숙기(李淑琦), 할아버지는 홍문관수찬 이세범(李世範)이며 아버지는 이천현감(伊川縣監) 이국주(李國柱)이다. 어머니는 정경부인으로 비안 박씨(比安朴氏) 사직 박여(朴旅)의 딸이다.

생애와 활동

이호민은 1579년(선조 12)에 진사가 됐으며 1584년(선조 17) 별시문과에 을과로 급제했다. 1585년(선조 18)에 사관(史官)으로 발탁됐으며 응교와 전한을 역임했다. 1592년(선조 25) 임진왜란 때에는 이조좌랑으로 왕을 의주까지 호종했다.

1595년(선조 28)에는 부제학으로 명에 보내는 외교문서를 전담했다. 1596년(선조 29)에는 참찬관(參贊官)을 지냈다. 1599년(선조 32)에 동지중추부사가 되어 사은사(謝恩使)로서 명나라에 다녀왔다. 1601년(선조 34) 예조판서로 인성왕후(仁聖王后)의 지문(誌文)을 다시 썼으며, 대제학과 좌찬성을 지냈다. 1604년(선조 37)에 호성공신(扈聖功臣) 2등으로 연릉군(延陵君)에 봉해졌다. 그 뒤에 대광보국숭록대부(大匡輔國崇祿大夫)가 됐으며 부원군(府院君)에 진봉됐다.

이호민은 1608년 선조가 붕어하자 영창대군(永昌大君)의 즉위를 반대하며 장자를 옹립해야 된다고 주장하였다. 1615년(광해군 7) 정인홍(鄭仁弘) 등의 원찬론(遠竄論)으로 인해 7년간 교외에서 죄를 기다렸다.

이호민은 문장이 뛰어나 임진왜란 때에는 왕명으로 각종 글을 작성하였는데, 그가 지은 교서(敎書)는 내용이 간절하고 표현이 아름다웠다고 한다. 특히 한시에 뛰어나다는 평을 들었다. 저서로는 『오봉집(五峰集)』 16권이 있다. 사후에 청백리에 올랐으며 지례(知禮)의 도동향사(道東鄕祠)에 제향됐다. 시호는 문희(文僖)이다.

23 이수광李睟光이 보내는 간찰簡札

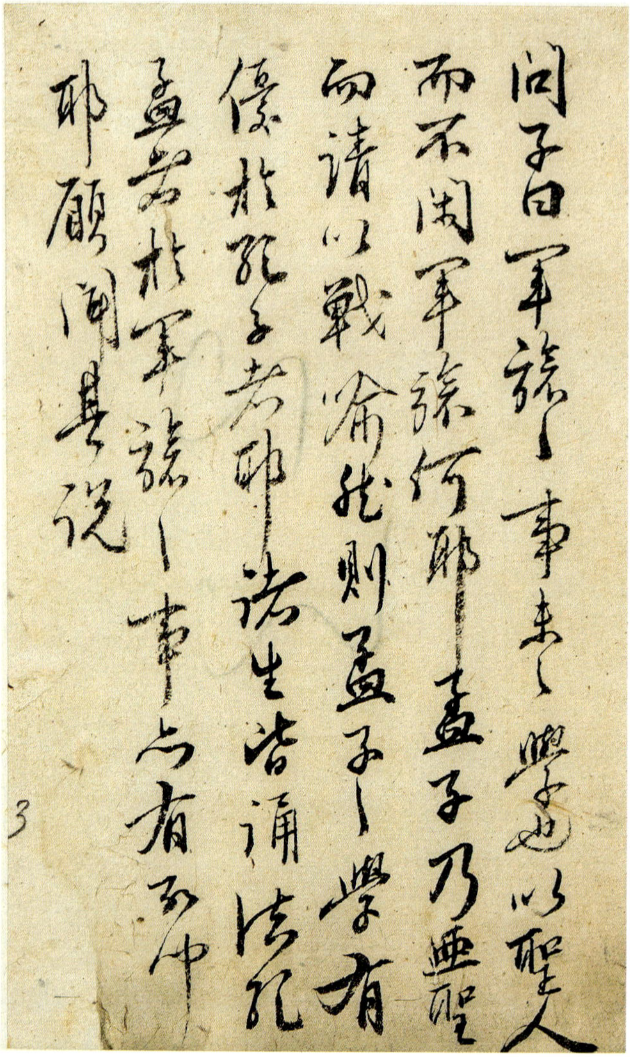

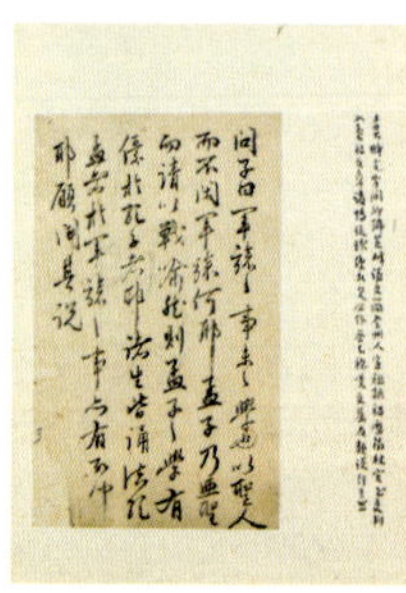

이수광 李睟光이 보내는 간찰簡札
16.4×27.0cm

원문

問 子曰 軍旅之事 未之學也 以聖人而不閑軍旅何耶
孟子乃亞聖 而請以戰喩
然則 孟子之學 有優於孔子者耶
諸生皆誦法孔孟子
於軍旅之事 亦有所聞耶
願聞其說

공자에게 묻자 대답하길, "군대에 관한 일은 배우지 못하였다."[1]라고 하였다. 성인이지만 군대에 관한 일을 등한시하지 않아야 하는 것은 왜 그런 것인가.
맹자는 아성(亞聖)[2]이지만, "전쟁으로 비유하겠다(請以戰喩)"[3]라고 하였다.
그렇다면 맹자의 배움이 공자의 그것보다 뛰어난 것인가.
그대들은 모두 공자와 맹자의 가르침을 외우고 모범으로 삼는다.
군대에 관한 일에 대해서도 들은 것이 있는가.
그 이론에 대해 듣기를 원한다.

1 군대에 관한 이 고사는 『논어』 「위령공(衛靈公)」에 나온다. 위 영공(衛靈公)이 공자에게 진법에 대해 묻자, 공자는 "조두(俎豆 제사)에 대한 일은 일찍이 들었거니와, 군대에 관한 일은 배우지 못하였다(俎豆之事, 則嘗聞之矣; 軍旅之事, 未之學也)"라고 말하고, 다음날 위나라를 떠났다.

2 아성(亞聖)은 성인에 버금간다는 뜻으로, 대성(大聖)인 공자에 대하여 맹자 또는 안연을 이르는 말로 주로 쓰인다.

3 원문의 '청이전유(請以戰喩)'는 『맹자』 「양혜왕(梁惠王)」에 나온다. 양혜왕이 백성들을 구휼하기 위해 진심진력(盡心盡力)하지만 백성이 늘어나서 나라가 더 강성해지지 않는 이유를 모르겠다고 하자, 맹자는 이에 대해 양혜왕이 잘 아는 전쟁을 예로 들어 비유하려고 하였다. 여기에서 오십보백보(五十步百步)라는 고사성어가 나왔다.

제발

李公 睟光 字 潤卿, 號芝峯 諡 文簡 全州人
宣祖朝 科 歷翰林 官至吏判 入耆社
文章博識 琉球使者 見公作 無不稱嘆 文集及類說行于世

이공(李公) 수광(睟光)의 자는 윤경(潤卿), 호는 지봉(芝峯), 시호는 문간(文簡)이다. 본관은 전주(全州)이다.
선조조에 과거에 급제하여 한림(翰林)을 지냈고, 관직은 이조판서에 이르렀으며 기로소에 들어갔다.
문장이 박식하여 유구의 사신이 공의 글을 보고 감탄을 그치지 않았다. 문집과 『유설(類說)』이 세상에 간행되었다.

필자

이수광 李睟光

1563년(명종 18) ~ 1628년(인조 6)

조선시대 공조참판, 대사헌, 이조판서 등을 역임한 문신으로 학자이다. 본관은 전주(全州). 자는 윤경(潤卿), 호는 지봉(芝峯). 아버지는 병조판서 이희검(李希儉)이며, 어머니는 문화 유씨(文化柳氏)이다.

생애와 활동

1578년(선조 11) 초시에 합격하고, 1582년(선조 15) 진사가 되었다. 임진왜란이 일어나자 경상도방어사 조경(趙儆)의 종사관이 되어 종군하였다. 1597년(선조 30) 성균관대사성을 거쳐 1601년(선조 34) 부제학이 되었다. 1605년(선조 38) 안변부사, 1607년(선조 40) 홍주목사, 1616년(광해군 8) 순천부사 등 지방관을 역임하였다. 1619년 임기를 마친 후 수원에 살면서 모든 관직을 사양하였다. 1623년 인조반정 때 도승지 겸 홍문관제학으로 임명되고, 대사간 · 이조참판 · 공조참판을 역임하였다. 1625년(인조 3) 대사헌으로서 소임을 다하였으며, 1628년 7월 이조판서에 임명되었으나 그해 12월에 세상을 떠났다.

이수광은 일찍이 주요한 관직을 두루 지냈으며, 세 차례나 명에 사신으로 다녀올 정도로 관료로서의 역할을 충분히 하였다. 특히 임진왜란과 정묘호란을 치르고, 광해군 때의 정치적 갈등과 인조 때 이괄(李适)의 반란을 겪었던 어려운 정국에서도 당쟁에 휩쓸리지 않았다.
조선사회가 전기에서 후기로 변화하는 사회적 변동기에 새로운 사상적 전개 방향을 탐색하고 개척한 학자이자 사회변화와 더불어 발생하게 된 실학파의 선구적 인물로 사상사 · 철학사에서 중요한 위치를 가진다.

저서로는 『지봉집(芝峯集)』이 있다. 또한 『찬록군서(纂錄群書)』 25권이 있다고는 하나 확실하지 않다. 사후 영의정으로 추증되었으며, 수원의 청수서원(淸水書院)에 제향되었다. 시호는 문간(文簡)이다.

한준겸韓浚謙의 시詩

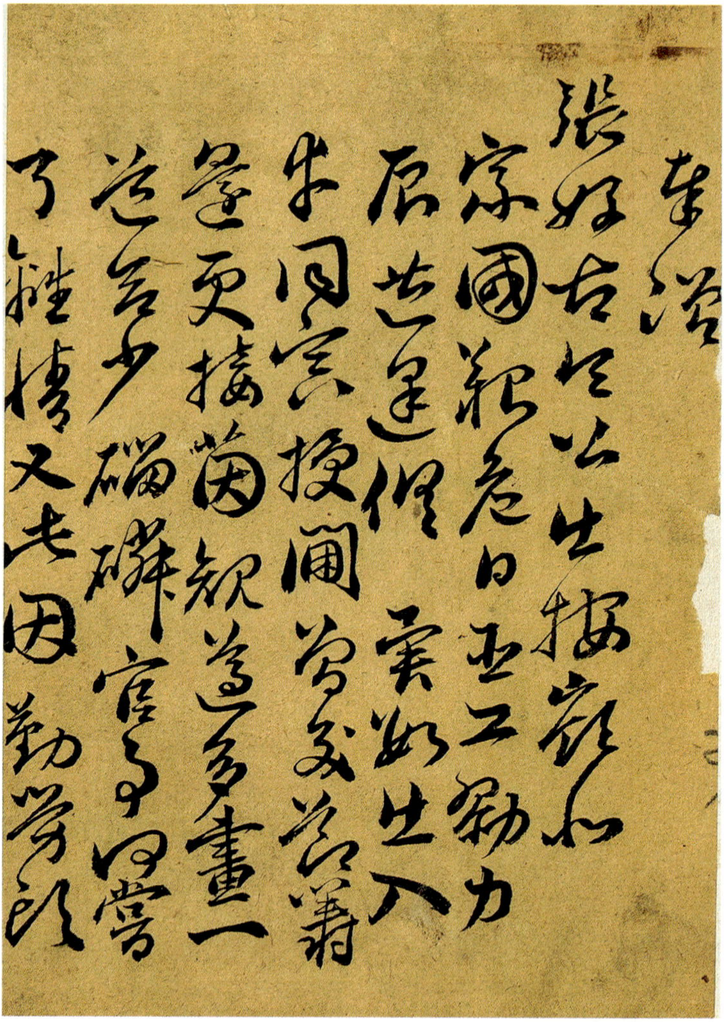

한준겸韓浚謙의 시詩
16.0x22.3cm

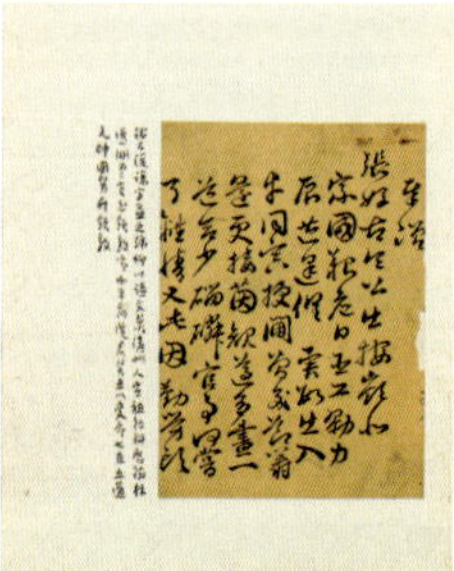

원문

*奉贈 張好古令公 出按嶺北

장호고(張好古)[1] 영감이 영북(嶺北, 함경도)의 관찰사로 나가는 길에 드리다.

家國艱危日	국가가 어렵고 위태로운 날은
臣臣勠力辰	신하들 서로가 힘을 합쳐야 할 때.
遭逢俱異數	모두 특별한 은혜와 조우하였어도
出入幸同寅	드나드는 건 다행히 동인(同寅)[2]이라네.
授閫曾交節	일찍이 환절기에 관찰사의 책임을 받아
籌邊更接茵	변방 가에 다시 자리를 잡는구나.
規遵多畫一	규례가 많으나 한가지로 행하고
道合少磂磷	도로서 합하니 변함이 없어라.[3]
官事何嘗了	관아의 일에 언제 끝이 있었던가.
離情又此因	헤어지는 마음도 또 이렇게 인연인데
勤勞頭...	부지런한...

* 이 시는 장만(張晩1566~1629)이 1607년(선조40) 함경도 관찰사로 떠날 때 써준 전별시이다. 마지막 구절은 잘라져 나갔다.

1 호고(好古)는 장만(張晩)의 호이다. 장만의 본관은 인동(仁同), 자는 호고(好古), 호는 낙서(洛西), 시호는 충정(忠定)이다. 내직으로는 호조참판, 병조참판, 대사간, 동지의금부사, 병조판서 등을 역임하였고, 외직으로는 전라도 · 함경도 · 경상도 관찰사, 도원수, 팔도도체찰사 등을 역임하였다.

2 동인(同寅)은 원래 고요(皐陶)가 순(舜) 임금 앞에서 우(禹)에게 말한 것으로, 공경히 임금을 섬기면서 다 함께 훌륭한 정사를 이루기 위해 협력하는 동료 관원들을 뜻하는 말로 쓰인다. 여기에서 '동인협공(同寅協恭)'이라는 말이 유래되었다. 『서경』「고요모(皐陶謨)」에 나온다.

3 원문의 류린(磂磷)은 치린(緇磷)의 오기로 여겨진다. 『논어』「양화(陽貨)」에, 공자가 "굳다 하지 않겠는가! 갈아도 닳지 않도다. 희다 하지 않겠는가! 물들여도 물들지 않는다(不曰堅乎 磨而不磷 不曰白乎 涅而不緇)"한 것에서 유래하여, 외물에 이끌리지 않는 견고하고도 결백한 심성을 뜻하는 말로 쓰인다.

제발

韓公浚謙 字益之 號 柳川 諡文翼 淸州人

宣祖朝 科 歷翰林 選湖堂 官至領敦寧 西平府院君

癸丑 以受命七臣 五道元帥 國舅并領敦

한공(韓公) 준겸(浚謙)의 자는 익지(益之), 호는 유천(柳川), 시호는 문익(文翼)이다. 본관은 청주(淸州)이다. 선조(宣祖) 조에 과거에 급제하여 한림(翰林)이 되고 호당(湖堂)에 선발되었다. 관직은 영돈녕(領敦寧)에 이르렀으며 서평부원군(西平府院君)에 봉해졌다. 계축(1613)년 유교칠신(遺敎七臣)의 한 사람으로 명을 받았다. 오도원수(五道元帥)를 지냈고 국구(國舅)로서 영돈녕이 되었다.

필자

한준겸 韓浚謙

1557년(명종 12) ~ 1627년(인조 5)

조선시대 함경도관찰사, 지중추부사, 겸지춘추관사 등을 역임한 문신이다. 본관은 청주(淸州). 자는 익지(益之), 호는 유천(柳川). 정선군수 한승원(韓承元)의 증손으로, 할아버지는 중추원경력 한여필(韓汝弼)이고, 아버지는 경성판관 한효윤(韓孝胤)이며, 어머니는 예빈시정(禮賓寺正) 신건(申健)의 딸이다. 인조의 장인이다.

생애와 활동

1579년(선조 12) 생원시 · 진사시에 합격하고 1585년 태릉 참봉에 제수되었다. 이듬해 별시문과 병과로 급제했고, 예문관검열이 되어 홍문록(弘文錄)에 올라 문장으로 이름이 높았다.

1589년(선조 22) 정여립(鄭汝立)의 모반사건 때 정여립의 생질인 이진길(李震吉)을 천거한 일로 연좌되어 투옥되었다가 풀려나 원주로 이사하였다. 1592년 다시 기용되어 예조정랑을 거쳐, 강원도도사 · 사서 등을 역임하였다. 1595년 도체찰사 유성룡(柳成龍)의 종사관(從事官)이 되었다. 1597년 좌부승지에 올라 명나라 도독 마귀(麻貴)를 도와 마초와 함께 병량의 보급에 힘썼다. 1598년 경상도관찰사가 되었으나 정인홍(鄭仁弘)과의 알력으로 파직당하였다. 다음해 병조참판으로 복귀하여 여러 관직을 역임하였고, 1605년(선조 38) 호조판서에 특진되었다.

선조로부터 영창대군(永昌大君)의 보필을 부탁받은 유교칠신(遺敎七臣)의 한 사람으로, 1613년(광해군 5) 계축옥사에 연루되어 전리방귀(田里放歸 : 관직을 삭탈하고 고향으로 내쫓음)되고, 1617년에는 충주로 부처되었다가 1621년(광해군 13) 여주로 이배(移配)되었다.

1623년(인조 1) 인조반정으로 그의 딸이 인열왕후(仁烈王后)로 책봉되자 영돈녕부사로 서평부원군(西平府院君)에 봉해졌다. 그 뒤 겸지춘추관사(兼知春秋館事)로 『광해군일기』 편찬에 참여하였다. 예학(禮學)과 국가의 고사(故事)에 밝았다. 함흥의 문회서원(文會書院)에 제향되었다. 저서로 『유천유고(柳川遺稿)』가 있다. 시호는 문익(文翼)이다.

25

이덕형李德馨의 시詩

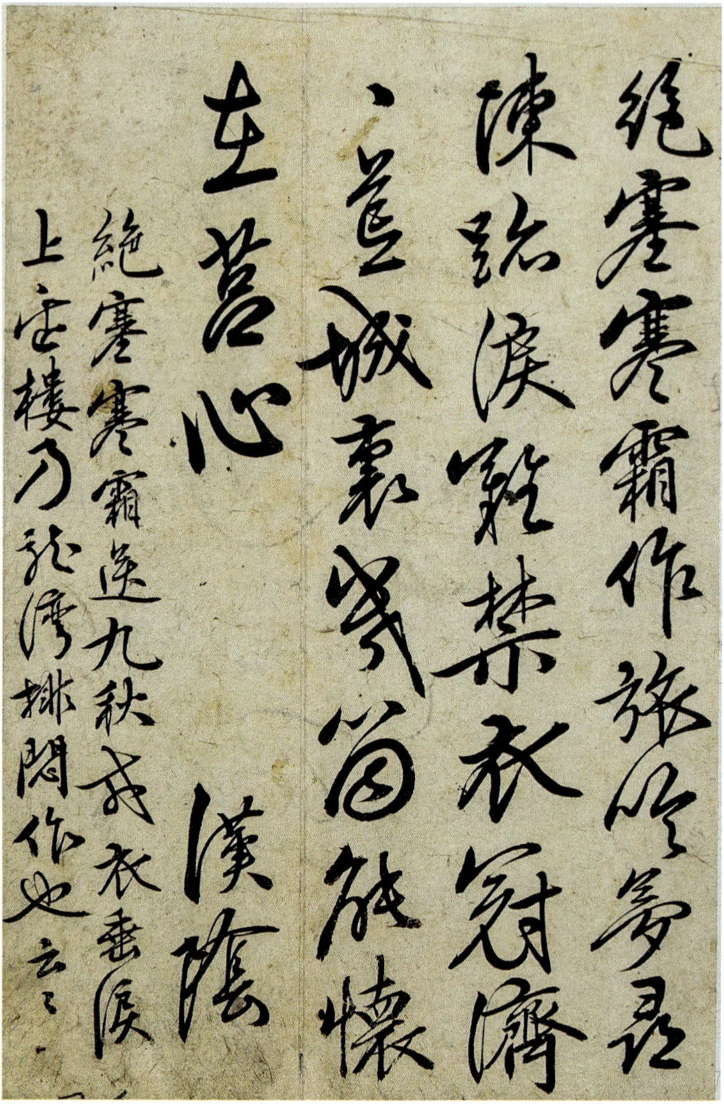

이덕형李德馨의 시詩
14.8×22.3cm

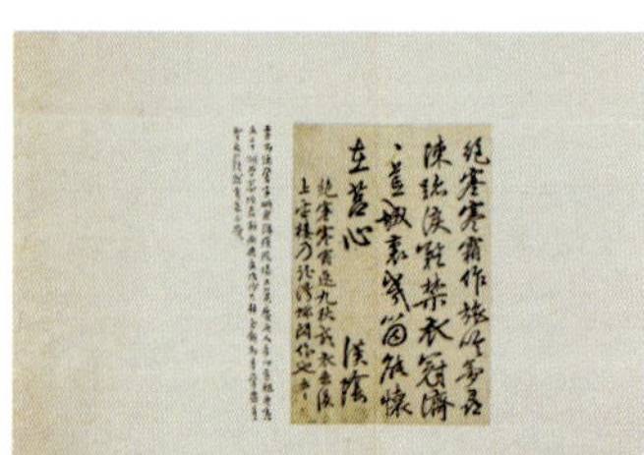

원문

絶塞寒霜作旅吟
夢尋陳跡淚難禁
衣冠濟濟荒城裏
幾箇能懷在莒心
　　漢陰

絶塞寒霜送九秋 戎衣垂淚上邊樓[1]
乃龍灣排悶作也 云云

외딴 변방 차가운 서리에 나그네 시름을 읊고
꿈속에서 옛 자취를 찾으니 눈물을 그칠 수 없네.
의관을 정제하고 황량한 성안에 있노라니
몇 사람이나 거심(莒心)[2]을 품을 수 있을까.
　　한음

외딴 변방 차가운 서리에 가을날을 보내고, 갑옷 입고 눈물을 흘리며 변방 누대에 오른다는 구설은 용반(龍灣)[3]에서 근심을 없애기 위해 지은 시이다. 운운.

1 '絶塞寒霜送九秋 戎衣垂淚上邊樓' 이 시는 이덕형이 몽진한 선조와 함께 의주에 있을 때 지은 시로 「한음문고(漢陰文稿)」에는 다음과 같이 전해온다. "絶塞寒霜送九秋 朝衣垂淚上邊樓 蘭湖日日流東海 一望關山盡白頭"

2 거심(莒心)은 거(莒) 땅에 있을 때의 맘이란 뜻으로 곤액을 당했을 때 가졌던 마음을 말한다. 춘추전국 시대 때 제(齊)나라에 난이 발생하자 공자(公子) 소백(小白)이 거 땅으로 유망(流亡)하였다가 돌아와서 임금 자리에 올라 환공(桓公)이 되었다.

3 용만(龍灣): 의주(義州)의 별칭이다.

제발

李公德馨 字 明甫 號 漢陰 諡 文翼 廣州人

辛卯 宣祖 庚寅 文 二十 湖堂 薇垣長 柏府典文 戊戌 大拜至領相

卓犖典重 望之嶷然 守正不撓

이공(李公) 덕형(德馨)의 자는 명보(明甫), 호는 한음(漢陰), 시호는 문익(文翼)이다. 본관은 광주(廣州)이다.

신묘(1591)년, 선조 경인(1590)년[4], 20세에 문과에 급제하여 호당(湖堂)에 뽑혔으며, 미원장(薇垣長 대사간), 백부(柏府 사헌부), 전문(典文 대제학)을 지냈고, 무술(1598)년[5] 영의정에 올랐다. 사람됨이 탁월하여 언행이 법도에 맞고 점잖았으며, 바라보매 큰 산처럼 우뚝하였고, 정도를 고수하며 흔들리지 않았다

4 신묘(1591)년, 선조 경인(1590)년은 착오로 삽입된 것으로 여겨진다. 이덕형은 1580년 20세의 나이로 문과에 급제하였다.

5 무술(1598)년은 오류이다. 이덕형은 1602년 처음 영의정에 올랐다.

필자

이덕형 李德馨

1561년(명종 16) ~ 1613년(광해군 5)

이덕형 초상, 경기도박물관 소장

조선시대 이조판서, 우의정, 영의정 등을 역임한 문신이다. 본관은 광주(廣州). 자는 명보(明甫), 호는 한음(漢陰) · 쌍송(雙松) · 포옹산인(抱雍散人). 할아버지는 증 좌찬성 이진경(李振慶)이다. 아버지는 지중추부사 이민성(李民聖)이며, 어머니는 현령(縣令) 유예선(柳禮善)의 딸이다. 영의정 이산해(李山海)의 사위이다.

생애 및 활동사항

1580년(선조 13) 별시 문과에 을과로 급제해 승문원(承文院)의 관원이 되었다. 1584년에 서총대(瑞葱臺)의 응제(應製)에서 장원을 했고, 이 외의 시험에서 여러 차례 수석을 차지하였다.

1590년(선조 23)에는 동부승지 · 우부승지 · 부제학 · 대사간 · 대사성 등을 차례로 지내고, 이듬해 예조참판이 되어 대제학을 겸하였다. 1592년 임진왜란 때 정주까지 왕을 호종했고, 청원사(請援使)로 명에 파견되어 파병을 이끌어 냈다. 1593년 병조판서, 이듬해 이조판서로 훈련도감당상을 겸하였다. 1595년 경기 · 황해 · 평안 · 함경 4도체찰부사가 되었으며, 1597년 우의정에 승진하고 이어 좌의정에 올라 훈련도감도제조를 겸하였다.

1601년(선조 34) 행판중추부사(行判中樞府事)로 경상 · 전라 · 충청 · 강원 4도체찰사를 겸해, 전란 뒤의 민심 수습과 군대 정비에 노력하였다. 이듬해 영의정에 올랐다. 1606년 영중추부사가 되었다가 1608년 광해군이 즉위하자 진주사(陳奏使)로 명에 다녀온 후 다시 영의정이 되었다.

1613년(광해군 5) 영창대군(永昌大君)의 처형과 폐모론에 이항복과 함께 이를 적극적으로 반대하였다. 그 뒤 용진(龍津)으로 물러가 국사를 걱정하다 병으로 죽었다. 남인 출신으로 북인의 영수 이산해의 사위가 되었으며, 이항복과 절친한 사이로 기발한 장난을 잘해 많은 일화가 전해진다. 글씨로 이름이 높았다. 포천의 용연서원(龍淵書院), 문경의 근암서원(近巖書院)에 배향되었다. 저서로 『한음문고(漢陰文稿)』가 있다. 시호는 문익(文翼)이다.肅)이다.

26

윤방尹昉이 보내는 간찰簡札

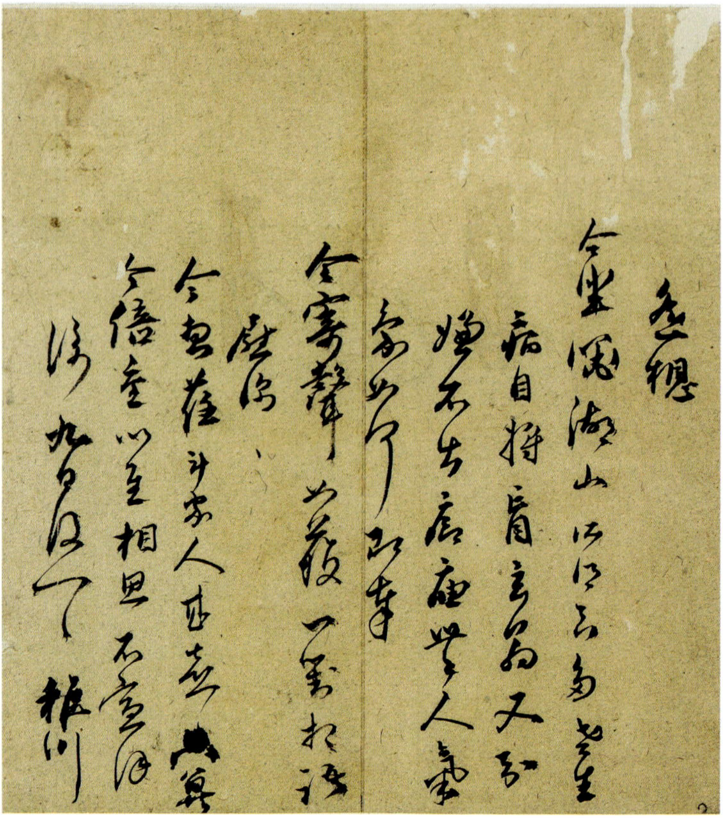

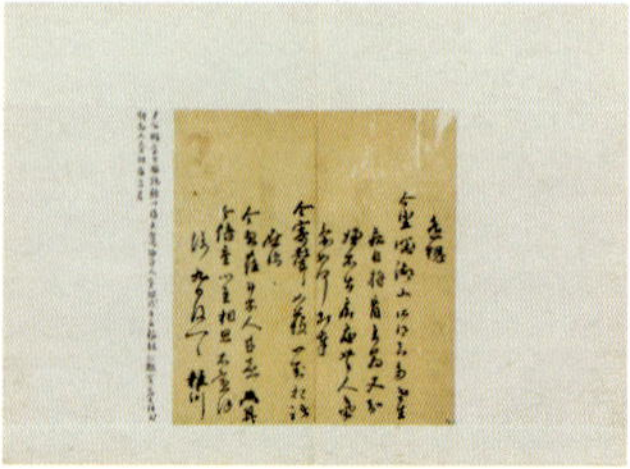

윤방 尹昉이 보내는 간찰簡札

24.5x26.8cm

원문

遙想令坐率湖山 所得只多

老生 病目將盲
玄翁又引嫌不出廊庙 此人氣象如何

卽奉令寄聲 如獲一對相語 慰深慰深
令惠荏斗 家人甚喜

只冀令倍重 以慰相思
不宣 謹謝
九日後 一日 稚川

멀리서 생각하니, 영감께서는 호수와 산을 거느리고 앉아 누리시는 일이 많으시겠지요.
이 늙은이는 눈병이 나서 장차 맹인이 될 것 같습니다.
현옹(玄翁)[1]은 또 인혐(引嫌)[2]으로 조정에 나오지 않았다고 합니다. 이 사람의 기상(氣象)이 어떻습니까.

지금 영감의 소식을 접하니 마치 함께 마주앉아 대화를 나누는 것 같이 크게 위안이 됩니다.
영감께서 보내주신 들깨 한 말을 받아 집 사람이 무척 기뻐하였습니다.

1 현옹(玄翁)은 신흠(申欽 1566~1628)이다. 조선 중기의 문신으로 본관은 평산(平山), 자는 경숙(敬叔), 호는 현헌(玄軒)·상촌(象村)·현옹(玄翁)·방옹(放翁)이다. 조선 4대 문장가 중 한 사람으로 윤방의 뒤를 이어 영의정에 올랐다.

2 인혐(引嫌)은 양사(兩司)에서 동료와 의견이 맞지 않으면 지위를 사퇴(辭退)하는 일을 말한다.

저는 다만 영감께서 더욱더 건강하셔서 멀리서 그리워하는 마음을 위로해주시기만 바랄 뿐입니다.

이만 줄입니다.

삼가 답장을 올립니다.

중구일(重九日) 후 첫 날 치천(稚川)

제발

尹公 昉 字 可晦 號 稚川 諡 文翼 海平人

宣祖 戊子 文 翰林 仁祖癸亥 大拜至領相 入耆社 海昌君

윤공(尹公) 방(昉)의 자는 가회(可晦), 호는 치천(稚川), 시호는 문익(文翼)이다.

본관은 해평(海平)이다.

선조 무자(1588)년 문과에 급제하여 한림이 되었다. 인조 계해(1623)년 영의정에 제수되었으며 기로소에 들어갔다.

해창군(海昌君)에 진봉되었다.

필자

윤방 尹昉

1563년(명종 18) ~ 1640년(인조 18)

조선시대 형조판서, 우참판, 영의정 등을 역임한 문신이다. 본관은 해평(海平). 자는 가회(可晦), 호는 치천(稚川). 사용(司勇) 윤희림(尹希琳)의 증손으로, 할아버지는 국자감정 윤변(尹忭)이다. 아버지는 영의정 윤두수(尹斗壽)이며, 어머니는 관찰사 황기(黃琦)의 손녀로 참봉 황대용(黃大用)의 딸이다. 이이(李珥)의 문인이다.

생애와 활동

1582년(선조 15) 진사가 되고 1588년 식년문과에 병과로 급제하여 승문원정자에 임명되고, 이어 예문관검열 겸 춘추관기사관을 거쳐 봉교 · 예조좌랑이 되었다.

1592년 임진왜란으로 아버지가 재상으로 다시 기용되자, 예조정랑으로 발탁되어 선조를 호종하였다. 그러나 아버지가 다시 파직당하자 스스로 파직을 요청해 관직에서 물러났으나 곧 군기시첨정에 제수되었다. 1597년 정유재란이 일어나자 순안독찰(巡按督察)이 되어 군량 운반을 담당하였으며, 철원부사를 거쳐 동부승지로 승진되었다. 1601년 동지사(冬至使)로 명을 다녀와서 곧 해평부원군(海平府院君)에 봉해졌다. 1608년 광해군이 즉위하자 형조판서가 되고, 이듬해 겸지춘추관사로 『선조실록』 편찬에 참여했다. 1618년(광해군 10) 인목대비(仁穆大妃) 폐모론 때 탄핵을 받자 사직하였다.

1623년 인조반정 후 예조판서로 등용되었고 이어 우의정과 좌의정을 역임한 후 1627년(인조 5)에 영의정이 되었다. 그해 정묘호란이 일어나자 인조의 피난을 주장해 강화도로 호종하였다. 1631년 다시 영의정이 되었다. 1636년(인조 14) 병자호란이 일어나자 묘사제조(廟社提調)로서 40여 신주(神主)를 모시고 강화도로 피난하였다. 그러나 신주 봉안에 잘못이 있었다는 탄핵을 받아 1639년 연안으로 유배되었다가 2개월 후 풀려나 다시 영중추부사에 기용되었다.

문장이 뛰어났으며 효성이 지극하였다. 저서로는 『치천집』이 있다. 시호는 문익(文翼)이다.

27 정경세 鄭經世의 필적

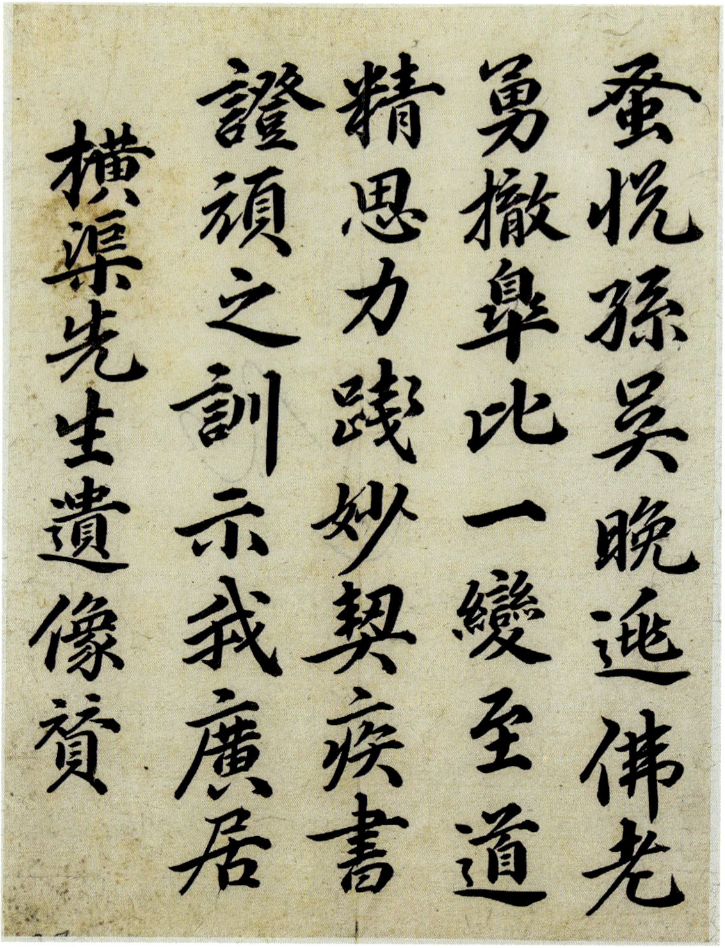

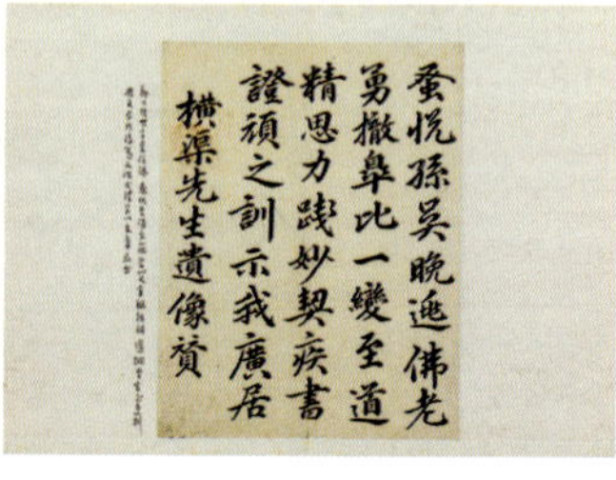

정경세鄭經世의 필적
26.3x34.0cm

원문

[*]蚤悅孫吳	어려서는 손자와 오자를 좋아하였고
晩逃佛老	만년에는 불교와 노자로 달려갔네.
勇撤皐比	과감하게 고비(皐比)[1]를 걷어내더니
一變至道	한번 변하여 도에 이르렀네.
精思力踐	정성껏 사유하고 힘써 실천하여
妙契疾書	심오한 이치를 급히 써내려가서
證頑之訓	증완(證頑)[2]의 가르침으로
示我廣居	나에게 넓은 거처를 보여주었네.
橫渠先生 遺像贊	횡거선생[3] 유상찬

* 이 시는 주자[朱子 주희(朱熹 1130~1200)]가 쓴 "횡거선생유상찬(橫渠先生遺像贊)"이다.

1 고비(皐比)는 호피(虎皮)나 강단(講壇)을 뜻하는 말이다. 장재(張載)가 『주역(周易)』을 강론할 때 호피를 깔고 앉아서 했는데, 정호(程顥) · 정이(程頤) 형제가 찾아와 함께 『주역』을 논한 후 다음 날 바로 호피를 걷어치웠다. 그리고 제자들에게, "이정(二程)이 『주역』에 워낙 밝아서 내가 따를 수 없다"고 하였다. 여기서는 이 고사를 인용한 것이다.

2 증완(證頑)은 장재(張載)의 작품인 「서명(西銘)」을 가리킨다. 장재가 자신의 두 작품의 제목을 따다 자기 학당 창문의 왼편에는 '폄우(砭愚)'라고 쓰고 오른편에다는 '증완'이라고 썼다. 이에 정이(程頤)는 그렇게 명명하면 논쟁의 소지가 될 염려가 있으니 동명(東銘), 서명으로 고치라고 했다고 전한다.

3 횡거(橫渠)는 중국 북송시대의 철학자 장재(張載 1020~1077)의 호이다. 주돈이(周敦頤), 정호 · 정이 형제와 함께 주자의 사상형성에 절대적인 영향을 미쳤다.

제발

鄭公經世字 景任 號 愚伏堂 諡文莊 晉州人

宣祖 朝 科 選湖堂 官至吏判 典文 學行醇篤 又深於禮學 以文章名世

정공(鄭公) 경세(經世)의 자는 경임(景任), 호는 우복당(愚伏堂), 시호는 문장(文莊)이다. 본관은 진주(晉州)이다.

선조 조에 과거에 합격하여 호당(湖堂)에 뽑혔다. 관직은 이조판서에 이르렀으며 전문(典文 대제학)을 지냈다. 학행이 순후하고 돈독하였으며 또한 예학(禮學)에 깊었다. 문장으로 세상에 이름을 떨쳤다.

필자

정경세 鄭經世

1563년(명종 18) ~ 1633년(인조 11)

조선시대 예조판서, 이조판서, 대제학 등을 역임한 문신으로 학자이다. 본관은 진주(晉州). 자는 경임(景任), 호는 우복(愚伏). 아버지는 좌찬성 정여관(鄭汝寬)이며, 어머니는 합천 이씨(陜川李氏)로 이가(李軻)의 딸이다. 유성룡(柳成龍)의 문인이다.

생애와 활동

1578년(선조 11) 경상도 향시(鄕試)의 생원과 진사에 합격하고 1582년 회시(會試)의 진사에 합격했다. 1586년(선조 19) 알성문과에 을과(乙科)로 급제하여 승문원부정자에 임명되었다.

1588년(선조 21) 예문관검열 겸 춘추관기사관, 1596년 이조좌랑 겸 시강원문학을 역임했다. 잠시 영남어사의 특명을 받아 어왜진영(禦倭鎭營)의 각처를 순시하고 돌아와 홍문관교리로 경연시독관 · 춘추관기주관을 겸하였다. 이어서 이조정랑 · 시강원문학을 겸하였다. 1598년 2월 승정원우승지, 3월에 승정원좌승지로 승진되었고, 4월에는 경상감사로 나갔다. 1600년(선조 33) 영해부사가 되었으나 그해 겨울 사직한 이후 고향에 머물며 관직을 사양하였다.

1607년(선조 40) 대구부사를 거쳐 1609년(광해군 1) 봄 동지사로 명에 다녀왔으며, 이후 명과의 교섭 공로로 가선대부(嘉善大夫)의 칭호를 받았다. 1610년 4월 성균관대사성이 되었고, 10월에는 나주목사, 12월에는 다시 전라감사로 임명되었다. 이듬해 8월 정인홍(鄭仁弘) 일당의 사간원 탄핵으로 해직되었다.

1623년 인조반정으로 홍문관부제학이 제수되었고 이후 대사헌 · 승정원도승지 · 의정부참찬 · 형조판서 · 예조판서 · 이조판서 · 대제학 등의 관직을 거쳤다. 정경세는 주자학에 본원을 두고 이황의 학통을 계승하였다. 저서로는 『우복집(愚伏集)』 · 『상례참고(喪禮參考)』가 있으며, 『양정편(養正篇)』과 『주문작해(朱文酌海)』는 주자학을 연구하는 데 귀중한 자료이다. 의정부좌찬성에 추증되었고, 시호는 문장(文莊)이다.

28

오윤겸 吳允謙이 보내는 간찰 簡札

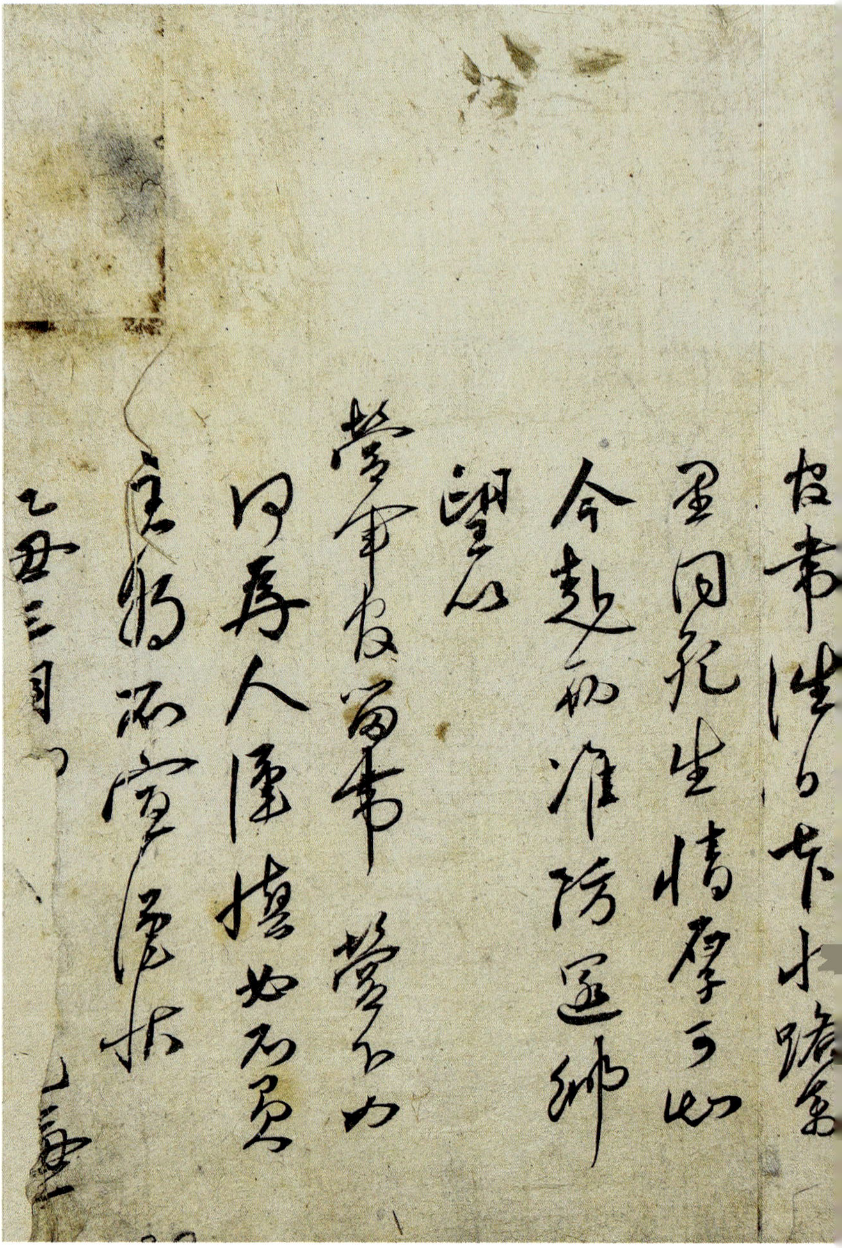

오윤겸 吳允謙이 보내는 간찰簡札
33.2x28.5cm

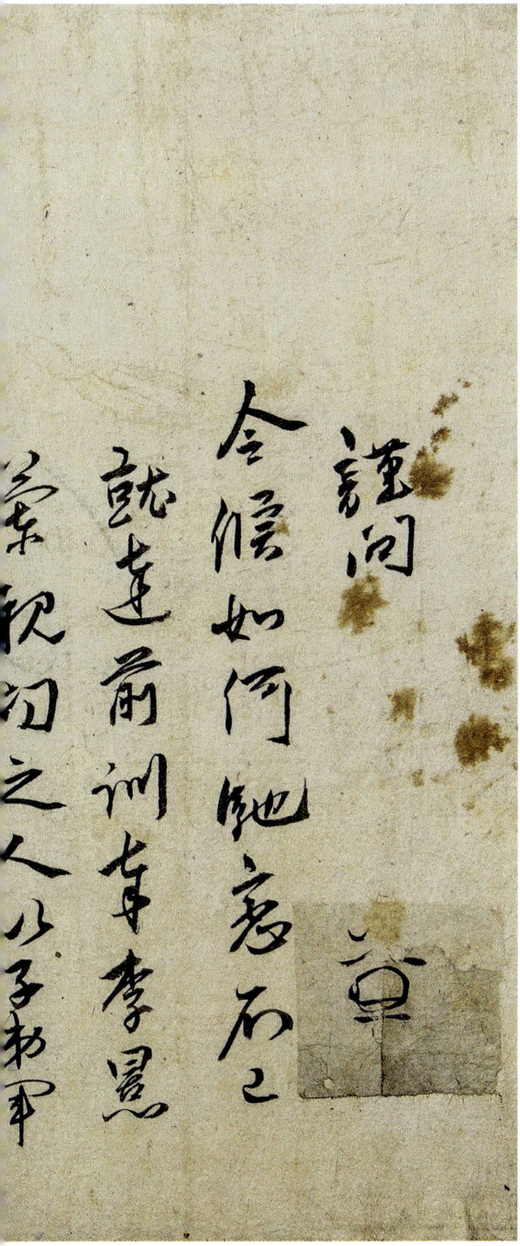

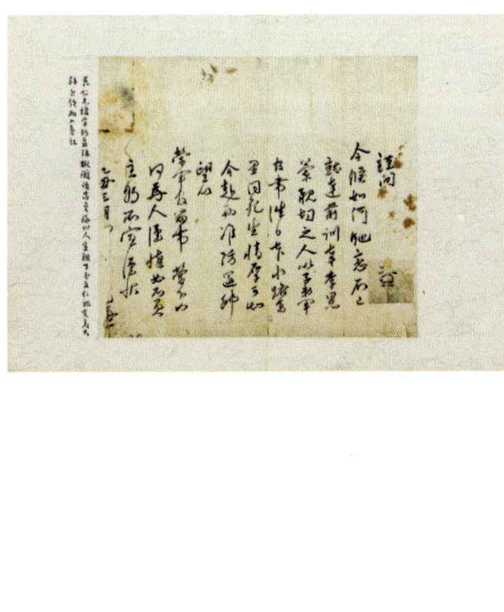

원문

謹問　　　手決

令候如何 馳戀不已

就達前訓奉 李景蘭 親切之人

以子弟軍官 帶往日本 水路萬里 同死生 情厚可知

今赴西准防

還鄕望以營軍官 留帶營下如下

爲人謹愼 必不負主將

不宣 謹狀

乙丑 三月 □日 允謙

삼가 문안합니다. 수결
영감의 기체후(氣體候)는 어떠신지요.
그리운 마음 그지없습니다.

드릴 말씀은, 전 훈련원봉사(訓鍊院奉事) 이경난(李景蘭)은 절친한 사람입니다. 자제군관(子弟軍官)[1]으로 일본에 데리고 갔습니다. 만 리 뱃길에 생사를 같이 하였으니 그 정이 두터운 것은 아실 수 있을 것입니다.

지금 준방(准防 수자리를 맡음)을 위해 서쪽변방으로 갔습니다.[2]
고향으로 돌아와 영군관(營軍官)이 되길 기대하고 있습니다. 영하(營下)에 소속시키는 것이 어떻습니까.
사람됨이 조심스럽고 신중하므로 반드시 주장(主將)의 기대를 저버리지 않을 것입니다.
이만 줄입니다.
삼가 글을 올립니다.
1625년 3월 □일 윤겸

---

1 자제군관은 사신 갈 때 정사와 부사의 자제로 군관을 임명하여 대동하였는데, 이경난(李景蘭, ?~?)은 이경직(李景稷, 1577~1640)의 『扶桑錄』에 보인다. 조선 중기의 무관으로 훈련원(訓鍊院) 봉사(奉事)를 지냈다. 1617년 정사 오윤겸(吳允謙)·부사 박재(朴榟)·종사관(從事官) 이경직 등이 회답겸쇄환사(回答兼刷還使)로 임진왜란과 정유재란 때 잡혀간 피로인(被虜人)을 데려오기 위해 일본을 방문하였을 때, 이안농(李安農)과 함께 자제군관(子弟軍官)으로 정사를 수행하였다. 이 때 사행 참가자는 총 428명이었다.

2 원문의 부서(赴西)는 서북 변경에 부방(赴防)하러 가는 일을 말한다. 여기서 부방은 국경지대인 압록강, 두만강 연변 지역의 진보(鎭堡)에 군사가 들어가서 근무하는 것을 말하는데, 양계(兩界) 외의 타도 사람의 부방까지 도모되었다. 『經國大典』「戶典 祿科」

제발

吳公 允謙 字 汝益 號 楸灘 諡 忠簡 海州人
宣祖 丁酉 文 仁祖 癸亥 大拜至領相 入耆社

오공(吳公) 윤겸(允謙)의 자는 여익(汝益), 호는 추탄(楸灘), 시호는 충간(忠簡)이다.
본관은 해주(海州)이다.
선조 정유(1597)년 문과에 급제하였으며 인조 계해(1623)년[3] 영의정에 올랐고, 기로소에 들어갔다.

3 계해(1623)년은 오류인듯하다. 오윤겸은 1628년 70세의 나이로 영의정에 올랐으며, 1633년 좌의정에 재임되었다.

필자

오윤겸 吳允謙

1559년(명종 14) ~ 1636년(인조 14)

조선시대 첨지중추부사, 대사헌, 좌의정 등을 역임한 문신이다. 본관은 해주(海州). 자는 여익(汝益), 호는 추탄(楸灘) 또는 토당(土塘). 할아버지는 감찰 오경민(吳景閔)이고, 아버지는 선공감역 오희문(吳希文)이다. 어머니는 연안 이씨(延安李氏)로, 군수 이정수(李廷秀)의 딸이다. 성혼(成渾)의 문인이다.

생애와 활동

1582년(선조 15) 사마시에 합격하고 1589년 전강에서 장원해 영릉참봉(英陵參奉) · 봉선전참봉(奉先殿參奉) 등을 역임하였다. 1592년 임진왜란에 양호체찰사(兩湖體察使) 정철(鄭澈)의 종사관으로 발탁되었고, 평강현감으로 5년간 봉직하면서 1597년 별시 문과에 병과로 급제하였다.

1602년(선조 35) 스승 성혼을 변호하다가 경성판관으로 출보(黜補)된 후 수년간 외직에 전전하였다. 1610년(광해군 2)에 내직 호조참의 · 우부승지 · 좌부승지 등을 역임하였다. 계축옥사 등 정계가 혼란하자 부모 봉양을 구실로 광주목사(廣州牧使)를 자원하였다. 1617년 첨지중추부사가 되어 회답겸쇄환사(回答兼刷還使)의 정사로 일본을 다녀왔다. 1618년 폐모론에 반대하고 정청(庭請)에 불참하여 탄핵을 받자 사직하고 광주의 토당(土塘)으로 물러났다.

1623년 인조반정 후 대사헌을 거쳐 이조 · 형조 · 예조의 판서를 역임하였다. 1626년 우의정에 올랐으며, 좌의정을 거쳐 1628년(인조 6) 70세로 영의정에 이르렀다. 이듬해 정원군(定遠君)의 원종(元宗) 추숭을 반대해 영돈녕부사로 물러났다. 1633년(인조 11) 좌의정에 재임되고 기로소에 들었으나 인열왕후(仁烈王后)의 상에 총호사(摠護使)로서 과로하여 세상을 떠났다.

만년에 연해공물(沿海貢物)의 작미(作米)와 대동법의 시행을 추진하고, 서얼의 등용을 주장하였다. 1663년(현종 4) 충간(忠簡)이라는 시호가 내려졌다. 광주(廣州)의 구암서원(龜巖書院)에 배향되고, 평강의 산앙재영당(山仰齋影堂)에 제향되었다. 저서로는 『추탄문집』 · 『동사일록(東槎日錄)』 · 『해사조천일록(海槎朝天日錄)』 등이 있다.

29

송상현宋象賢이 보내는 간찰簡札

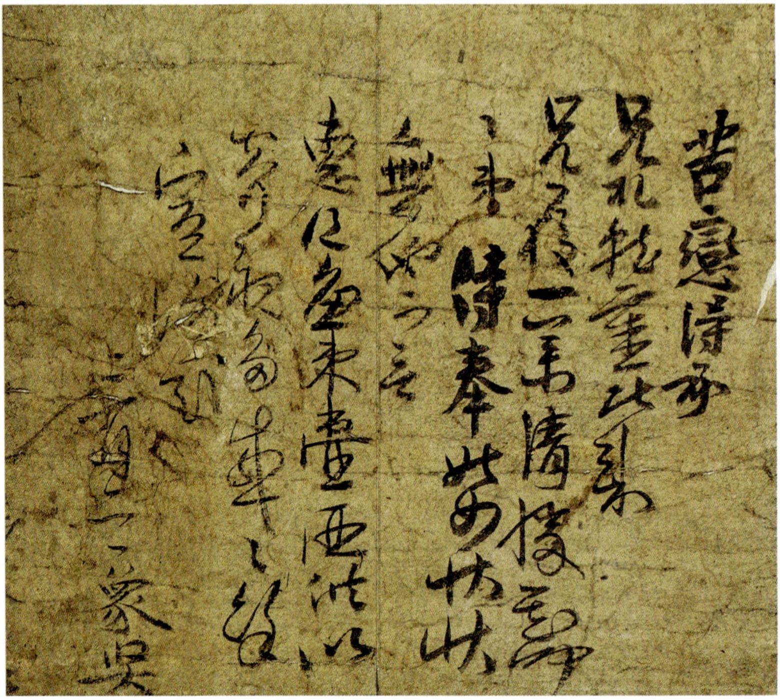

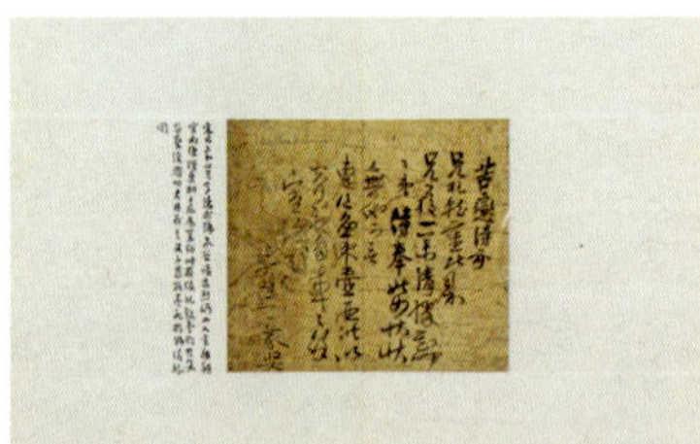

송상현宋象賢이 보내는 간찰簡札
21.3×18.7cm

원문

*苦戀 得承兄札 就審比來 兄履一樣淸勝 慰仰慰仰
弟侍奉 姑如昨狀 無他可言

惠送魚束壺酒 供以寄親
多感之餘 宣謝式

三月二日 象賢

애타게 그리워하던 중에 그대의 편지를 받았습니다. 그리고 요즈음 그대께서 한결같이 맑게 잘 계심을 알게 되어서 우러러 위안이 되었습니다. 저는 부모님 모시고 예전과 다름없이 지내고 있어서 더 드릴 말씀도 없습니다.

보내주신 생선 한 꾸러미와 술 한 병은 부모님 드시라고 올려드렸습니다.
고맙고 고맙습니다.
이만 줄입니다.
예를 제대로 갖추지 못하고 답장을 보냅니다.

3월 2일 상현

* 이 편지에는 몇 군데 누락되거나 잘 못 쓰인 글씨가 발견된다. 원본의 임모본일 가능성을 조심스럽게 추측해본다. 특히 끝부분의 '宣謝式'은 '不宣謝式'으로 써야 한다.

제발

宋公 象賢 字 德求, 號 泉谷 諡 忠烈 礪山人

宣祖 朝 官 府使 贈 吏判

壬辰 爲萊伯時 有倭亂 致書於其父 監察復興曰 君臣義重 父子恩輕

遂死於賊 後旌閭

송공(宋公) 상현(象賢)의 자는 덕구(德求), 호는 천곡(泉谷), 시호는 충렬(忠烈)이다.

본관은 여산(礪山)이다.

선조 조에 부사를 지냈고 이조판서에 증직되었다.

임진년 동래부사로 재임할 때 왜란이 일어나자 그의 아버지 감찰 복흥(復興)에게 "군신의 의리는 무겁고, 부자간의 은혜는 가볍다(君臣義重 父子恩輕)"라는 글을 남기고 마침내 적에게 목숨을 잃었다. 후일 정문(旌門)을 세워 그의 충정을 기렸다.

필자

송상현 宋象賢

1551년(명종 6) ~ 1592년(선조 25)

조선전기 사헌부지평, 배천군수, 동래부사 등을 역임한 문신이다. 본관은 여산(礪山). 자는 덕구(德求), 호는 천곡(泉谷). 부사맹(副司猛) 송승은(宋承殷)의 증손으로, 할아버지는 진용교위(進勇校尉) 송전(宋琠)이고, 아버지는 현감 송복흥(宋復興)이다. 어머니는 충의위(忠義衛) 김승석(金承碩)의 딸이다.

생애와 활동

15세에 승보시(陞補試)에 장원하고 20세에 진사가 되었다. 1576년(선조 9) 별시 문과에 병과로 급제하여 승문원정자에 보임되고, 저작(著作) · 박사(博士)에 승임(陞任)되었다.

승정원주서(承政院注書) 겸 춘추관기사관(春秋館記事官)을 거쳐 경성판관으로 나갔다. 1583년(선조 16) 사헌부지평(司憲府持平)으로 들어와 예조 · 호조 · 공조의 정랑이 되었다. 이듬해부터 두 차례에 걸쳐 종계변무사(宗系辨誣使)의 질정관(質正官)으로 명에 다녀와 다시 지평이 되었으나 은계도찰방(銀溪道察訪)으로 좌천되었다. 그 뒤 다시 지평을 지내고 배천군수로 나갔다가 3년 만에 전직되어 경력(經歷) · 집의 · 사간과 사재감(司宰監) · 군자감(軍資監)의 정(正)이 되었다. 1591년(선조 24) 통정대부(通政大夫)에 오르고 동래부사가 되었다.

1592년(선조 25) 4월 13일 임진왜란이 일어나고, 14일 부산진성을 침범한 왜군이 동래성으로 밀어닥쳤을 때 "싸워 죽기는 쉬우나 길을 빌리기는 어렵다(戰死易 假道難)"고 목패에 글을 써서 항전할 뜻을 천명하였다. 15일에 전투가 시작되어 군사를 이끌고 항전했으나 중과부적으로 성이 함락당하자 조복(朝服)을 덮어 입고 단좌(端坐)한 채 순사하였다. 왜장 소 요시토시(宗義智) 등이 송상현의 충렬을 기려 동문 밖에 장사를 지내주었다 한다.

이조판서 · 좌찬성에 추증되었다. 부산의 충렬사 · 개성의 숭절사(崇節祠) · 청주의 신항서원(莘巷書院) · 고부의 정충사(旌忠祠) · 청원의 충렬묘(忠烈廟) 등에 제향되었다. 시호는 충렬(忠烈)이다.

30

이정귀李廷龜가 보내는 간찰簡札

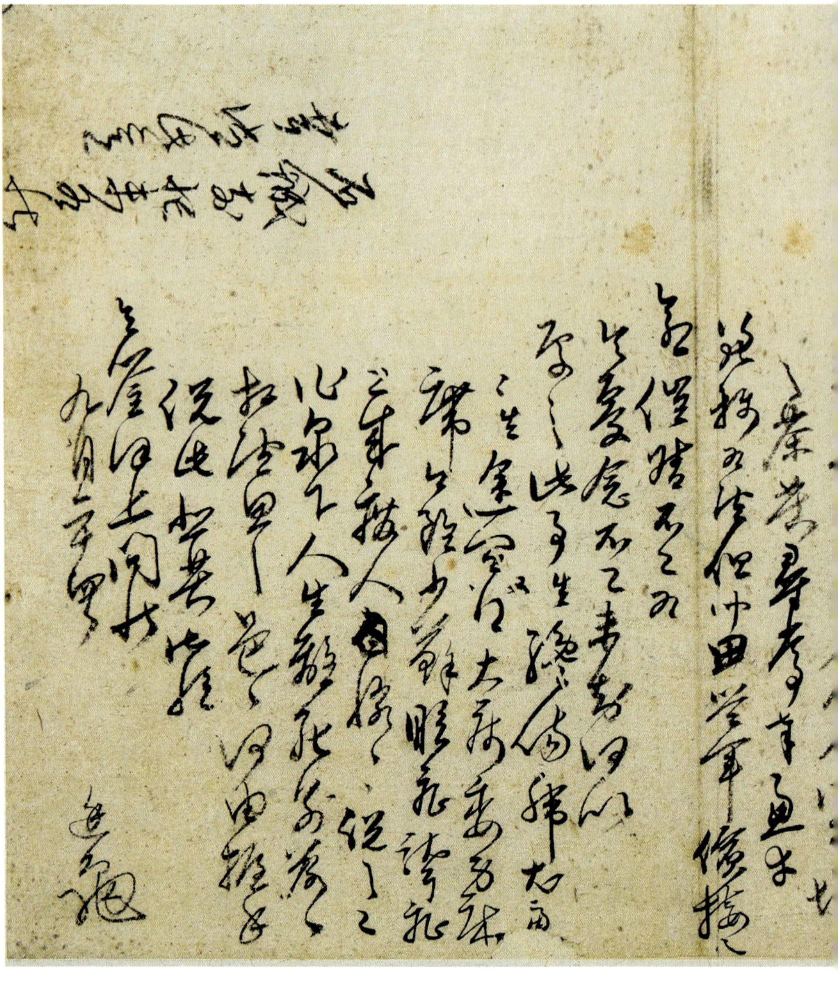

이정귀李廷龜가 보내는 간찰簡札
47.2x30.3cm

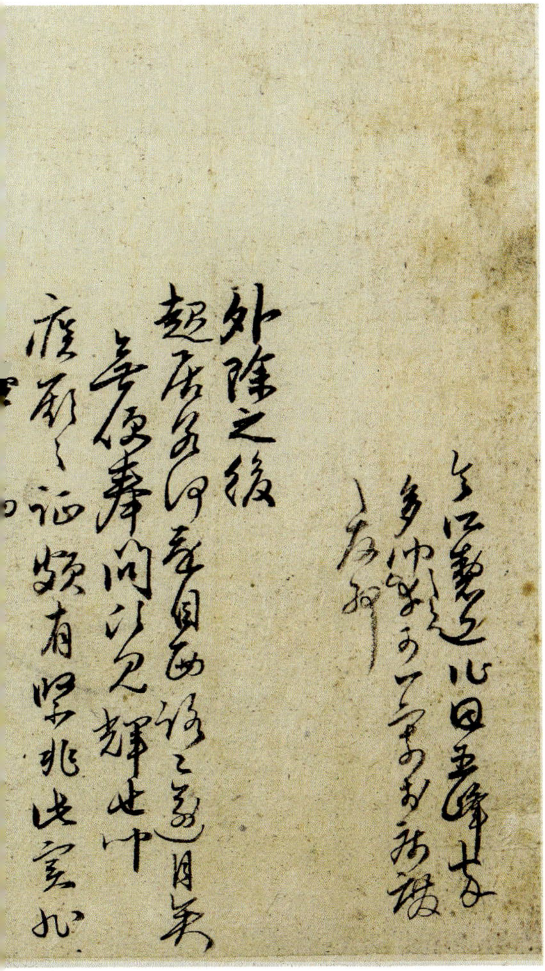

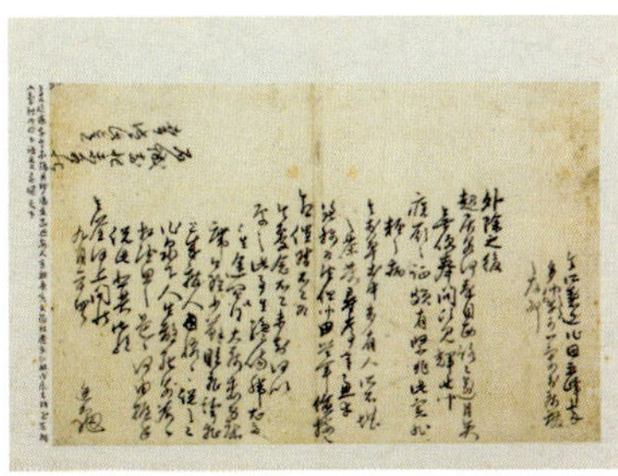

원문

*外除之後 起居若何

遠自西路 已逾月矣 無便奉問

頃見輝世 聞疾厥之証 頗有緊兆 此實非輕之病 令於草土中 多有人 所不堪之荼苦 尋常奉慮 幸善攝爲望

但聞田監軍 儐接之命 催督不已 爲令憂念不已 未知何以處之

此事 生纔傷虎尤慮尤慮

生途間又得大病 委身床席 今雖少蘇 眩症聾症 近來廢人 自憐自憐

說之已作泉下人 生離死別 落日相望 思之邑邑 何由握手 說此悲苦

伏惟令鑒 謹上問狀

九月 二十四日 廷龜

石城前 忙未爲狀 幸傳此意

令所製近作 因五峰家 多聞之矣 幸可一章於病廢之友耶

* 이 편지는 동악 이안눌(東岳 李安訥 1571~1637)에게 보내는 편지로 확인된다. 이정귀는 이안눌, 홍서봉, 이호민 등과 함께 이안눌의 호를 딴 동악시사(東岳詩社)의 일원이다. 이안눌은 어머니의 상을 당하여 예법을 넘어 상제(喪制)를 지극하게 행하였다. 이안눌은 상을 마치자마자 군직(軍職)에 제수되어 총관(摠管)의 직을 겸임하게 되었으나 나아가지 않았다. 그러나 마침 중국에서 전 감군(田監軍)이 나오게 되자 대신의 천거에 의해 어쩔 수 없이 접대하게 되었다. 이 편지에 이러한 내용이 있으며, 김상헌(金尙憲)이 쓴 "이안눌 신도비"에서 이 내용을 확인할 수 있다.

외제(外除)[1] 후 평안히 잘 계셨습니까.
멀리 서로(西路)[2]로부터 돌아온 지도 이미 달포가 지났습니다. 인편이 없어 문안을 여쭙지 못하였습니다.
접때 휘세(輝世)[3]를 만나 질궐(疾厥)[4] 증세가 자못 급박한 조짐이 있었다고 들었습니다. 이는 실로 가볍지 않은 병입니다. 영감께서 상을 치르시면서, 많은 사람들로 인하여 견딜 수 없이 지치고 힘드셨을[5] 것이므로 늘 걱정하였습니다. 부디 몸조리 잘 하시기 바랍니다.

다만 듣자니, 중국 사신인 전 감군(田 監軍)을 접대하라는 명을 받았고, 독촉이 끊이지 않아 영감의 근심이 끝이 없다고 합니다. 어떻게 처신할 생각이신지요.
이 일은, 저도 조금은 호랑이에게 다쳐본[6] 사람이어서 더욱더 걱정이 됩니다.

저는 가는 도중에 큰 병을 얻어 병석에 누워 지내고 있습니다. 지금은 다소 나아지기는 했지만 어지럼증과 귀가 잘 안 들리는 증세로 근래에 폐인이 되어버렸습니다. 스스로 가련하기만 합니다.

---

1 외제(外除)는 어버이의 상을 당해서 아직 내면의 슬픔이 남아 있더라도, 기한이 차면 예법에 따라 외면의 상복(喪服)을 벗는 것을 말한다. 반면에 형제의 상을 당해서 외면의 상복을 아직 벗지 않았어도 내면의 슬픔은 점차로 감소되는 것을 내제(內除)라고 한다. 『예기』「잡기(雜記) 하」에 "부모의 상은 외제를 하고, 형제의 상은 내제를 한다(親喪外除 兄弟之喪內除)"라는 말이 나온다.

2 서로(西路)는 서도(西道), 즉 평안도를 일컫는 말이다. 이정귀는 중국어에 능하여 어전통관(御前通官)으로 명나라 사신이나 지원군을 접대할 때마다 조선조정을 대표하며 중요한 외교적 활약을 하였으므로 서로(西路)의 왕래가 잦았다.

3 휘세(輝世)는 홍서봉(洪瑞鳳 1572~1645)의 자(字)이다. 홍서봉의 호는 학곡(鶴谷)이며 본관은 남양(南陽)이다. 홍서봉은 이정귀와 다음에 나오는 이호민(李好閔 1553~1634)과 더불어 동악시사로 활동하였다.

4 질궐(疾厥)은 질병으로 번역할 수도 있으나, 한방에서는 궐(厥)은 피가 머리로 몰리는 병인 '상기(上氣)' 또는 냉증(冷症)으로 특정하기도 한다.

5 원문의 다고(荼苦)는 날고(茶苦)의 오기(誤記)이다. 이 오류는 문집 등 기록에서 흔히 발견된다. 심지어 조선왕조실록에서도 '다례(茶禮)'를 '날례(荼禮)'로 잘 못 쓴 예가 발견되기도 한다.

6 원문의 '상호(傷虎)'는 주자의 『대학혹문(大學或問)』「전(傳)」 5장에 나오는 비유이다. "호랑이에게 다친 사람이 호랑이가 무서운 것을 안다(傷虎知虎)"라고 하였다.

열지(說之)[7]는 이미 저세상 사람이 되었습니다. 살아서는 헤어지고 죽어서는 이별하는 것이므로, 지는 해를 서로 바라다볼 뿐입니다. 생각하면 마음만 우울해집니다. 언제나 손을 맞잡고 이 슬프고 아픈 이야기를 나눌 수 있을까요.

영감께서 살펴주시기 바라며 삼가 문안편지를 올립니다.

9월 24일 정귀(廷龜)

석성(石城)[8] 앞으로는 바빠서 편지를 보내지 못하였습니다. 제 뜻을 전해주시기 바랍니다.

영감께서 근래에 지으신 시는 오봉(五峰)[9] 댁에서 많이 읽었습니다. 병으로 폐인이 된 이 친구에게도 한 편 보내주시기 바랍니다.

제발

李公 廷龜 字 聖徵 號 月沙 諡 文忠 延安人

宣祖 庚寅 文翰林 典文 仁祖 戊辰 大拜 至左相 入耆社

戊戌 卞誣奏 名聞天下

이공(李公) 정귀(廷龜)의 자는 성징(聖徵), 호는 월사(月沙), 시호는 문충(文忠)이다. 본관은 연안(延安)이다. 선조 경인(1590)년 문과에 급제하여 한림(翰林)에 들어갔고 전문(典文 대제학)을 지냈다. 인조 무진(1628)년 좌의정에 제수되었으며 기로소에 들어갔다. 무술(1598)년 변무주(卞誣奏)[10]를 작성하여 이름이 세상에 널리 알려졌다.

---

7 열지(說之)는 박동열(朴東說 1564~1622)의 자(字)이다. 박동열의 본관은 반남(潘南). 호는 남곽(南郭)·봉촌(鳳村)으로 1594년 정시 문과에 장원으로 급제하여 황해도관찰사, 황주목사, 나주목사 등을 지냈다. 시문에 능했고, 경사(經史)와 백가(百家)에 두루 능통하였다. 이정귀가 1600년 11월 원접사(遠接使)로 갈 때, 이안로, 차천로와 더불어 박동열을 막후로 데리고 가는 등 교유가 깊었다.

8 석성(石城)은 석성 현감(石城縣監)인 듯하다. 미상이다.

9 오봉(五峰)은 이호민의 호이다.

10 1598년(선조 31)에 명나라의 병부주사 정응태(丁應泰)가 임진왜란이 조선에서 왜병을 끌어들여 중국을 침범하려고 한다는 무고사건을 일으켰다. 이정귀는 「무술변무주(戊戌辨誣奏)」를 작성하여 진주부사(陳奏副使)로 명나라에 들어가 정응태의 주장이 아무런 근거가 없음을 밝혀 그를 파직시켰다.

필자

이정귀 李廷龜

1564년(명종 19) ~ 1635년(인조 13)

조선시대 예조판서, 우의정, 좌의정 등을 역임한 문신이자 문인이다. 본관은 연안(延安). 자는 성징(聖徵), 호는 월사(月沙)·보만당(保晩堂)·치암(癡菴)·추애(秋崖)·습정(習靜). 세조 때 명신인 이석형(李石亨)의 현손으로 아버지는 현령 이계(李啓)이고, 어머니는 김표(金彪)의 딸이다. 윤근수(尹根壽)의 문인이다.

생애와 활동

이정귀는 문장으로 유명한 가문에서 출생해 가풍의 가르침 속에서 성장하였다. 1577년(선조 10) 14세에 승보시(陞補試)에 장원을 하며 명성을 떨치기 시작해 1585년(선조 18) 진사에 합격하고 1590년에는 증광문과에 병과로 급제했다.

1592년(선조 25) 임진왜란에 왕의 행재소(行在所) 설서(設書)가 되었다. 중국어에 능하여 어전통관(御前通官)으로 1593년 명의 사신 송응창(宋應昌)을 만나 『대학』을 강론해 그로부터 높은 평가를 받았다. 1598년(선조 31)에 명 병부주사 정응태(丁應泰)가 임진왜란은 조선이 왜병을 끌어들여 명을 침범하려고 한다고 무고하자 이정귀는 「무술변무주(戊戌辨誣奏)」를 작성하고 진주부사(陳奏副使)로 명에 가서 변론하여 정응태를 파직시켰다.

1601년(선조 34) 동지사의 서장관으로 명에 다녀온 후 대제학에 올랐다. 여러 차례 명과의 관계에서 중요한 역할 수행으로 병조판서·예조판서와 우의정·좌의정 등 중요한 직책을 두루 역임했다.

그의 문장은 장유(張維)·이식(李植)·신흠(申欽)과 더불어 이른바 한문사대가로 일컬어지게 됐다. 장유도 그의 문학적 재능을 높이 칭찬함과 아울러 고문대책(高文大册)의 신속한 창작 능력을 높이 평가했다. 이정귀의 문학은 이웃 나라와의 돈독한 관계를 위한 외교에서 문학이 가지는 쓸모를 십분 발휘한 것으로 의의를 갖는다. 시호는 문충(文忠)이다.

시문집으로는 그의 문인인 최유해(崔有海)가 편간한 『월사집(月沙集)』 68권 22책이 전한다.

31

김광욱金光煜이 보내는 간찰簡札

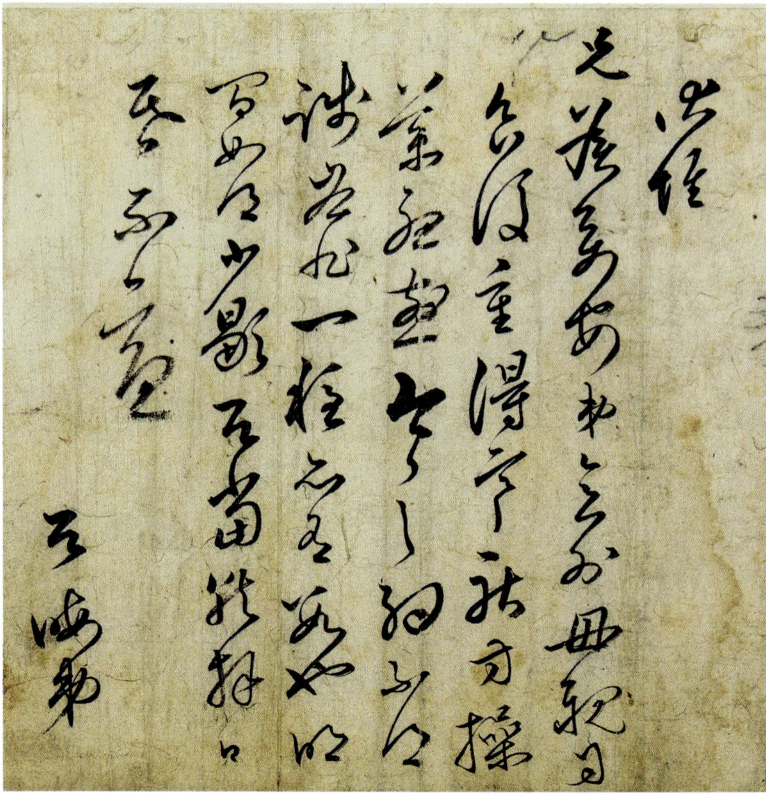

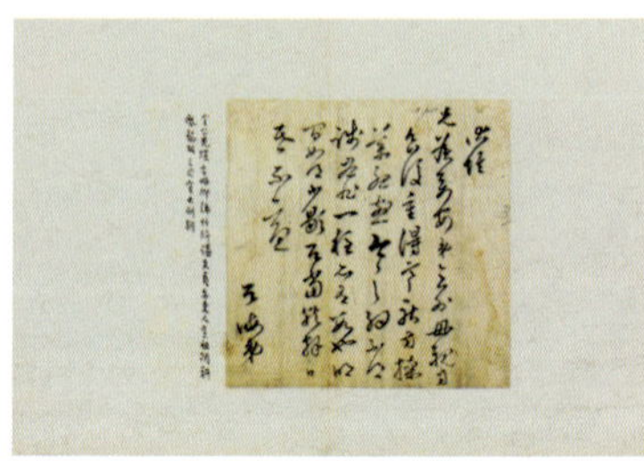

김광욱金光煜이 보내는 간찰簡札
22.6 x 22.4 cm

원문

伏惟兄候萬安

弟意外母親 自食後 重得寒病 方操藥憂煎

今日之約不得踐

豈非一穩亦有數也

明間如得少歇 卽當就拜

日昏不宣

卽 晦弟

그대께서는 평안히 잘 계시리라 생각합니다.

저는 뜻밖에 어머니께서 식사를 하시고 난 후 다시 감기에 걸리셨습니다.

지금은 약을 짓느라 근심으로 애를 태우고 있습니다.

오늘 약속은 부득이 지키지 못하게 되었습니다. 어찌 한 번 만나는 일도 운수가 따라야 하지 않겠습니까.

내일 중에 약간 회복이 되신다면, 바로 찾아뵙겠습니다.

날이 저물어 더 쓰지 못합니다.

편지를 받자마자. 회제[1]

1 회제(晦弟)는 '회(晦)'자가 들어가는 이름이나 호를 가진 사람이라는 뜻이다. 일반적으로 간찰에서 '형(兄)'이나 '제(弟)'는 상대에 대한 겸양의 뜻으로 쓰는 것일 뿐 나이와는 전혀 상관이 없다.

제발

金公 光煜 字晦卿 號竹所 諡文貞 安東人
宣祖朝科 歷翰林 三司 官止刑判

김공(金公) 광욱(光煜)의 자는 회경(晦卿)[2], 호는 죽소(竹所), 시호는 문정(文貞)이다. 본관은 안동(安東)이다. 선조조에 과거에 급제하여 한림(翰林)을 역임하고 삼사(三司 사헌부 · 사간원 · 홍문관)의 관직을 거쳐 벼슬이 형조판서에 이르렀다.

2 회경(晦卿)은 검토가 필요하다. 김광욱의 자(字)는 『사마방목』, 『안동김씨세계도』 등 주요 문헌에서 '회이(晦而)'로 되어있다.

필자

김광욱 金光煜

1580년(선조 13) ~ 1656년(효종 7)

조선시대 양서관향사, 우참찬 등을 역임한 문신이다. 본관은 안동(安東). 자는 회이(晦而), 호는 죽소(竹所). 김생해(金生海)의 증손으로, 할아버지는 김원효(金元孝)이고, 아버지는 형조참판 김상준(金尙寯)이며, 어머니는 이천우(李天祐)의 딸이다.

생애와 활동

1606년 진사시에 제1인으로 합격하고 그해 증광문과에 병과로 급제하여 승문원에 배속되었다가 검열 · 대교 · 봉교를 거쳐 병조좌랑 · 정언 · 부수찬 등을 역임하였다.

1611년(광해군 3) 다시 정언이 되어 이언적(李彦迪)과 이황(李滉)의 문묘종사(文廟從祀)를 반대하는 정인홍(鄭仁弘)을 탄핵하였다. 1613년 계축옥사에 아버지와 함께 연루되어 국문을 받았으나 곧 풀려났다. 1617년 폐모 논의를 위한 정청(庭請)에 참가하지 않아 삭직되자 고양(高陽)에 은거하였다. 인조반정 후 복관되어 고산찰방(高山察訪) · 고원군수(高原郡守) · 판교(判校) · 홍주목사(洪州牧使) 등을 역임하였다.

1633년(인조 11) 양서관향사(兩西管餉士)로 국가재정 확보에 큰 공을 세웠다. 1641년(인조 19)에는 황해도관찰사로 나갔다가 경직에 돌아와 병조참의가 되었다. 1644년(인조 22) 부승지 겸 세자빈객으로 세자를 모시고 청을 다녀왔다. 그 뒤 도승지 · 병조참판 · 호조참판을 거쳐 경기감사로 나가 수원부사 변사기(邊士紀)의 모역사건을 밝혀냈다. 1649년 효종 즉위 후 개성유수에 보임되었다. 동지사로 다시 청을 다녀온 후 에는 지중추부사 겸 판의금부사를 거쳐 우참찬에 올랐다.

문예와 글씨에 뛰어났으며 『장릉지장(長陵誌狀)』을 찬하였다. 저서로는 『죽소집(竹所集)』이 있다. 시호는 문정(文貞)이다.

32
이덕형李德泂이 보내는 간찰簡札

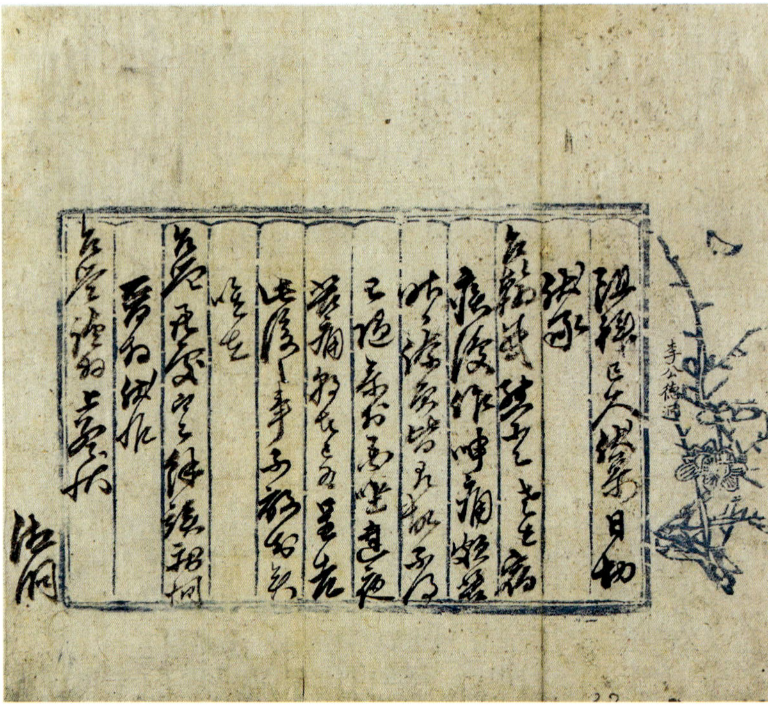

이덕형李德泂이 보내는 간찰簡札
28.3x25.0cm

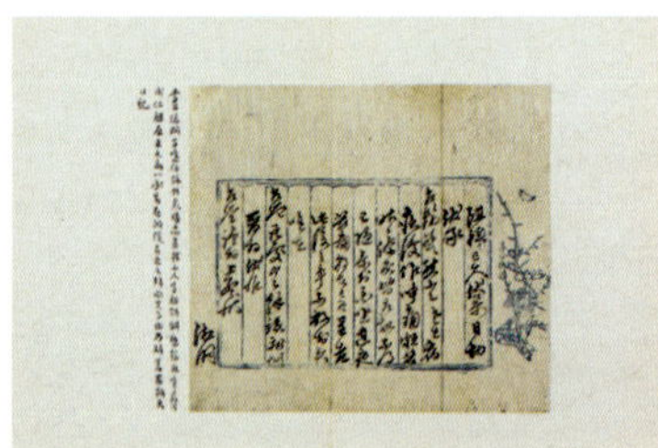

원문

阻拜已久 伏慕日切 伏承台翰 感慰不已
老生宿疾復作 呻痛頗苦
昨日僚員皆有故 不得已隨參於衙坐 達夜苦痛
朝者已爲呈告 此後之事 不敢知矣
唯在 台監善處而已
餘竢病問 晉拜

伏惟台監 謹拜上答狀
　德泂

뵙지 못한지도 이미 오래되어 그리운 마음은 날마다 간절하였는데 대감의 편지를 받고 나니 감사와 위로가 끝이 없습니다.
이 늙은이는 묵은 병이 재발하여 통증으로 신음하고 있으니 자못 괴롭기만 합니다. 어제는 수하(手下)의 관원 모두에게 일이 생겨 어쩔 수 없이 관아에 나갔더니 밤새 고통으로 앓고 말았습니다.
아침에 이미 정고(呈告)[1]하였으니, 이 이후의 일은 감히 알지 못하겠습니다.
오로지 대감의 선처에 달려있을 뿐입니다.
나머지는 병을 묻고 난[2] 다음에 뵙고 말씀드리겠습니다.

대감께 삼가 답장을 올립니다.
덕형

1 정고(呈告)는 관리가 휴가를 청하거나 사직서를 올리는 일을 말한다.
2 원문의 '사병문(竢病問)'은 의원에게 병을 보인다는 뜻으로 풀이하였다. 병'문안을 기다렸다가'로 번역할 수 있으나 편지의 예법과 수신인과의 관계를 짐작해서 이렇게 번역한 것이다.

제발

李公 德泂 字 遠伯 號竹泉 諡忠肅 韓山 宣祖朝 科 歷 翰林 官止贊成 仁祖反正之夜 以承旨 在政院 召之不拜 問其事由 乃拜 著有朝天日記

이공(李公) 덕형(德泂)의 자는 원백(遠伯), 호는 죽천(竹泉), 시호는 충숙(忠肅)이다. 본관은 한산(韓山)이다. 선조조에 과거에 급제하여 한림(翰林)을 지냈고 관직은 찬성(贊成)에 이르렀다. 인조반정(仁祖反正)의 밤에 승지로서 승정원에 있었는데, 불렀으나 배명(拜命)하지 않고 그 사유를 묻고 나서야 이내 배명하였다. 저서로 『조천일기(朝天日記)』가 있다.

필자

이덕형 李德泂

1566년(명종 21) ~ 1645년(인조 23)

조선시대 예조판서, 판의금부사, 우찬성 등을 역임한 문신이다. 본관은 한산(韓山). 자는 원백(遠伯), 호는 죽천(竹泉). 관찰사 이언식(李彦湜)의 증손으로 아버지는 호군 이오(李澳)이며, 어머니는 민원종(閔元宗)의 딸이다.

생애와 활동

1590년(선조 23) 진사가 되고, 1596년 정시 문과에 을과로 급제하여 예문관검열이 되었다.

1597년에서 1608년까지 봉교(奉敎) · 정언 · 지평 · 수찬 · 부교리 · 헌납 · 전적 · 문학 · 집의 · 교리 · 부응교 · 사간 · 사예 · 사섬시부정 · 응교 · 시강원보덕 · 사도시정(司 寺正) 등을 거쳤다. 광해군 재위 시 응교 · 동부승지 · 승지 · 대사간 · 좌부승지 · 부제학 · 이조참의 · 우승지 · 병조참판 · 도승지 등의 경관직(京官職)과 나주목사 · 전라감사 · 황해감사 등의 외관직을 지냈다.

광해군이 영창대군(永昌大君)을 해치고 인목대비를 유폐시킬 때 직접 반대 입장에 서지 않고 왕의 뜻에 따르거나 소극적인 태도를 취하였다. 광해군 말년에 도승지로 있을 때 세태가 어지럽자 병을 이유로 사직소를 올렸으나 허락받지 못하였다.

인조반정 후 인목대비를 맞이하는 의식에서 반정을 보고하였으며, 능양군에게 어보(御寶)를 내리게 하는 데 공을 세웠다. 또한 광해군을 죽이지 말 것을 주장하였다.

1624년(인조 2) 한성부판윤이 되어 이괄(李适)의 난을 진압한 공으로 숭정대부(崇政大夫)에 오르고 주문사(奏聞使)로서 명나라에 다녀왔다. 1627년 정묘호란 때에는 왕을 강화에 호종하고, 1636년(인조 14) 병자호란 때에는 남한산성에 호종하였다. 환도 후 숭록대부(崇祿大夫)로 품계가 올라 예조판서 · 판의금부사 · 지돈녕부사 · 우찬성 등을 지냈으며 영의정에 추증되었다.

저서로는 『죽창한화(竹窓閑話)』 · 『송도기이(松都記異)』 등이 있다. 시호는 충숙(忠肅)이다.

33

심열沈悅이 보내는 간찰簡札

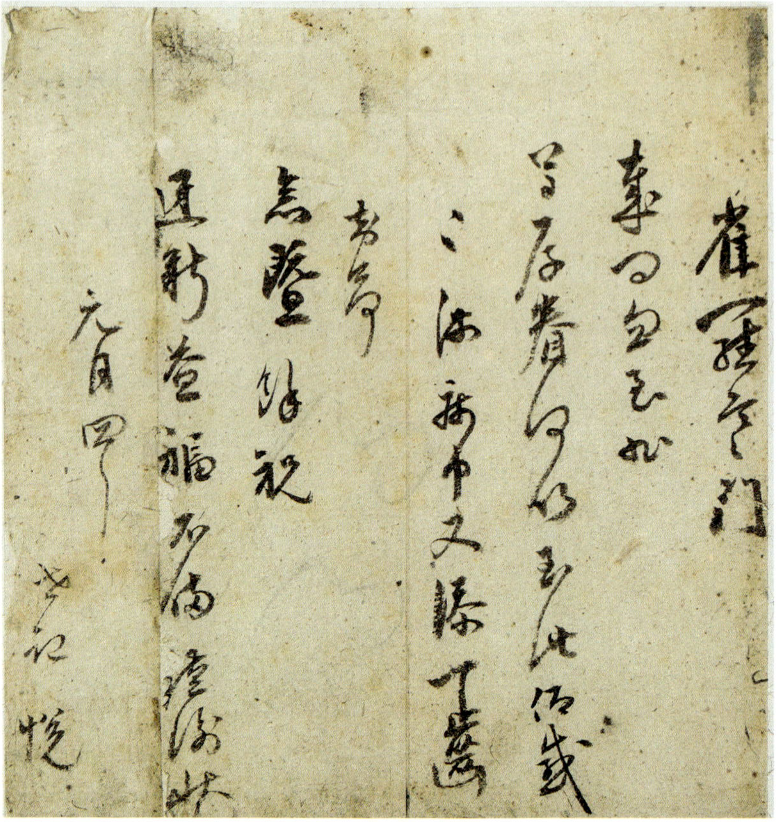

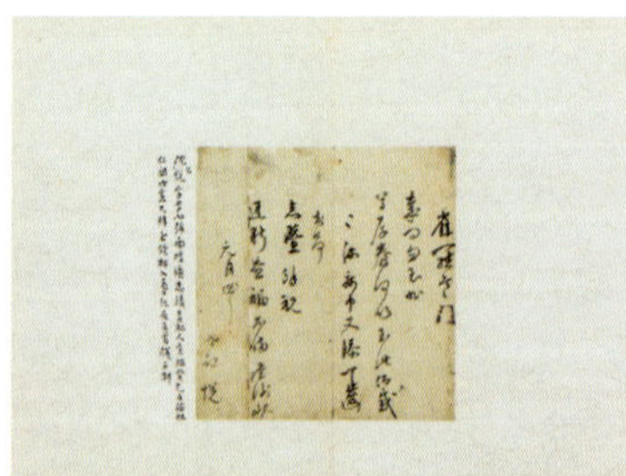

심열 沈悅이 보내는 간찰簡札
20.7x21.5cm

원문

雀羅寒門 歲問忽至
非尊厚眷 何以至此 仰感仰感
僕 病中又添一齒 知荷念曁
餘祝迓新益福

不備謹謝狀
元月 四日 世記 悅

새그물[1]이나 쳐야하는 한미한 집안에 새해 문안편지가 홀연히 도착하였습니다.
그대의 과분한 보살핌이 아니라면, 어떻게 이에 이를 수 있겠습니까.
우러러 고맙고 고맙습니다.
저는 병중에 또 이렇게 한 살을 더하게 되었습니다. 염려해주시는 덕분으로 잘 알고 있습니다.
새해를 맞아 더욱더 복을 누리시길 축원합니다.

예의를 갖추지 못한 채 삼가 답장을 올립니다.
정월 4일 세기[2] 열

1 원문의 작라(雀羅)는 높은 벼슬에서 은퇴한 사람을 가리키는 말이다. 한나라 적공(翟公)이 정위(廷尉)로 있을 때에는 빈객이 서로 다투어 찾아오는 바람에 문전성시(門前成市)를 이루었다가, 파직된 뒤에는 한 사람도 찾아오지 않아 문 앞에 참새 잡는 그물(雀羅)을 칠 정도가 되었다. 다시 복관(復官)되어 빈객들이 찾아오기 시작하자, 문에다 큰 글씨로 써서 내걸기를 "한번 죽고 한번 살면 우정을 알 수 있고, 한번 가난하고 한번 부유하면 친구의 태도를 알 수 있으며, 한번 귀하고 한번 천해지면 속마음이 다 보인다(一死一生乃知交情 一貧一富乃知交態 一貴一賤交情乃見)"라는 고사에서 유래되었다. 『사기』「급정열전(汲鄭列傳)」에 나온다.

2 세기(世記)는 집안 사이에 대대로 교분이 있는 사람에게 자신을 이르는 말이다.

제발

沈公 悅 字 學而 號南坡 諡忠靖 青松人

宣祖 癸巳 文 翰林 仁祖戊寅 大拜至領相 入耆社 反正首擢戶判

심공(沈公) 열(悅)의 자는 학이(學而), 호는 남파(南坡), 시호는 충정(忠靖)이다.

본관은 청송(靑松)이다.

선조 계사(1593)년 문과에 급제하여 한림(翰林)을 지냈다. 인조 무인(1638)년 영의정에 제수되었고 기로소에 들어갔다. 반정으로 호조판서에 으뜸으로 발탁되었다.

필자

심열 沈悅

1569년(선조 2) ~ 1646년(인조 24)

조선시대 판중추부사, 우의정, 영의정 등을 역임한 문신으로 학자이다. 본관은 청송(靑松). 자는 학이(學而), 호는 남파(南坡). 아버지는 부사 심충겸(沈忠謙)이며, 어머니는 연일정씨(延日鄭氏)로 첨지중추부사 정숙(鄭橚)의 딸이다. 심예겸(沈禮謙)에게 입양되었다.

생애와 활동

1589년(선조 22) 진사시에 합격하고, 1593년 별시문과에 병과로 급제해 예문관 검열에 기용되었다. 뒤에 성균관전적 등 삼사의 요직을 역임하고 경기도 · 황해도 · 경상도 · 함경도의 관찰사를 지냈다.

1623년에 호조판서로 승진하였으며, 1638년(인조 16)에는 염철사(鹽鐵使)가 되어 청의 심양(瀋陽)으로 가서 물물교환하였다. 그 뒤 강화유수 · 판중추부사 · 우상 · 영상 등을 역임하였다.

심열은 관직에 있으면서 탁지(度支, 국가의 재정을 담당한 관청. 호조의 별칭)에 대한 뛰어난 경륜으로 왕의 총애를 받았다. 또한, 시와 글씨에도 능하였는데, 특히 시는 심오전아(深奧典雅)하면서 호상활달(豪爽豁達)하였다. 시호는 충정(忠靖)이며, 저서로는 『남파상국집(南坡相國集)』 6권이 있다.

34

김상용金尙容의 필적과 시詩

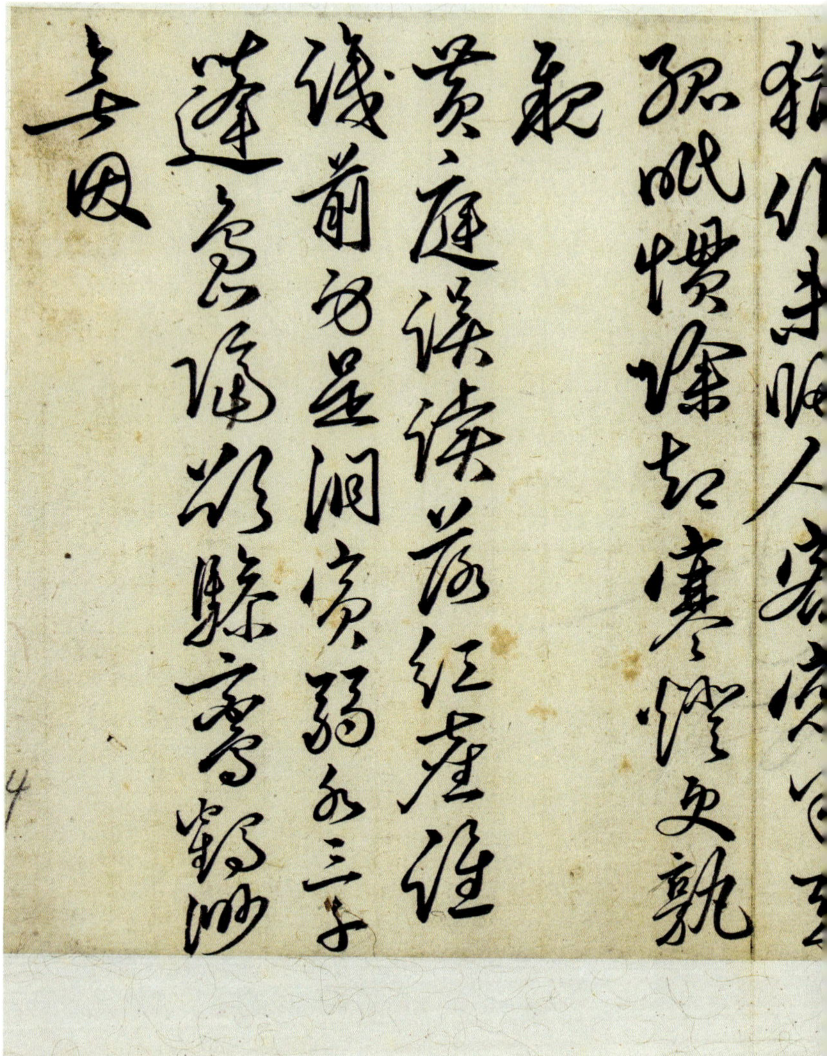

김상용 金尙容의 필적과 시詩
47.9x31.0cm

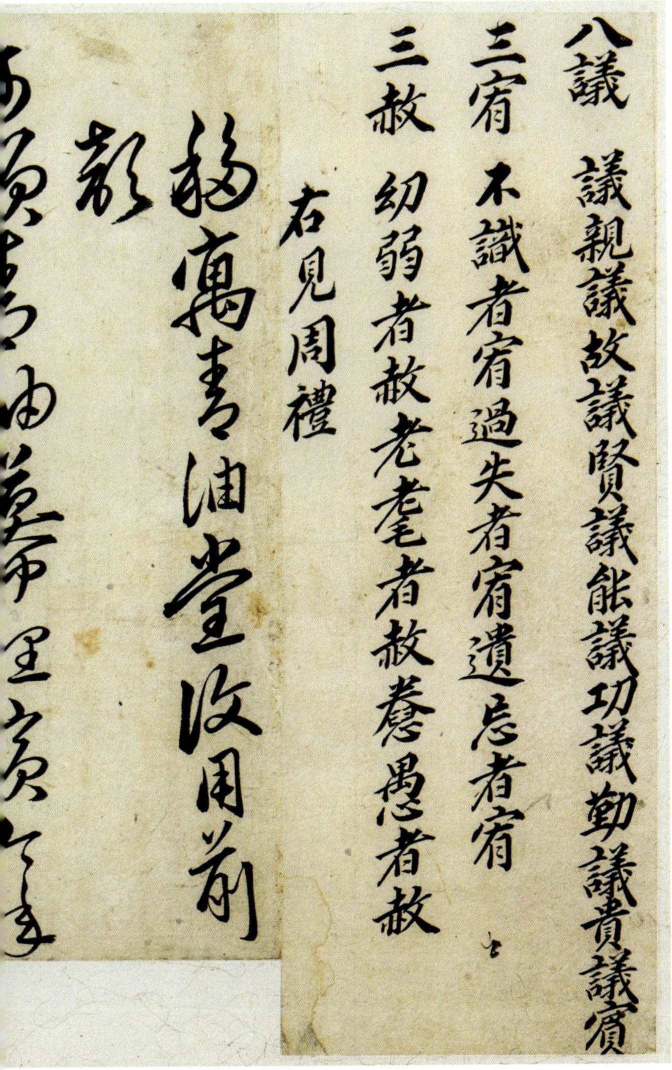

八議　議親議故議賢議能議功議勤議貴議賓
三宥　不識者宥過失者宥遺忘者宥
三赦　幼弱者赦老耄者赦惷愚者赦
右見周禮

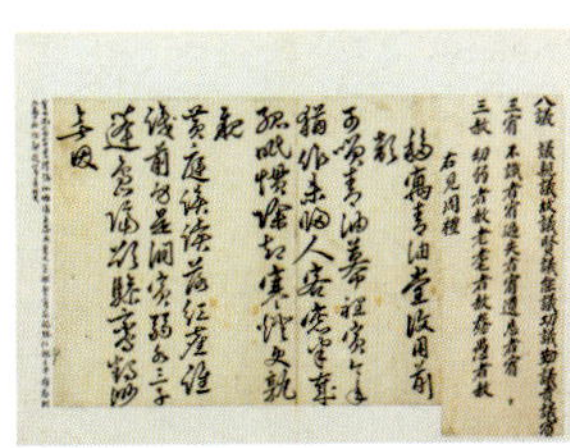

원문

八議 議親 議故 議賢 議能 議功 議勤 議貴 議賓

三宥 不識者宥 過失者宥 遺忘者宥

三赦 幼弱者赦 老耄者赦 惷愚者赦

右見 周禮

移寓青油堂 復用前韻

可笑青油幕裡賓
今年猶作未歸人
客窓半歲孤眠慣
除却寒燈更孰親

黃庭誤讀落紅塵
誰識前身是洞賓
弱水三千蓬島隔
欲驂鸞鶴渺無因

형벌을 감면하는 여덟 가지 조건, 즉 「팔의(八議)」는 '의친(議親 왕과 왕비의 근친)', '의고(議故 왕의 친구)', '의현(議賢 덕행이 있는 군자)', '의능(議能 재능이 있는 자)', '의공(議功 큰 공로가 있는 자)', '의근(議勤 근실한 자)', '의귀(議貴 관직이 높은 자)', '의빈(議賓 전대 선왕 자손으로 나라의 빈(賓)이 된 자)'이다.
죄를 용서하는 세 가지 경우, 즉 「삼유(三宥)」가 있으니, '불식(不識 잘 살피지 못하여 살인)한 자'는 용서하고, '과실(過失 실수로 살인)한 자'도 용서하며, '유망(遺忘 무심코 살인)한 자'도 용서한다.
죄를 사면하는 세 가지 경우, 즉 「삼사(三赦)」가 있으니, '유약(幼弱 어린 아이)'인 경우 사면하고, '노모(老耄 노인)'의 경우 사면하며, '준우(惷愚 천치 바보)'인 경우에 사면한다.
오른 쪽의 내용은 『주례(周禮)』에 나온다.

청유당(青油堂)으로 거처를 옮기며 지난번 운(韻) 자를 다시 사용하여 짓다.

우습구나. 청유막(青油幕)[1] 속 나그네여.
금년에도 아직껏 돌아가지 못했네.
객창(客窓) 반 년 외로운 잠에 익숙하기만 한데
찬 등불 뿐 다시 누구와 친할 건가.

1 청유막(靑油幕)은 청유(靑油)라는 기름을 바른 장막이라는 뜻으로, 장군(將軍)의 막사를 가리킨다.

황정경(黃庭經) 잘 못 읽어 풍진세상 떨어졌네.[2]
전생에 동빈(洞賓)[3]인 걸 그 누군들 알겠는가.
약수삼천리(弱水三千里)[4] 봉도(蓬島)[5]와 멀기만 하니
난새와 학[6]을 몰고자 하여도 아득하여 닿지 않으리.

제발

金公 尙容 字 景擇 號 仙源 諡 文忠 安東人
宣祖 庚寅 文 翰林 仁祖 壬申 拜右相 入耆社
江都 抗節自焚

김공(金公) 상용(尙容)의 자는 경택(景擇), 호는 선원(仙源), 시호는 문충(文忠)이다.
본관은 안동(安東)이다.
선조 경인(1590)년 문과에 급제하여 한림(翰林)을 지내고 인조 임신(1632)년 우의정에 제수되었으며 기로소에 들어갔다.
강도(江都 강화도)에서 분신하여 순절하였다.

2 천상(天上)의 신선이 도가(道家)의 책 『황정경』을 잘못 읽은 죄로 지상으로 귀양 왔다는 고사를 인용하여 자신에게 비유하였다.

3 동빈(洞賓)은 여동빈(呂洞賓)이다. 당(唐)나라 사람으로, 당 팔선(八仙)의 한 사람으로 일컬어졌다. 현령으로 있던 중 벼슬을 버리고 종남산(終南山)으로 들어가 도를 닦았는데, 종리권(鐘離權)을 만나 단사(丹砂)와 비결(秘訣)을 전해 받고 신선이 되었다고 한다.

4 약수삼천리(弱水三千里)는 선경(仙境)에 있다고 하는 물 이름이다. 기러기 털도 가라앉는 곳이어서 배를 타고 건널 수가 없다 한다.

5 봉도(蓬島)는 선인(仙人)이 산다는 삼신산(三神山)의 하나로 동해 봉래산(蓬萊山)을 가리킨다.

6 원문의 '난학(鸞鶴)'은 난새(鸞)와 학으로 신선이 행차할 때 탄다.

필자

김상용 金尙容

1561년(명종 16) ~ 1637년(인조 15)

조선시대 판돈녕부사, 이조판서, 우의정 등을 역임한 문신이다. 본관은 안동(安東). 자는 경택(景擇), 호는 선원(仙源) · 풍계(楓溪) · 계옹(溪翁). 김번(金璠)의 증손으로 할아버지는 군수 김생해(金生海)이고, 아버지는 돈녕부도정(敦寧府都正) 김극효(金克孝)이며, 어머니는 좌의정 정유길(鄭惟吉)의 딸이다. 좌의정 김상헌(金尙憲)의 형이다.

생애와 활동

1582년(선조 15) 진사가 되고 1590년 증광 문과에 병과로 급제, 승문원부정자(承文院副正字) · 예문관검열(藝文館檢閱)이 되었다. 임진왜란이 일어나자 양호체찰사(兩湖體察使) 정철(鄭澈)의 종사관이 되었다. 1601년(선조 34) 대사간이 되었으나 북인의 배척을 받아 정주목사로 좌천되었다. 이후 지방관을 전전하다가 1608년(광해군 즉위년) 잠시 한성우윤 · 도승지를 지낸 뒤 계속 한직에 머물렀다. 1617년(광해군 9) 폐모론(廢母論)에 반대해 사직하고 원주로 거처를 옮겼다.

인조반정 후 판돈녕부사(判敦寧府事)에 기용되었고, 이어 병조 · 예조 · 이조의 판서를 역임했으며, 정묘호란 때는 유도대장(留都大將)으로서 서울을 지켰다. 1630년(인조 8) 기로사(耆老社)에 들어가고 1632년 우의정에 발탁되었으나 바로 사퇴하였다. 병자호란 때 1637년 강화도가 함락되자 남문루(南門樓)에 있던 화약에 불을 지르고 순절하였다. 후에 정려문(旌閭門)이 세워지고 1758년(영조 34) 영의정에 추증되었다.

성혼(成渾)과 이이(李珥)의 문인으로서 시와 글씨에 뛰어났다. 황신(黃愼) · 이춘영(李春英) · 이정구(李廷龜) · 오윤겸(吳允謙) · 신흠(申欽) 등과 친밀했으며, 당색이 다른 정경세(鄭經世)와도 도학으로써 사귀었다. 강화 충렬사(忠烈祠), 양주석실서원(石室書院), 정주봉명서원(鳳鳴書院), 안변옥동서원(玉洞書院), 상주서산서원(西山書院), 정평모현사(慕賢祠)에 제향되었다. 문집으로 『선원유고(仙源遺稿)』 7권이 전해지고, 판본은 안동봉정사(鳳停寺)에 보관되어 있다. 시호는 문충(文忠)이다.

35

김상헌金尙憲이 보내는 간찰簡札

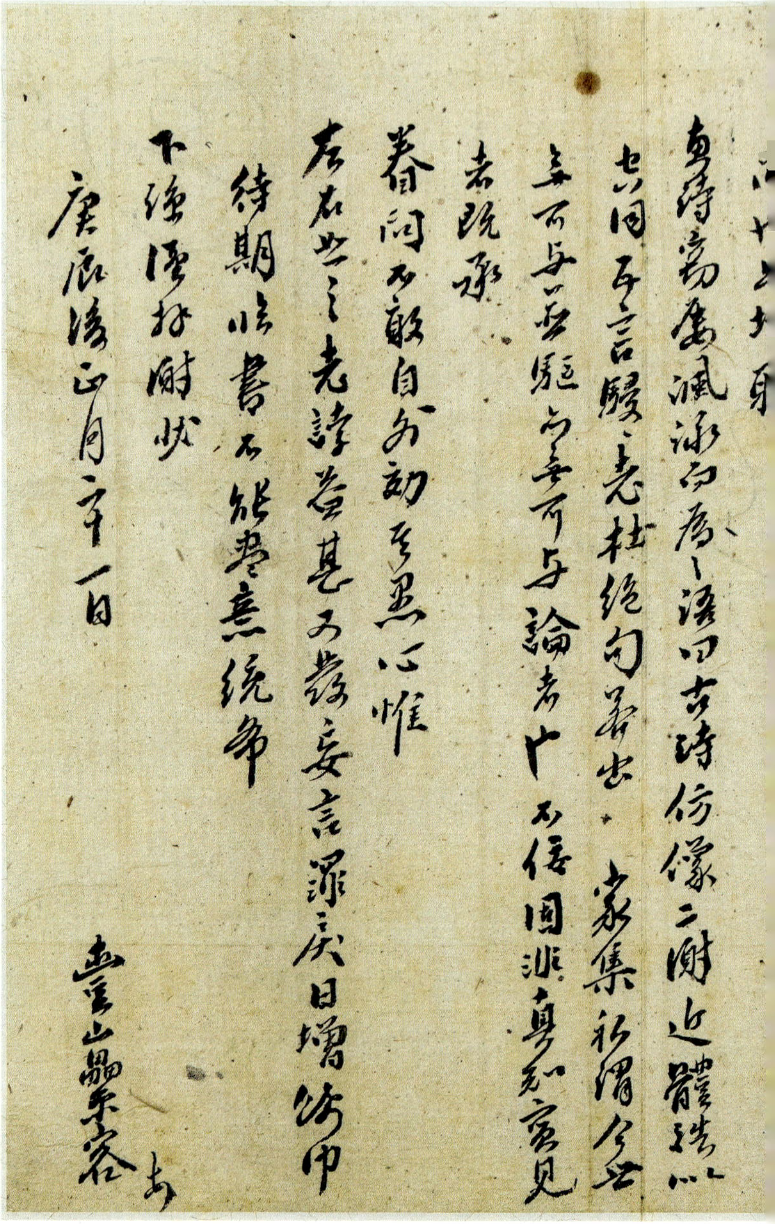

김상헌金尙憲이 보내는 간찰簡札
31.3×29.4cm

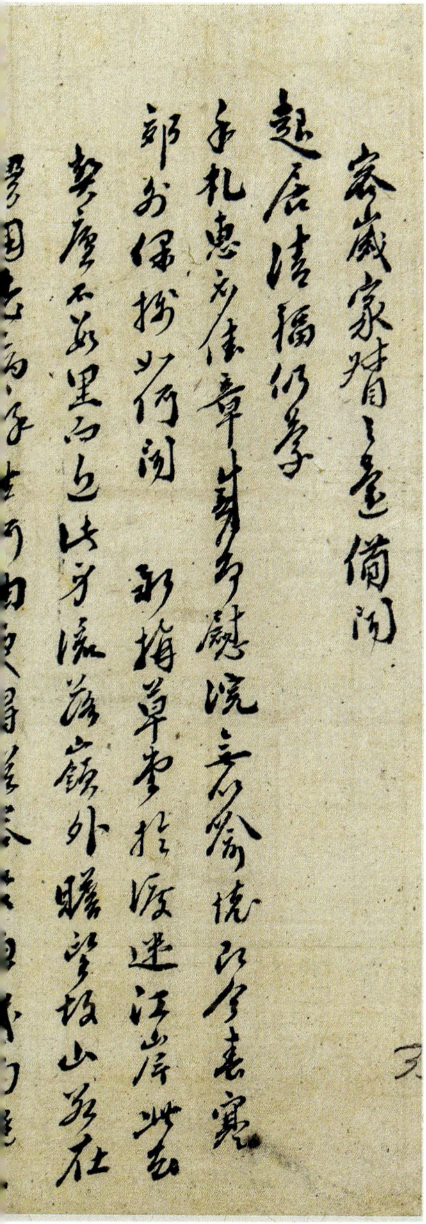

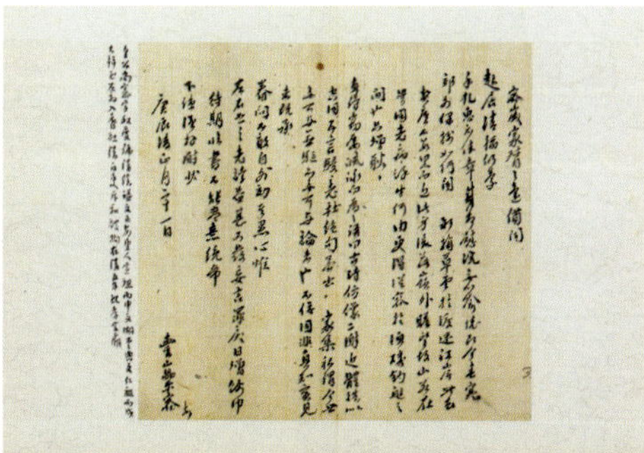

원문

*客歲家督之還 備聞起居淸福
仍蒙手札 惠示佳章 感荷慰浣 無以喩懷
卽今春寒 郊外保攝如何

聞新搆草堂 於渡迷江岸 此去弊廬不數里而近
此身流落嶺外 瞻望故山 若在異國
老病餘生 何由更得從容 於漁磯釣艇之間也
只增耿耿°

惠詩 竊屢諷詠 而爲之語曰
古詩 仿像二謝 近體 酷似空同 五言駸駸老杜 絶句若出家集
私謂今世無可與竝驅 亦無可與論者也
不佞固非眞知實見者 旣承眷問 不敢自外 效其愚心
惟左右恕之 老誖益甚 又發妄言 罪戾日增

飾巾待期 臨書不能盡意
統希下諒 謹拜謝狀
庚辰 後 正月 二十一日
　豐山纍客 頓

* 이 편지는 1640년 신익성(申翊聖, 1588~1644)에게 보낸 답장이다. 신익성은 선조의 사위로 동양위(東陽尉)에 봉해졌으며, 벼슬은 오위도총부도총관을 지냈다. 1636년 병자호란 때 청에 항복하는 것을 반대하고, 후에 남한산성비 전액(篆額) 쓰기를 거부하였다. 1642년에는 최명길 · 김상헌 · 이경여 등과 심양에 잡혀가 억류되었다가 풀려났다.

지난해 가독(家督)[1]이 돌아오는 편을 통하여 맑은 복을 누리시며 잘 계시다는 소식을 들었습니다. 또한 편지를 받아 보여주신 아름다운 시를 보았습니다.
얼마나 고맙고 위로가 되었는지 이 마음을 이루 다 말할 수가 없습니다. 지금 봄 날씨가 차가운데 교외에서 몸을 잘 추스르고 계시는지요.

도미강(渡迷江)[2] 가에 새로이 초당(草堂)을 지었다고 들었습니다. 거기서 제 시골집과는 거리가 몇 리밖에 안 될 정도로 가깝습니다. 이내 몸은 고개 너머에서 떠돌고 있으니 멀리 고향 산을 바라보면 마치 타국 땅에 와 있는 것만 같습니다.
늙고 병든 이 몸이 남은 생에 어떻게 다시 바위 낚시터와 고기 잡는 배 사이에서 고즈넉이 살아갈 수 있겠습니까.
단지 그리운 마음만 더할 뿐입니다.

보내 주신 시는 가만히 여러 차례 읊조려 보았습니다.
말씀드린다면, 고시(古詩)는 이사(二謝)[3]와 비슷하고, 근체시(近體詩)는 공동(空同)[4]과 아주 흡사하며, 오언시는 노두(老杜)[5]에 가까이 갔고, 절구(絶句)는 마치 가집(家集)[6]에 나온 것과 같다고 할 수 있습니다. 제 생각으로는 오늘날 어깨를 나란히 할만한 사람이 없으며, 또한 더불어 같이 논할만한 자도 없습니다.
저는 참으로 제대로 알고 실제로 이해한 사람은 아닙니다. 기왕에 물으

1 가독(家督)은 맏아들을 뜻하는 말이다. 『사기』「월왕구천세가(越王句踐世家)」에 "집에 맏아들이 있으면 그 집안의 감독이라 한다(家有長子曰家督)"고 하였다.

2 도미강(渡迷江)은 경기도 광주(廣州) 일대에 있는 한강을 말한다.

3 이사(二謝)는 송(宋)나라의 시인 사영운(謝靈運)과 제(齊)나라 시인 사조(謝朓)를 가리킨다.

4 공동(空同)은 명(明)나라의 문장가 이몽양(李夢陽)의 호이다. 이몽양은 시문(詩文)에 능하여 명나라 십재자(十才子)의 으뜸으로 일컬어진다.

5 노두(老杜)는 두보(杜甫)를 가리킨다. 두목(杜牧)을 소두(少杜)로, 두보를 노두라고 부른다.

6 가집(家集)은 신익성의 아버지 상촌(象村) 신흠(申欽)의 문집을 말한다.

셨으므로 감히 거절하지 못하고 어리석은 생각을 말씀드린 것입니다.
그대께서는 용서해주시기 바랍니다.
늙고 어지러움이 더욱 심하여 또 망언을 늘어놓고 말았으니, 허물이 나날이 더하기만 합니다.

복건을 쓰고[7] 죽을 날만 기다리고 있는 사람이라 글로 이 마음을 다 쓸 수 없습니다.
해량해주시기 바라며 삼가 답장을 올렸습니다.

1640년 정월 21일

풍산루객(豐山纍客)[8] 올림

제발

金公 尙憲 字 叔度 號 淸陰 諡文正 安東人
宣祖丙申文 湖堂 典文 仁祖丙戌 大拜至左相 入耆社 淸白吏
斥和 被拘在淸五年 配孝宗廟

김공(金公) 상헌(尙憲)의 자는 숙도(叔度), 호는 청음(淸陰), 시호는 문정(文正)이다. 본관은 안동(安東)이다. 선조 병신(1596)년 문과에 급제하여 호당(湖堂)에 뽑혔고, 전문(典文 대제학)을 지냈으며, 인조 병술(1646)[9]년 좌의정에 제수되었다. 기로소에 들어갔고 청백리(淸白吏)로 이름이 났다. 척화(斥和)로 청나라에 5년 동안 구금되었으며 효종 묘에 배향되었다.

7 원문의 식건(飾巾)은 복건으로 머리장식을 하고 관면(冠冕)은 쓰지 않는 것으로, 벼슬을 그만 두었다는 의미로 쓰는 말이다.

8 풍산루객(豐山纍客)은 풍산의 귀양객이라는 뜻으로 김상헌의 자호이다. 김상헌은 1638년(인조16) 삭탈관작 되고, 1640년 11월 심양(瀋陽)에 압송되기 전까지 안동(安東)의 속현인 풍산(豐山)의 소산동(素山洞)에 내려와 청원루(淸遠樓)에 우거하고 있었다.

9 인조 병술년(1646) 좌의정에 제수되었으나 완강히 사직을 청하고, 효종이 즉위한 해인 기축(1649)년 8월 4일, 다시 좌의정에 제수되었다.

필자

김상헌 金尙憲

1570년(선조 3) ~ 1652년(효종 3)

조선시대 부제학, 대사헌, 예조판서 등을 역임한 문신이다. 본관은 안동(安東). 자는 숙도(叔度), 호는 청음(淸陰) · 석실산인(石室山人: 중년 이후 楊州 石室에 退歸해 있으면서 사용) · 서간노인(西磵老人: 만년에 安東에 은거하면서 사용). 할아버지는 군수 김생해(金生海)이고, 아버지는 돈녕부도정(敦寧府都正) 김극효(金克孝)이며, 어머니는 좌의정 정유길(鄭惟吉)의 딸이다. 3세 때 큰아버지인 현감 김대효(金大孝)에게 출계(出系)하였다.

생애와 활동

1596년(선조 29) 정시 문과에 병과로 급제해 권지승문원부정자(權知承文院副正字)에 임명되었다. 부수찬(副修撰) · 좌랑 · 부교리(副校理)를 거쳐 고산찰방(高山察訪)과 경성도호부판관(鏡城都護府判官)을 지냈다. 1608년(광해군 즉위년)에 문과 중시에 을과로 급제하여 교리 · 응교(應敎) · 직제학을 거쳐, 1611년(광해군 4) 동부승지가 되었다. 1613년 칠서지옥(七庶之獄) 때 파직되자 안동시 풍산으로 이사하였다.

1623년 인조반정 이후 이조참의 · 대사간 · 이조참의 · 도승지 · 부제학을 거친 후 판서 및 예문관 · 성균관제학 등을 지냈다. 1632년(인조 10) 왕의 생부를 원종(元宗)으로 추존하려는 데 반대해 벼슬에서 물러났다. 1636년(인조 14) 병자호란 때 예조판서로 끝까지 주전론을 펴다가 항복하자 안동으로 은퇴하였다. 1639년 명을 공격하기 위한 청의 출병 요구에 반대 소를 올렸다가 청에 압송되어 6년 후 귀국하였다. 1645년(인조 23) 좌의정에 제수되고 기로사에 들어갔다.

김육(金堉)이 추진하던 대동법에는 반대하고 김집(金集) 등 서인계 산림(山林)의 등용을 권고하였다. 이정구(李廷龜) · 김유(金楺) · 신익성(申翊聖) · 이경여(李敬輿) · 이경석(李景奭) · 김집 등과 교유하였다. 1653년(효종 4) 영의정에 추증되었으며, 1661년(현종 2)효종 묘정에 배향되었다. 양주 석실서원(石室書院) 등 전국 각지의 서원 및 사우에 제향되었다. 『청음전집(淸陰全集)』 40권이 전해진다. 시호는 문정(文正)이다.

36

김류金瑬가 보내는 간찰簡札

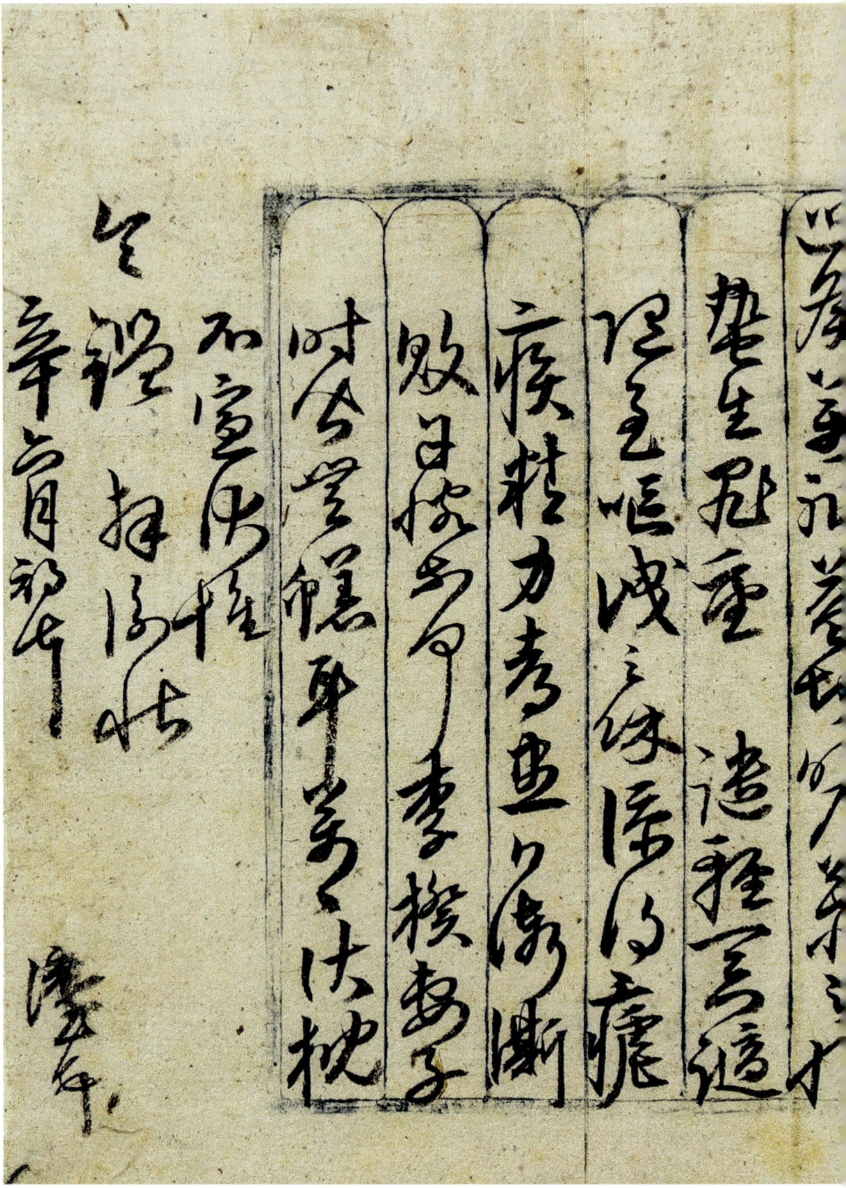

김류 金瑬가 보내는 간찰簡札
30.9x24.3cm

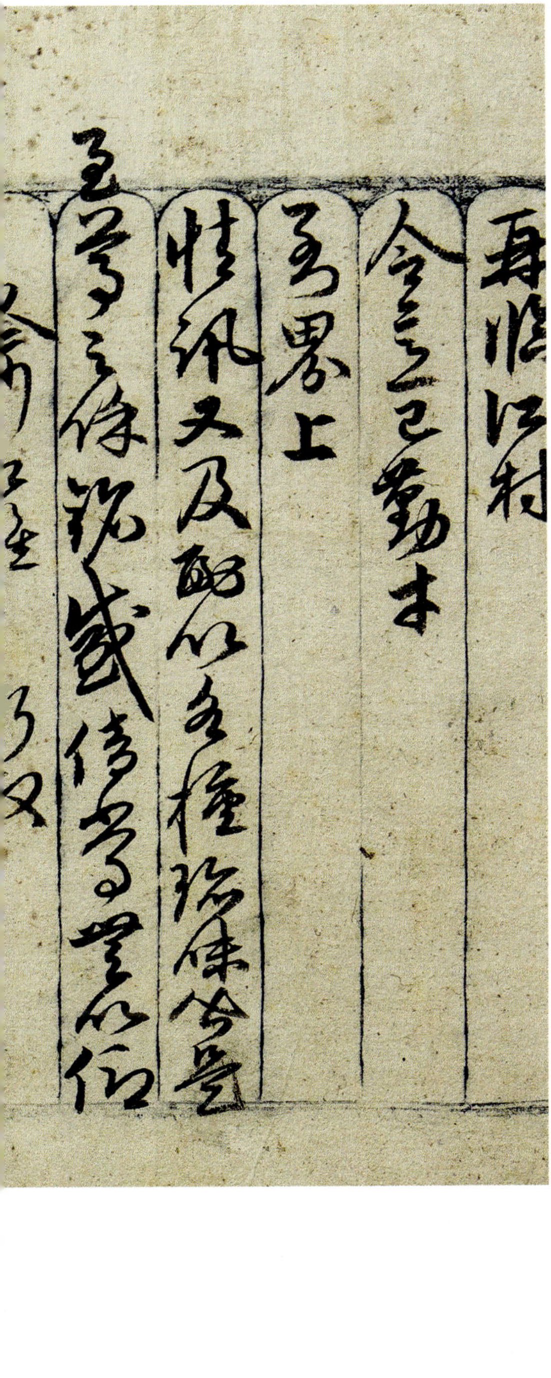

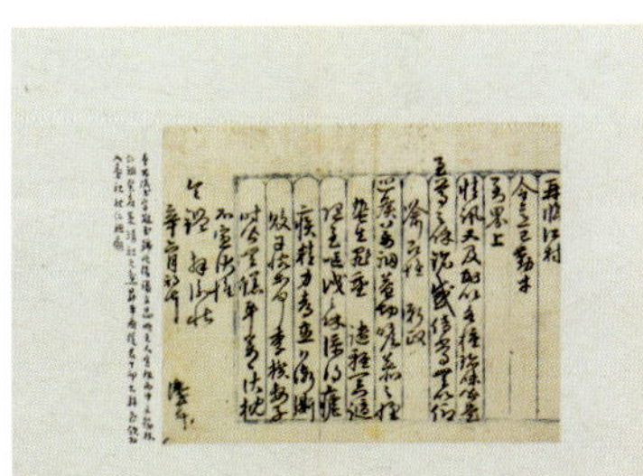

원문

再臨江村 令意已勤 才到界上 情訊又及 副以各種珍味

皆是至尊之餘 銘感倍常 無以仰喩

卽惟新政 巡候萬福 益切瞻慕之懷

蟄生罪重譴輕 冥謫隨至 嘔洩之餘 添得瘧疾

精力都盡 日漸澌敗 自憐奈何

李楥妻子 時皆無耳

萬萬伏枕不宣

伏惟令鑑 拜謝狀

辛六月 初七日

鎏 頓

다시 강촌에 왔습니다. 영감의 뜻이 심히 정성스러워 계상(界上)[1]에 오자마자 정을 담은 편지가 또 이르렀고, 아울러 여러 가지 맛난 음식이 도착하였습니다.
이 모두가 지존께서 하사하신 것이니, 고마운 마음은 더욱더 가슴에 사무쳐 우러러 드릴 말씀이 없습니다.
새로운 정사가 시작되는 지금, 관찰사의 직무를 수행하시며[2] 만복을 누리고 계시리라 생각하니 그리운 마음이 더욱 간절합니다.

칩거하고 사는 저는 무거운 죄에 견책은 가벼운 탓으로 명적(冥謫)[3]을 받아, 구토와 설사로 고생하고 있던 중 학질(瘧疾)까지 앓고 있습니다.
심신(心身)의 기운이 모두 고갈되어 날로 쇠해가고 있습니다.
스스로 가련하기만 하지만 어찌겠습니까.
이규(李楑)[4]의 처자식은 지금 모두 별 탈[5]없이 지내고 있습니다.

할 말은 많지만 병으로 누워있어 다 쓰지 못합니다.
영감께서 살펴주시기 바라며 답장을 올립니다.
신(辛)년 6월 7일
류 올림

---

1 계상(界上)은 지역과 지역의 경계에 있는 장소를 지칭한다. 드물게는 상계(上界)와 같은 뜻으로 선경을 가리키기도 한다.

2 원문의 순후(巡候)는 관찰사의 안부를 물을 때 쓰는 말이다. 순후(旬候), 순체(巡體, 旬體), 순선(旬宣) 등으로도 쓴다.

3 명적(冥謫)은 천벌(天罰)이나 저승의 벌을 말할 때 쓰는 말이다.

4 이규(李楑)는 이안눌의 둘째 아들로 여겨진다. 이규는 일찍 세상을 떠났다. 김류와 이안눌은 동갑으로 함께 관직을 지냈다.

5 원문의 ''은 '병 양(恙)'과 같은 뜻으로 쓰이는 글자로 조선말까지 여러 문헌에서 발견된다. 그러나 『강희자전(康熙字典)』이나 『설문해자(說文解字)』 등에도 나오지 않는 글자이다.

제발

金公 瑬 字 冠玉 號 北渚 諡 文忠 順天人
宣祖 丙申 文 翰林 仁祖 癸亥 策 靖社元勳 昇平府院君
丁卯 大拜 至領相 入耆社 配仁祖廟

김공(金公) 류(瑬)의 자는 관옥(冠玉), 호는 북저(北渚), 시호는 문충(文忠)이다.
본관은 순천(順天)이다.
선조 병신(1596)년 문과에 급제하여 한림이 되었다. 인조 계해(1623)년 정사원훈(靖社元勳)에 책록되고 승평부원군(昇平府院君)에 봉해졌다.
정묘(1627)년 영의정에 올랐으며 기로소에 들어갔다. 인조의 묘에 배향되었다.

필자

김류 金瑬

1571(선조 4) ~ 1648(인조 26)

조선시대 우의정, 좌의정, 영의정 등을 역임한 문신이다. 본관은 순천(順天). 자는 관옥(冠玉), 호는 북저(北渚). 할아버지는 찰방 김훈(金壎)이고, 아버지는 증 영의정 김여물(金汝岉)이며, 어머니는 현감 박수강(朴壽岡)의 딸이다.

생애와 활동

음사(蔭仕)로 참봉에 제수되었다가 1596년(선조 29) 정시 문과에 을과로 급제해 승문원권지부정자(承文院權知副正字)에 임명되었다.

1598년 사헌부의 탄핵으로 파면되었으나 1601년 예문관검열로 복직되어 대교(待敎)·주서(注書)·봉교(奉敎) 등을 역임하였다. 1602년 형조좌랑을 거쳐 충청도 도사·전주판관 등을 역임하고, 1610년(광해군 2) 시강원사서(侍講院司書)·부교리를 지내고 강계부사에 부임했다. 1614년(광해군 6) 가선대부(嘉善大夫)로 승진되었으나 1617년 대간의 탄핵을 받아 사직하였다.

1623년 인조반정으로 병조참판에 제수되고 곧 병조판서 겸 대제학으로 승평부원군(昇平府院君)에 봉해지고 이듬해 이조판서가 되었다. 1627년(인조 5) 정묘호란 때 부체찰사로서 강화도로 인조를 호종하였다. 환도 후 우의정으로 승진하고, 이후 좌의정이 되었다. 1630년(인조 8) 정원군(定遠君)의 추숭 문제를 반대해 관직에서 물러났다가 1633년 좌의정으로 복귀해 우의정이 되었으나 다시 추숭 문제를 반대해 1634년 면직되었다. 1637년 청에 강화도가 함락되자 삼전도에서 맹약을 맺는 데 주도적 역할을 하였다. 1644년(인조 22) 심기원(沈器遠)의 모역을 평정한 공으로 다시 영의정이 되어 영국공신(寧國功臣) 1등에 녹훈되고 순천부원군(順天府院君)에 책봉되었다. 1646년 소현세자빈 강씨의 옥사를 반대하여 사직하고 벼슬을 하지 않았다.

문장이 기묘해 공경(公卿)의 비문을 많이 썼다. 저서로는 『북저집(北渚集)』이 전한다. 시호는 문충(文忠)이다.

37

이안눌李安訥의 축시祝詩

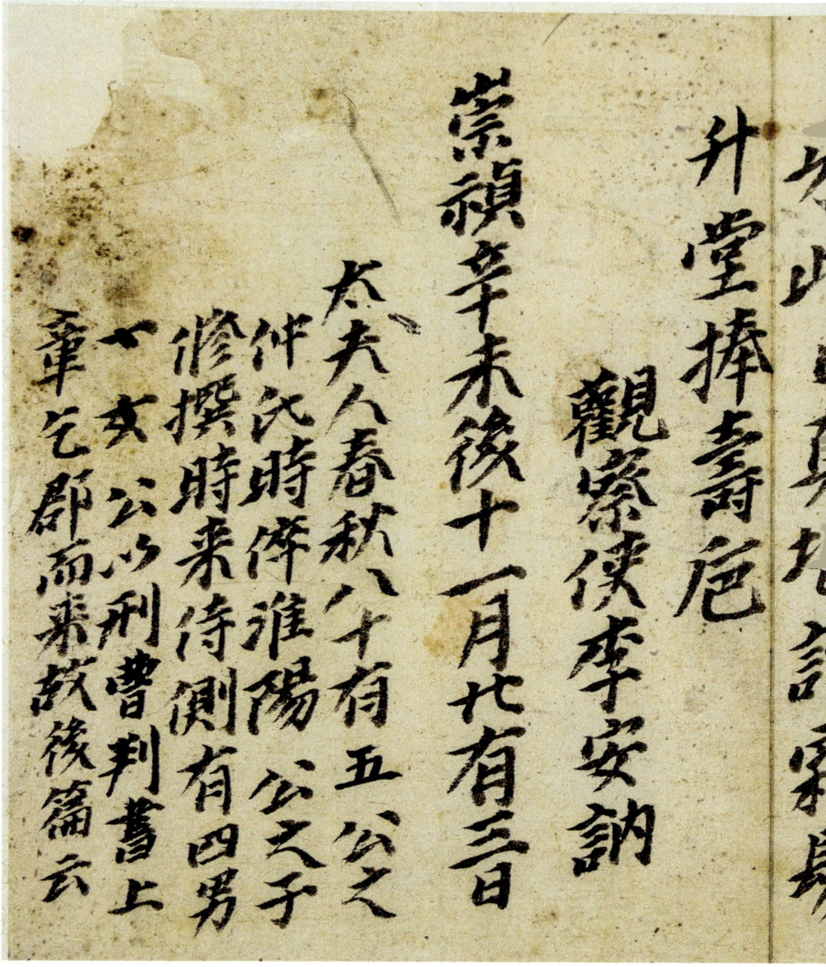

升堂捧壽巵
觀察使李安訥
崇禎辛未後十一月廿有三日
太夫人春秋八十有五公之
仲氏時倅淮陽公之子
參撰時來侍側有四男
一女公以刑曹判書上
章乞郡而來故後篇云

이안눌 李安訥의 축시祝詩
49.0x31.2cm

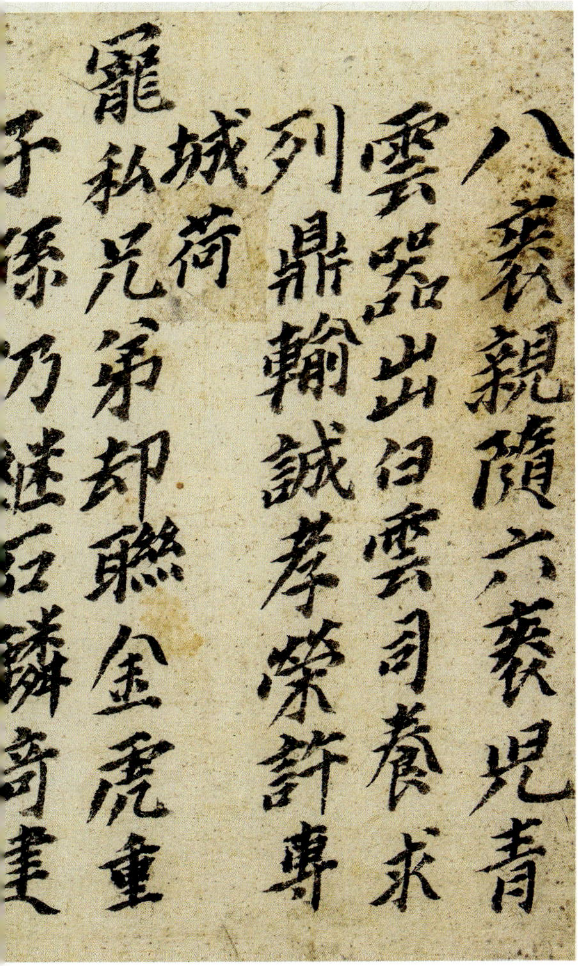
八袠親隨六袠兒青
雲器出白雲司養求
列鼎輸誠孝榮許專
城荷
寵私兄弟却聯金虎重
子孫仍継石麟奇建

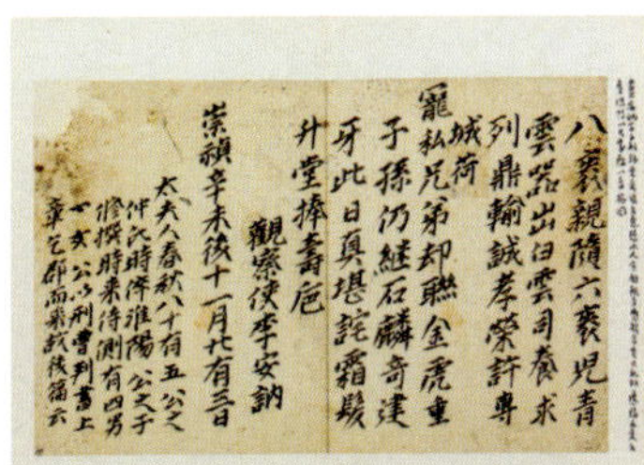
八袠親隨六袠兒青
雲器出白雲司養求
列鼎輸誠孝榮許專
城荷
寵私兄弟却聯金虎重
子孫仍継石麟奇建
牙此日眞堪詫霜鬢
升堂捧壽巵
觀察使李安訥
崇禎辛未後十一月廿有三日
大夫人春秋八十有五公之
仲氏時倅淮陽公之子
修撰時來侍側有四男
一女公以刑曹判書上
章乞郡而來故[illegible]

원문

*八袠親隨六袠兒
青雲器出白雲司
養求列鼎輸誠孝
榮許專城荷寵私

兄弟却聯金虎重
子孫仍繼石麟奇
建牙此日眞堪詑
霜髮升堂捧壽巵

觀察使 李安訥 崇禎 辛未 後 十一月 卄有三日

太夫人 春秋八十有五 公之仲氏 時倅淮陽 公之子修撰 時來侍側 有四男一女 公以刑曹判書 上章乞郡而來 故後篇云

팔순의 어버이에 육순의 자식,
청운의 뜻 품은 그릇 백운사(白雲司)[1]에서 나왔네.
부모 봉양을 위해 솥을 늘어놓고[2] 효를 다하니
영광스럽게도 전성(專城)[3]의 사은을 받았구나.

형제가 금호문(金虎門)에 나란히 이웃하고[4]
자손들은 그대로 석린(石麟)[5]의 기특함을 이었구나.
오늘날 건아(建牙)[6]는 참으로 자랑스럽기만 한데
백발로 당(堂)에 올라 장수 축원의 술잔을 올리네.

관찰사(觀察使) 이안눌(李安訥)이 숭정(崇禎) 신미(1631)년 11월 23일에 쓰다.

태부인(太夫人)의 춘추는 85세이다. 공의 둘째 형은 지금 회양(淮陽) 고을 수령이다. 공의 아들은 수찬(修撰)으로 있는데 지금 와서 어른을 모시고 있으며, 아들이 네 명이다. 공은 형조판서로서 부모님을 모시기 위해 상소를 올려 고을을 맡아서[7] 왔다. 그래서 후편에 언급하였다.

---

1 백운사(白雲司)는 형조나 사헌부 등의 관아를 말한다. 백낙천의 시에 "淸光莫獨占 亦對白雲司"라는 구절이 있다.

2 열정(列鼎)은 공자의 제자 자로(子路)가 집이 가난하여 '어버이를 위해 백리 밖에서 쌀을 등에 지고(爲親負米百里之外)' 왔는데, 어버이가 돌아가시고 나서 높은 벼슬을 하여 '솥을 늘어놓고 진수성찬을 먹는(列鼎而食)' 신분이 되었지만 그때의 행복을 느낄 수 없다는 고사에서 나온 표현이다. 『공자가어(孔子家語)』에 나온다.

3 전성(專城)은 한 성을 맡아 다스리는 목사나 군수 등 지방수령을 가리킨다.

4 금호문(金虎門)은 창덕궁의 서문이다. 조선말에 대간은 정문인 돈화문(敦化門), 다른 신하들은 금호문(金虎門)으로 출입하였다. 여기서는 형제가 나란히 벼슬을 한다는 의미로 쓴 것으로 여겨진다.

5 석린(石麟)은 하늘 위의 석기린(石麒麟)이라는 의미로 영특한 아이를 일컫는 말이다.

6 건아(建牙)는 무신(武臣)이 출진(出鎭)하는 것을 말함. 군전(軍前)의 큰 깃발을 아기(牙旗)라 하는데, 출사(出師)하게 되면 아기를 세우게 된다.

7 원문의 '상장걸군(上章乞郡)'은 일반적으로 늙은 부모를 모시기 위해 고을 수령자리를 구하는 상소를 말한다.

제발

李公 安訥 字 子敏 號 東岳 謚文惠 德水人
宣祖 朝 文 歷提學 官止 禮判 選淸白吏
文章浩博 以大家稱 以孝旌閭

이공(李公) 안눌(安訥)의 자는 자민(子敏), 호는 동악(東岳), 시호는 문혜(文惠)이다.
본관은 덕수(德水)이다.
선조조에 문과에 급제하여 제학(提學)을 역임하였으며 관직은 예조판서에 이르렀고,
청백리에 뽑혔다.
문장이 박식하고 풍부하여 대가로 일컬어졌으며, 효행으로 정려 되었다.

필자

이안눌 李安訥

1571년(선조 4) ~ 1637년(인조 15)

이안눌 초상, 한국학중앙연구원 소장

조선시대 충청도순찰사, 형조판서, 홍문관제학 등을 역임한 문신이다. 본관은 덕수(德水). 자는 자민(子敏), 호는 동악(東岳). 할아버지는 이원정(李元禎)이고, 아버지는 진사 이형(李泂)이며, 어머니는 경주 이씨로 대호군(大護軍) 이양(李暘)의 딸이다. 재종숙부인 사헌부감찰 이필(李泌)에게 입양됐다. 이식(李植)의 종숙(從叔)이다.

생애와 활동

이안눌은 18세에 진사시에 수석합격했으나 모함을 받자 관직에 나갈 생각을 버리고 문학 공부에 열중했다. 이 시기 권필(權韠)과 윤근수(尹根壽) · 이호민(李好閔) 등과 교우를 맺었는데, 이들의 모임을 동악시단(東岳詩壇)이라고 한다. 1599년(선조 32) 문과에 급제했으며 여러 언관직(言官職)을 거쳐 예조와 이조의 정랑이 되었다.

1601년(선조 34) 서장관(書狀官)으로 명에 다녀온 뒤 성균직강(成均直講)으로 봉조하(奉朝賀)를 겸했다. 공조의 주시관(主試官)으로 호서와 관서 지방에 나갔다가 예조에 들어온 후 다시 외직을 돌아 호조참의 겸 승문원부제조로 임명됐으며, 동부승지와 좌부승지를 거쳐 강화부사가 되었다. 인조반정으로 예조참판에 임명됐으나 곧 사직했으며, 이괄(李适)의 난을 방관한 죄로 귀양갔다가 1627년(인조 5) 정묘호란으로 사면되어 강도유수(江都留守)에 임명됐다.

1631년(인조 9)에는 함경도관찰사, 다음해에 예조판서 겸 예문관제학을 거쳐 충청도순찰사가 되었다. 청렴 근면한 관리로 뽑혀 숭정대부(崇政大夫)가 되어 형조판서 겸 홍문관제학에 제수됐다. 1636년(인조 14) 병자호란 때는 병든 몸을 이끌고 남한산성으로 왕을 호종하였고, 전쟁이 끝나고 서울로 돌아온 후에 병세가 악화되어 세상을 떠났다.

저서로는 『동악집(東岳集)』 26권이 있다. 두보(杜甫)의 시를 만 번이나 읽었다고 하며, 문집에 4,379수라는 방대한 양의 시를 남겼다. 숭록대부 의정부좌찬성 겸 홍문관대제학 · 예문관대제학에 추증됐다. 담양의 구산서원(龜山書院)과 면천의 향사에 제향됐다. 시호는 문혜(文惠)이다.

38

홍서봉 洪瑞鳳이 보내는 간찰簡札

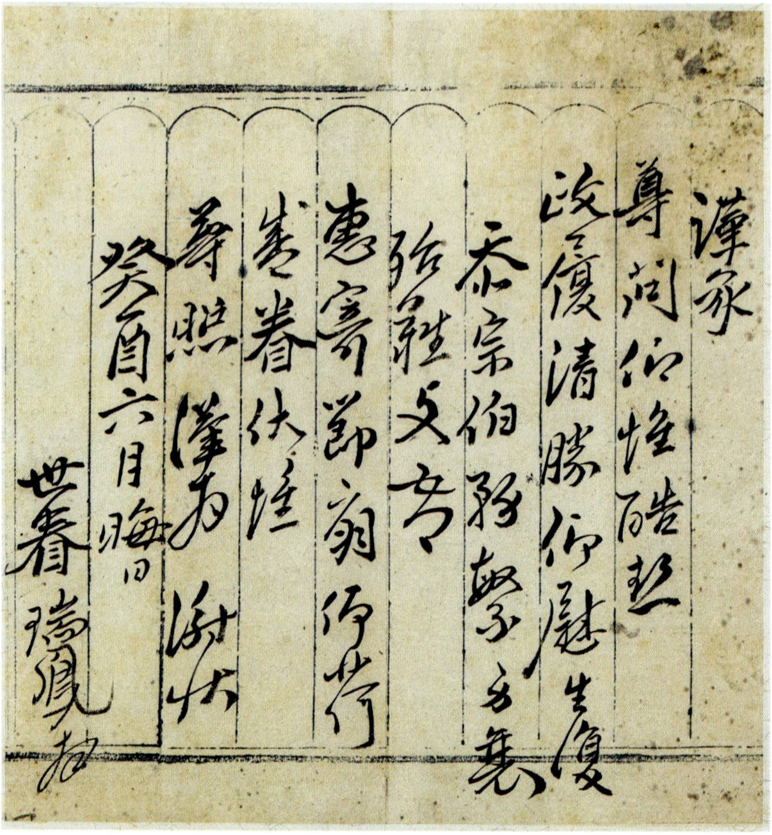

홍서봉 洪瑞鳳이 보내는 간찰簡札
24.5x25.6cm

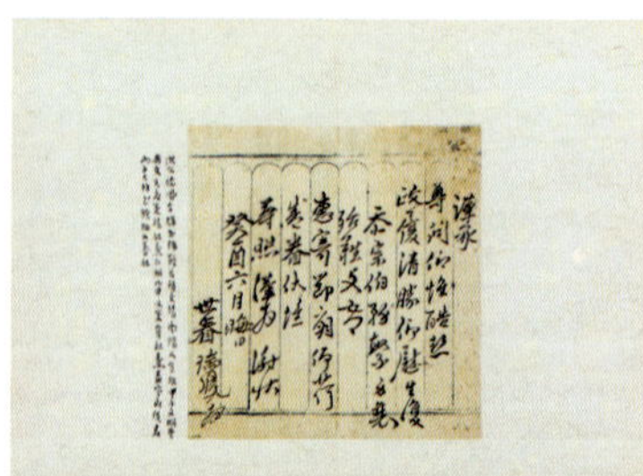

원문

謹承尊問 仰惟酷熱 政履淸勝 仰慰
生復忝宗伯 務繁身衰 殆難支吾
惠寄節扇 仰荷盛眷

伏惟尊照 謹拜謝狀
　癸酉 六月 晦日
　　世眷 瑞鳳 拜

그대께서 보내신 문안편지를 받아 무더위 속에서도 정무를 돌보시며 맑게 잘 계심을 살피게 되어 우러러 위로가 됩니다.
저는 다시 외람되게도 종백(宗伯 예조 판서)을 맡게 되었습니다.
일은 많고 몸은 쇠약하여 거의 지탱해나가기가 어렵습니다.
보내주신 부채를 받았습니다. 성대하게 베풀어주시는 은혜에 우러러 감사드립니다.

그대께서 살펴주시기 바라며, 삼가 답장을 올립니다.
　1633년 6월 그믐날
　　세권[1] 서봉 올림.

1 세권(世眷)은 대대로 보살펴주시는 사람이라는 뜻이다.

제발

洪公 瑞鳳 字 輝世 號 鶴谷 諡 文靖 南陽人

宣祖 甲午 文 湖堂 典文 癸亥 策 靖社勳 仁祖 戊申 又策 寧社勳 益寧府院君

丙子 大拜 至領相 入耆社

홍공(洪公) 서봉(瑞鳳)의 자는 휘세(輝世), 호는 학곡(鶴谷), 시호는 문정(文靖)이다. 본관은 남양(南陽)이다.

선조 갑오(1594)년 문과에 급제하여 호당(湖堂)에 들어갔고, 전문(典文 대제학)을 지냈다. 계해(1623)년 정사공신(靖社勳)에 책록되었으며, 인조 무신년[2] 다시 영사공신(寧社勳)에 책록되고 익녕부원군(益寧府院君)에 봉해졌다[3].

병자(1636)년에는 영의정[4]에 올랐으며, 기로소에 들어갔다.

2 인조(仁祖) 무신(戊申)은 인조(仁祖) 무진(戊辰 1628)년의 오기이다. 홍서봉은 1628년 유효립(柳孝立)의 모반을 고변하여 영사공신(寧社功臣) 2등에 책록되었다.

3 익녕부원군(益寧府院君)에 봉해진 해는 기묘(1639)년이다.

4 병자(1636)년 영의정은 오류다. 홍서봉은 1636년 우의정을 거쳐 좌의정에 올랐으며, 영의정에 오른 해는 1640년이다.

필자

홍서봉 洪瑞鳳

1572년(선조 5) ~ 1645년(인조 23)

조선시대 우의정, 좌의정, 영의정 등을 역임한 문신이다. 본관은 남양(南陽). 자는 휘세(輝世), 호는 학곡(鶴谷). 예문관대교 홍계정(洪係貞)의 증손으로 할아버지는 황해도관찰사 홍춘경(洪春卿)이고, 아버지는 도승지 홍천민(洪天民)이며, 어머니는 제용감주부 유당(柳檔)의 딸이다.

생애와 활동

1590년(선조 23) 진사가 되고, 1594년 별시문과에 병과로 급제하였다. 1600년 사서가 된 뒤 정언 · 부수찬에 이어 1602년 이조좌랑과 성주목사를 역임하였다. 경기도 암행어사로 다녀와 1606년(선조 39) 사예가 되었다. 1608년(광해군 즉위년) 중시문과에 갑과로 급제한 뒤 사성 · 응교 등을 역임하였다.

1610년(광해군 2) 강원도관찰사를 거쳐 이듬해 동부승지로 재직 중 김직재옥사(金直哉獄事)로 삭직되었다. 1623년 인조반정으로 정사공신(靖社功臣) 3등에 책록되고 익녕군(益寧君)에 봉해졌다. 병조참의 · 이조참의 · 대사간 · 동부승지 · 부제학 · 대사헌 · 병조참판 등을 차례로 역임한 뒤 1626년(인조 4)에는 도승지가 되었다. 1628년 유효립(柳孝立)의 모반을 고변해 영사공신(寧社功臣) 2등에 책록되고 지의금부사가 되었다. 예조판서를 거쳐 1630년 대사헌이 되고 이어서 우참찬 · 이조판서 · 좌빈객 · 병조판서 등을 역임한 뒤 1634년 예조판서와 부묘도감제조(祔廟都監提調)를 겸하였다. 이듬해 좌참찬 · 대제학을 지내고, 1636년(인조 14) 우의정을 거쳐 좌의정에 올랐다.

병자호란 때 화의(和議)를 주장하며 최명길(崔鳴吉) · 김신국(金藎國) · 이경직(李景稷) 등과 화의를 위한 실무를 수행하였다. 1639년(인조 17) 부원군(府院君)에 봉해지고 1640년에 영의정에 올랐다. 이후 1645년(인조 23)까지 영의정과 좌의정을 번갈아 역임하였다.

저서로 『학곡집(鶴谷集)』이 있고, 문장과 시(詩)에 능했으며, 『청구영언』에 시조 1수가 전한다. 시호는 문정(文靖)이다.

39

구용具容의 시詩

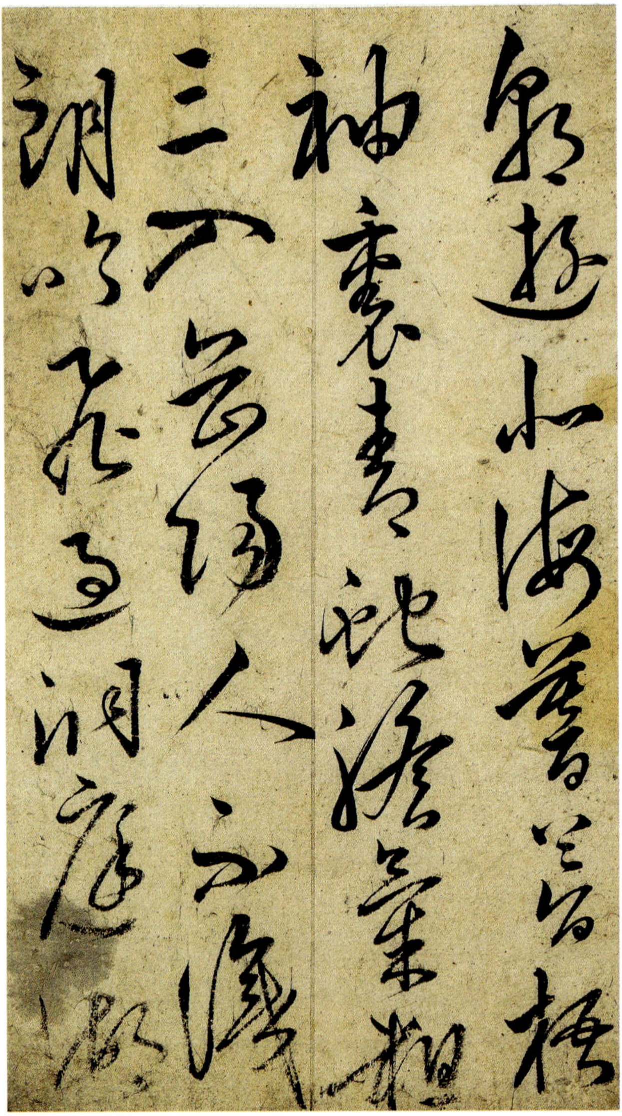

구용 具容의 시詩
18.5x32.0cm

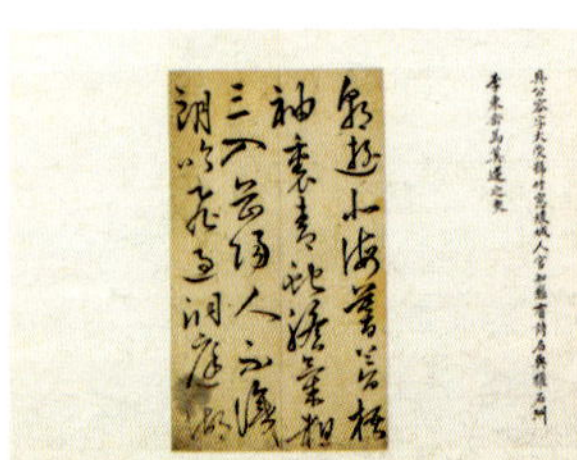

원문

*朝遊北海暮蒼梧
袖裏青蛇膽氣粗
三入岳陽人不識
朗吟飛過洞庭湖

아침에는 북해(北海)[1], 저녁엔 창오(蒼梧)[2]에서 놀고
소매 속에 푸른 뱀을 지녔으니 담력은 거칠다.
악양(岳陽)에 세 차례나 들어와도 알아주는 사람 없어
낭랑하게 시 한 수 읊조리고 동정호를 날아 지난다.

---

* 이 시는 도교(道敎)의 팔선(八仙) 중의 한 사람인 당(唐)나라 '여동빈(呂洞賓)'이 지은 시 「동빈유악양(洞賓遊岳陽)」이다.

1 북해(北海)는 북쪽 먼 곳에 있는 바다를 상징적으로 말할 때 쓰이는 단어이다. 『장자』 「추수(秋水)」에 원추(鵷鶵)라는 봉황새는 대나무 열매인 연실(練實)이 아니면 먹지 않고, 오동나무가 아니면 앉지 않으며, 남해(南海)에서 북해(北海)로 날아간다고 하였다.

2 창오(蒼梧)는 지금의 호남성(湖南省) 영원현(寧遠縣) 남쪽에 있는 구의산(九疑山)의 다른 이름으로 순(舜) 임금이 남쪽으로 순수(巡狩)하다가 죽어 묻힌 곳이다. 흔히 임금의 무덤이나 성군(聖君)에 대한 그리움 등의 의미로 쓰기도 한다.

제발

具公 容 字 大受 號 竹窓 綾城人 官知縣
有詩名 與權石洲 李東岳 爲莫逆之交

구공(具公) 용(容)의 자는 대수(大受), 호는 죽창(竹窓)이다. 본관은 능성(綾城)이다. 관직은 지현(知縣 현감)을 지냈다. 시로 이름을 날렸으며, 석주(石洲) 권필(權韠), 동악(東岳) 이안눌과 막역한 친구사이였다.

필자

구용 具容

1569년(선조 2) ~ 1601년(선조 34)

조선시대 김화현감을 역임한 문신이며, 학자이다. 본관은 능성(綾城). 자는 대수(大受), 호는 죽창(竹窓) · 저도(楮島). 구희경(具希璟)의 증손으로 할아버지는 감찰 구순(具淳)이다. 아버지는 좌찬성을 지내고 능안부원군(綾安府院君)에 추봉된 구사맹(具思孟)이며, 어머니는 평산신씨(平山申氏) 증영의정 신화국(申華國)의 딸이다. 인조의 모후인 인헌왕후의 오빠이다.

생애와 활동

1590년 생원시에 합격하여 1598년 김화현감을 역임하였다.
임진왜란 때에는 권필(權韠)과 함께 상소하여 강경하게 주전론을 주장하고 주화(主和)하자는 두 상신의 목을 벨 것을 주청했다. 현감으로 3년간 재직할 때에는 백성을 구제하는 데 주력함으로써 선정으로 치적이 높았다.
그는 시재가 뛰어나 당시 시문으로 명성이 높았던 권필 · 이안눌(李安訥) 등과 교분이 매우 두터웠으며 서로 창화(唱和)한 시를 많이 남겼다. 그가 지은 시 가운데는 시인으로서 섬세한 감정을 표현한 감회 · 서경 · 애정을 주제로 한 것뿐만 아니라 임진왜란이라는 큰 전쟁을 직접 겪은 사람으로서의 고뇌와 갈등의 현실을 주제로 하는 비판 · 풍자시도 많이 찾아볼 수 있다.
차천로(車天輅)는 그의 시에 대해 "봄바람에 움직이는 버들가지의 풍광과 같이 아름답고, 물 위에 피어나는 연꽃이 달그림자를 받음과 같이 청수하다"고 평하였다.
그가 33세의 이른 나이로 세상을 떠나자 권필은 그의 고고한 시재를 몹시 아쉬워하며 유고를 편집하고 서문을 붙였다. 저서로는 『죽창유고(竹窓遺稿)』 2책이 있다.

40

구성具宬의 시詩

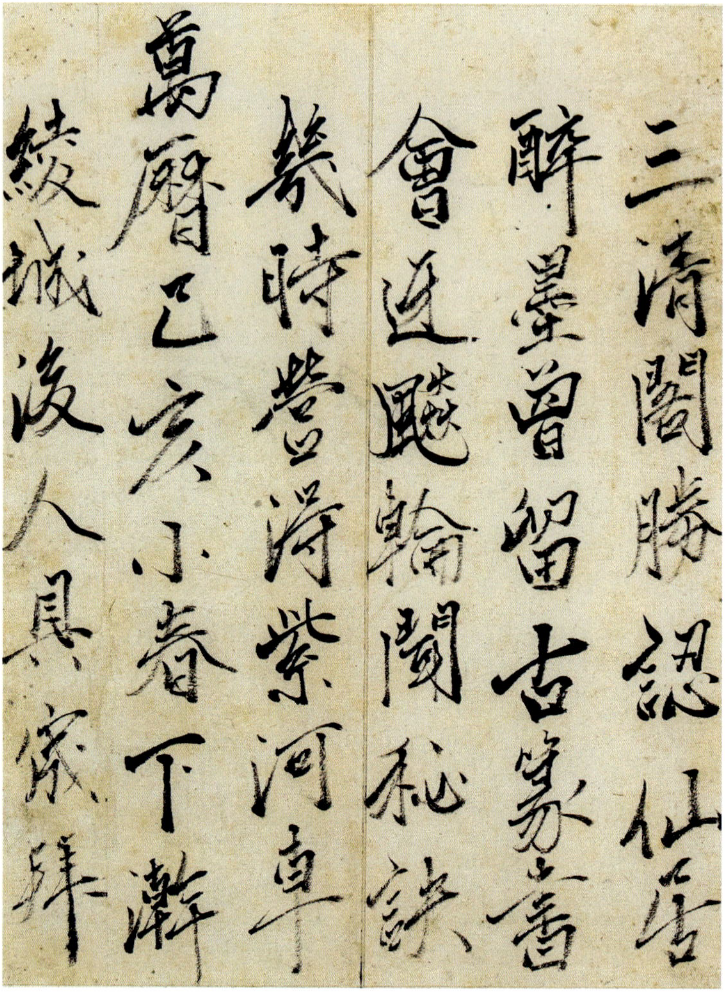

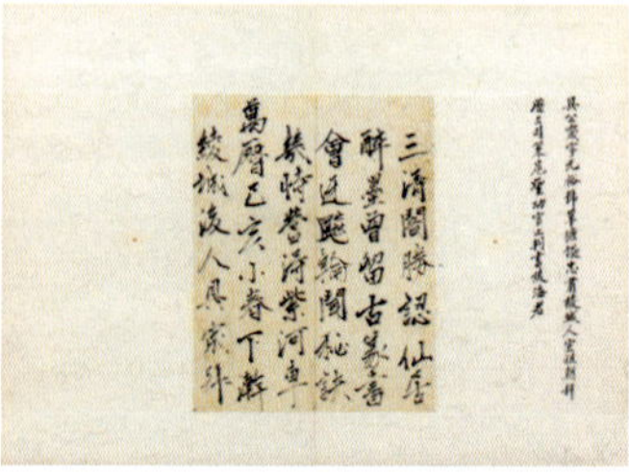

구성 具宬의 시詩
20.8×26.8cm

원문

三淸閣勝認仙居
醉墨曾留古篆書
會迓飇輪聞秘訣
幾時營得紫河車

萬曆 己亥 小春 下澣
　綾城後人 具宬 拜

삼청각 절경은 신선이 사는 곳.
취해 갈겨쓴 글씨는 일찍이 옛 전서를 품었네.
표륜(飇輪)[1]을 맞이하여 그 비결을 들으면
언제라도 자하거(紫河車)[2] 애써 얻으리라.

만력 1599년 소춘(10월) 하순에
　능성후인(綾城後人) 구성 써서 올리다.

1 표륜(飇輪)은 바람을 몰아 달리는 신선의 수레라는 뜻이다.
2 자하거(紫河車)는 도가(道家)에서 장생약(長生藥)으로 꼽는 '선액(仙液)'이다.

제발

具公 宬 字 元裕 號 草塘 謚 忠肅 綾城人
宣祖朝 科 歷三司 策扈聖功臣 官止判書 綾海君

구공(具公) 성(宬)[3]의 자는 원유(元裕), 호는 초당(草塘), 시호는 충숙(忠肅)이다.
본관은 능성(綾城)이다.
선조조 과거에 급제하여 삼사(三司)를 역임하고, 호성공신(扈聖功臣)에 책록되었다.
관직은 판서에 이르렀으며, 능해군(綾海君)에 책봉되었다.

3 성(宬)은 '집 성(宬)'으로 '서고(書庫) 성(宬)'의 오기이다.

필자

구성 具宬

1558년(명종 13) ~ 1618년(광해군 10)

조선시대 호조참판, 해주목사 등을 역임한 문신이다. 본관은 능성(綾城). 자는 원유(元裕), 호는 초당(草塘). 구희경(具希璟)의 증손으로 할아버지는 감찰 구순(具淳)이다. 아버지는 좌찬성을 지내고 능안부원군(綾安府院君)에 추봉된 구사맹(具思孟)이며, 어머니는 증 영의정 신화국(申華國)의 딸이다. 인조의 모후인 인헌왕후의 오빠이다.

생애와 활동

1585년(선조 18)에 사마시를 거쳐 별시 문과에 병과로 급제해 권지승문원부정자(權知承文院副正字)가 되고 곧 박사가 되었다. 1589년(선조 22) 승정원주서(承文院注書)로 천거되었으나 사촌형 구면이 한림(翰林)에 있어 상피(相避: 친족이나 서로 친밀한 관계에 있는 자는 같은 곳에서 벼슬하는 것을 피함)로 임명되지 못하였다. 정언(正言)으로 있을 때 기축옥사에 연루된 최영경(崔永慶)의 공초(供招: 죄인이 범죄 사실을 진술한 말)의 착오로 파직되었다. 병조좌랑으로 복직해 성균관직강(成均館直講) · 병조정랑이 되었다.

1592년(선조 25) 임진왜란 때 임금을 호위해 개성에 이르러 변란의 책임이 이산해(李山海)에게 있다고 주장하다가 대간의 탄핵을 받았다. 시강원문학 · 지평(持平)을 거쳐 응교(應教) · 집의(執義) · 사간 · 필선(弼善)을 거쳐 1593년에 동부승지 · 좌부승지 · 첨지중추부사를 역임하고 1594년 형조참의 · 병조참의가 되었다. 1596년 호조참판으로 주문사(奏聞使)가 되어 연경(燕京)을 다녀온 뒤 장례원판결사 · 해주목사를 지냈다. 1601년(선조 34) 대사성으로 승진했으나 사양하였다. 1602년에 정인홍(鄭仁弘) 등이 기축옥사 문제를 다시 거론하여 홍주로 유배되었다. 1604년 아버지상을 당해 석방되고 호성공신(扈聖功臣) 2등에 책록되자 대간의 탄핵이 심했다. 1618년(광해군 10) 폐모론(廢母論)에 병을 이유로 정청(庭請)에 참여하지 않았다. 이를 처벌해야 한다는 대간의 논의가 있었으나 마침 병으로 죽었다.

인조반정으로 영의정에 추증되었고, 시호는 충숙(忠肅)이다. 저서로 『초당집(草塘集)』이 있다.

41

서경우徐景雨가 보내는 간찰簡札

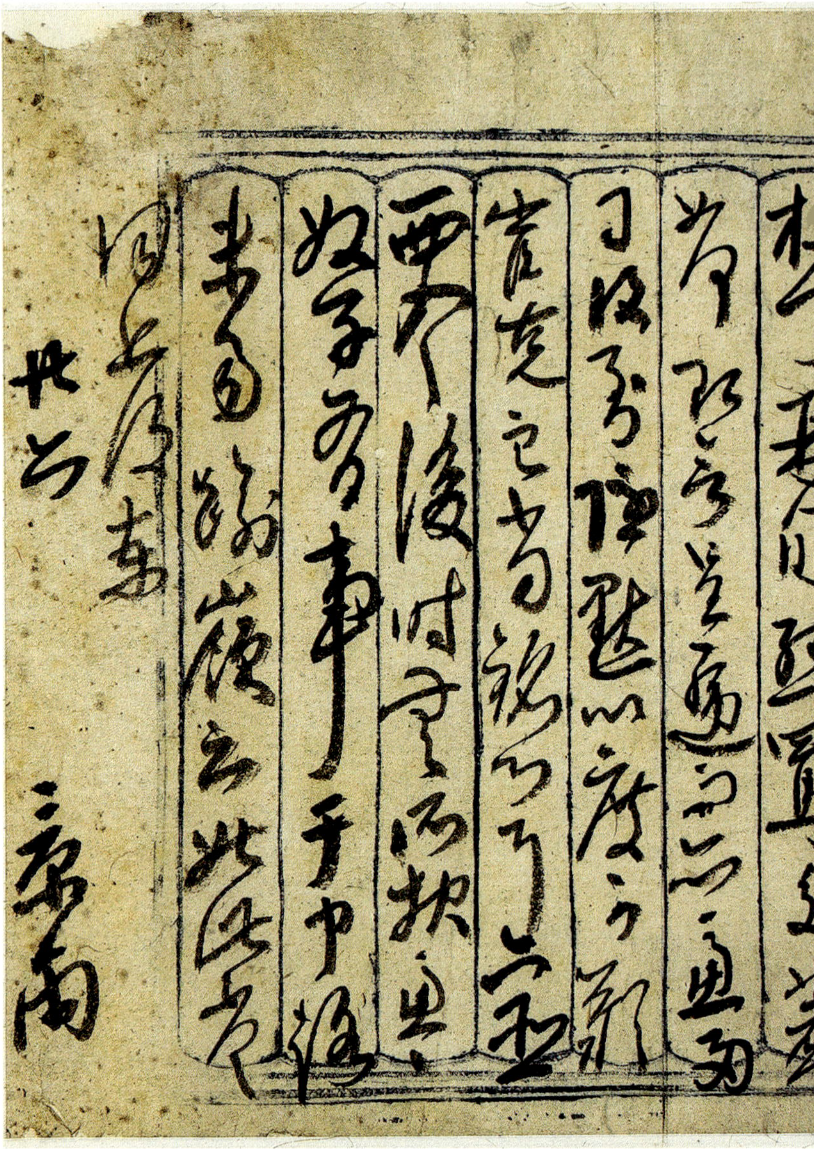

서경우 徐景雨가 보내는 간찰簡札
26.5×21.9cm

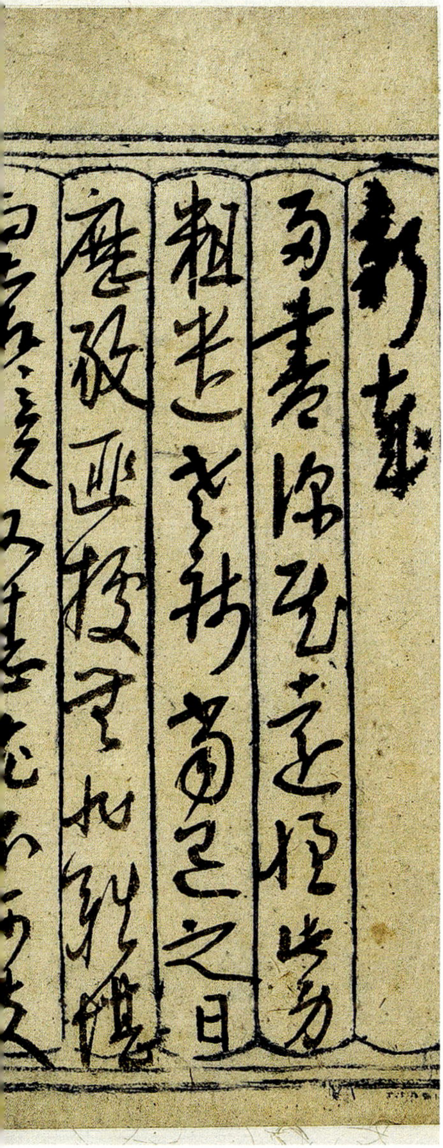

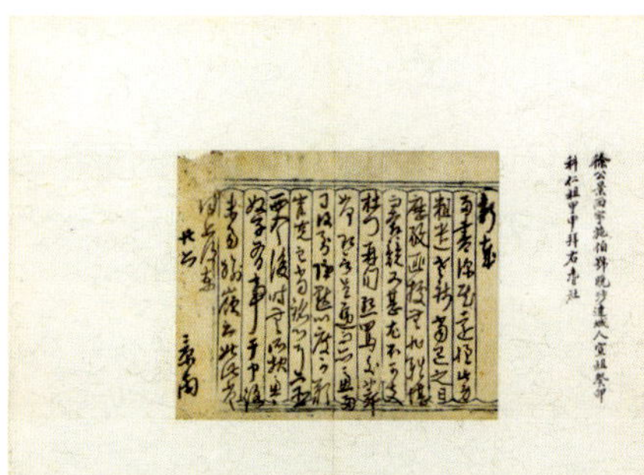

원문

新歲兩書 深慰遠懷 此身粗遣老病

當退之日 歷敢匪據 無非難堪
而奔競又甚 尤不可支
杜門再旬 怨詈交萃 如何
卽言呈遞 而亦慮兩司 復到隱默以度 可歎

崔克良 當銘心耳
六臣 西人之後 時無所報 慮慮
奴子有事于中路 未易踰嶺云

姑此不具 謹上復柬
廿六 景雨

새해 두 통의 편지를 받아 먼 곳에 있는 이 마음에 깊은 위로가 되었습니다. 저는 늙고 병든 몸으로 그럭저럭 살아가고 있습니다.

물러나는 날 감히 분수에 맞지 않는 자리[1]를 맡게 되었습니다.
난감하기 이를 데 없는데다 분경(奔競)[2] 조차 또 심하여 더욱 버티기가 힘이 듭니다.
이십 일 동안 두문불출하고 있어도 원망과 욕이 잦아들지 않고 있으니 어쩌면 좋겠습니까.
바로 체직을 청하는 문서를 올리려고 하여도 또한 양사(兩司 사헌부와 사간원)가 우려되어, 다시 물러나서 묵묵히 지내고 있으니 한탄스럽기만 합니다.

최극량(崔克良)[3]에 대해서는 당연히 명심하고 있습니다.
육신(六臣)[4]은 서인(西人) 이후 지금까지 알려진 것이 없어서 걱정스럽습니다.
종이 도중에 일이 생겨 고개를 넘는 일이 쉽지 않다고 합니다.

이만 대충 줄이며, 삼가 답장에 대합니다.
26일에　경우

---

1 원문의 '비거(匪據)'는 자신의 자리가 아닌 것을 차지하고 있다는 말이다. 여기서는 실질보다 과한 명성을 누리고 있다는 뜻을 담은 겸사로 사용하였다. 『주역』「계사전 (繫辭傳)」에 "차지해서는 안 될 자리를 차지하고 있으니 그 몸이 반드시 위태롭게 될 것이다(非所據而據焉 身必危)"라고 한 데서 온 말이다.

2 분경(奔競)은 이익을 얻을 목적으로 권세 있는 사람을 경쟁적으로 쫓아다니는 것, 즉 엽관(獵官) 운동과 같은 것을 말한다.

3 최극량(崔克良)은 계축옥사(癸丑獄事) 때 화를 당한 김래(金琜 1576~1613)의 둘째 사위이다. 전의현감(全義縣監) 등을 지냈다. 참고로 김래의 첫째 사위는 김상헌(金尙憲)의 양자로 영의정 김수항(金壽恒)의 아버지인 김광찬(金光燦)이다. 이 편지에서는 관직 청탁의 내용으로 여겨진다.

4 육신(六臣)은 세조(世祖) 때 단종(端宗)의 복위를 꾀하다가 사전에 발각되어 처형되었던 박팽년(朴彭年) 등 사육신(死六臣)의 복관(復官), 제사(祭祀), 사액(賜額) 등과 관련된 일로 보이나 확실하지 않다.

제발

徐公 景雨 字 施伯 號 晩沙 達城 宣祖 癸卯 科 仁祖 甲申 拜 右 耆社

서공(徐公) 경우(景雨)의 자는 시백(施伯), 호는 만사(晩沙)이다. 본관은 달성(達城)이다. 선조 계묘(1603)년 과거에 급제하였으며, 인조 갑신(1644)년 우의정에 오르고 기로소에 들어갔다.

필자

서경우徐景雨

1573년(선조 6)~1645년(인조 23)

서경우 초상, 보물 제1897호, 문화재청 소장

조선시대 도승지, 형조판서, 우의정 등을 역임한 문신이다. 본관은 달성(達城). 자는 시백(施伯), 호는 만사(晩沙). 아버지는 판중추부사(判中樞府事) 서성(徐渻)이며, 어머니는 여산송씨(礪山宋氏)로 송영(宋寧)의 딸이다.

생애와 활동

1612년(광해군 4) 정주목사(定州牧使)가 되었으나 다음 해 선조의 유교(遺敎)를 받은 신하들이 배척될 때 아버지가 유배당하자 벼슬을 버리고 10년간 은거하였다. 1623년 인조반정으로 다시 기용되어 1625년(인조 3) 예조참의 · 승지 등을 거쳐 이듬해 대사간이 되었다. 1627년(인조 5) 정묘호란 때 강화도로 왕을 호종하였고, 1630년(인조 8) 좌승지를 거쳐 다시 대사간 · 대사헌 · 경기감사 · 대사성 · 도승지 등을 역임하였다. 1643년(인조 21) 형조판서로서 성절 겸 진하사(聖節兼進賀使)가 되어 청에 다녀왔다. 이듬해 우의정에 승진하였고 기로소(耆老所)에 들어갔다. 1645년(인조 23) 병으로 사직을 청원하여 판중추부사의 직을 맡았다.

42

이경직李景稷이 보내는 간찰簡札

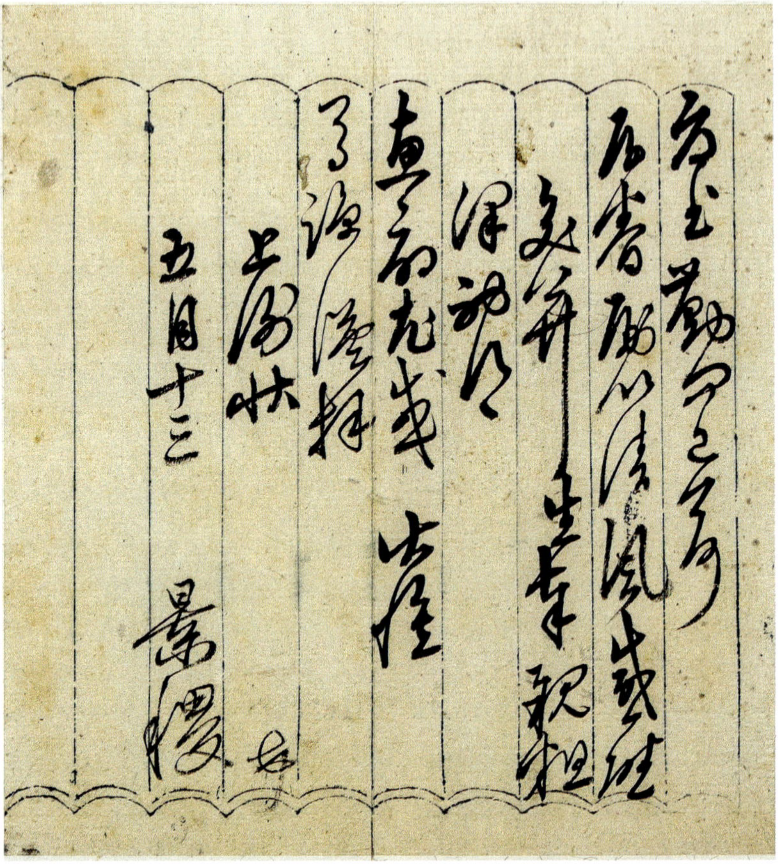

이경직李景稷이 보내는 간찰簡札
20.6 x 22.1 cm

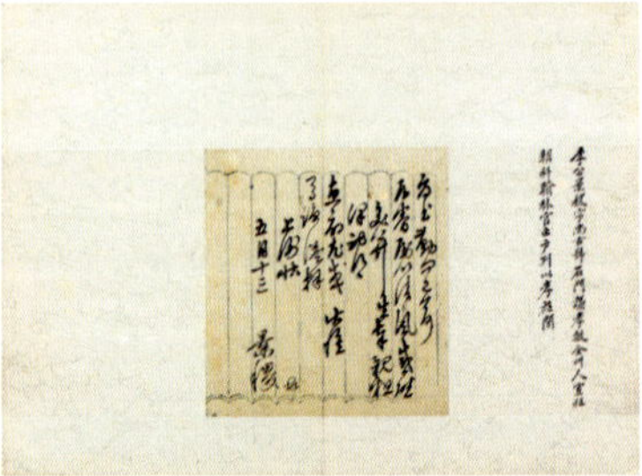

원문

辱書勤問 已荷厚眷 副以淸風 感慰交幷
生奉親粗保 初得惠扇 尤感
伏惟尊諒 謹拜上謝狀

五月十三 景稷 頓

편지를 보내 안부를 물어주시니 그 도타운 보살핌에 고마웠습니다.
아울러 시[1]를 보내어 주셔서 감사와 더불어 위로가 되었습니다.

저는 부모님을 모시고 그럭저럭 살아가고 있습니다. 보내어주신 부채를 받고나서 더욱 고마웠습니다.
그대께서 해량(海諒)하여 주시기 바라며, 삼가 답장을 올립니다.

5월 13일 경직 올림

1 원문의 '청풍(淸風)'은 만물을 길러 내는 맑은 바람처럼 덕이 풍겨 나오는 멋진 글을 표현하는 말이다. 『시경』「대아(大雅) 증민(烝民)」에 "길보(吉甫)가 노래를 지으니, 온화하기가 청풍(淸風)과 같다(吉甫作誦 穆如淸風)"라는 구절에서 나왔다.

제발

李公 景稷 字尙古 號石門 諡孝敏全州人
宣祖朝科 翰林 官止戶判 以孝旌閭

이공(李公) 경직(景稷)의 자는 상고(尙古), 호는 석문(石門), 시호는 효민(孝敏)이다.
본관은 전주(全州)이다.
선조조에 과거에 급제하여 한림(翰林)을 지냈으며 벼슬이 호조판서에 이르렀다.
효행으로 정려되었다.

필자

이경직 李景稷

1577년(선조 10) ~ 1640년(인조 18)

조선시대 경기도관찰사, 호조판서, 강화유수 등을 역임한 문신이다. 본관은 전주(全州). 자는 상고(尙古), 호는 석문(石門). 할아버지는 증 이조참판 이수광(李秀光)이다. 아버지는 동지중추부사 이유간(李惟侃)이며, 어머니는 개성 고씨(開城高氏)로 대호군(大護軍) 고한량(高漢良)의 딸이다. 영의정 이경석(李景奭)의 형이다.

생애와 활동

1601년(선조 34) 사마시에 합격해 진사가 되고 1606년 증광 문과에 병과로 급제해 승문원권지부정자에 올랐다.

1609년(광해군 1) 승문원주서 겸 시강원설서가 되고 1610년 홍문관정자 · 봉교, 이듬해 전적 · 호조좌랑 · 수찬 · 병조좌랑 겸 지제교 등을 역임하였다. 1613년 병조정랑으로 승진했으나 계축옥사 때 수성찰방(輸城察訪)으로 나갔다가 파직되었다. 그 뒤 황해도도사로 복직되고 병조정랑으로서 접반관(接伴官) · 진휼종사관(賑恤從事官) · 평안도경차관(平安道敬差官) 등을 겸하였다. 1617년(광해군 9)에는 회답사(回答使) 오윤겸(吳允謙)의 종사관(從事官)으로 일본에 다녀왔다. 1618년 폐모론에 반대해 사직하고 고향으로 내려갔다.

인조반정으로 형조참의 · 의주부윤이 되었고, 이괄(李适)의 난 진압의 공으로 가선대부(嘉善大夫)로 품계가 올랐다. 1627년(인조 5) 정묘호란 때는 병조참판으로 왕을 강화도에서 호종하고 화의가 성립될 때 접반사로 활약하여 환도 후 호조참판이 되었다. 경기도관찰사를 거쳐 1634년(인조 12) 도승지가 되었다. 1636년 병자호란 때는 남한산성으로 왕을 호종했고, 화의가 성립된 뒤 호조판서가 되었다. 영의정 김류(金瑬)와 불화로 정직되었다가 다시 도승지 · 강릉부사 · 동지중추부사 겸 경도총관을 지냈다. 1640년(인조 18) 강화유수로 있다가 병으로 죽었다.

사부(詞賦)와 글씨에 뛰어났고, 후에 좌의정에 추증되었다. 시호는 효민(孝敏)이다.

43

조익趙翼이 보내는 간찰簡札

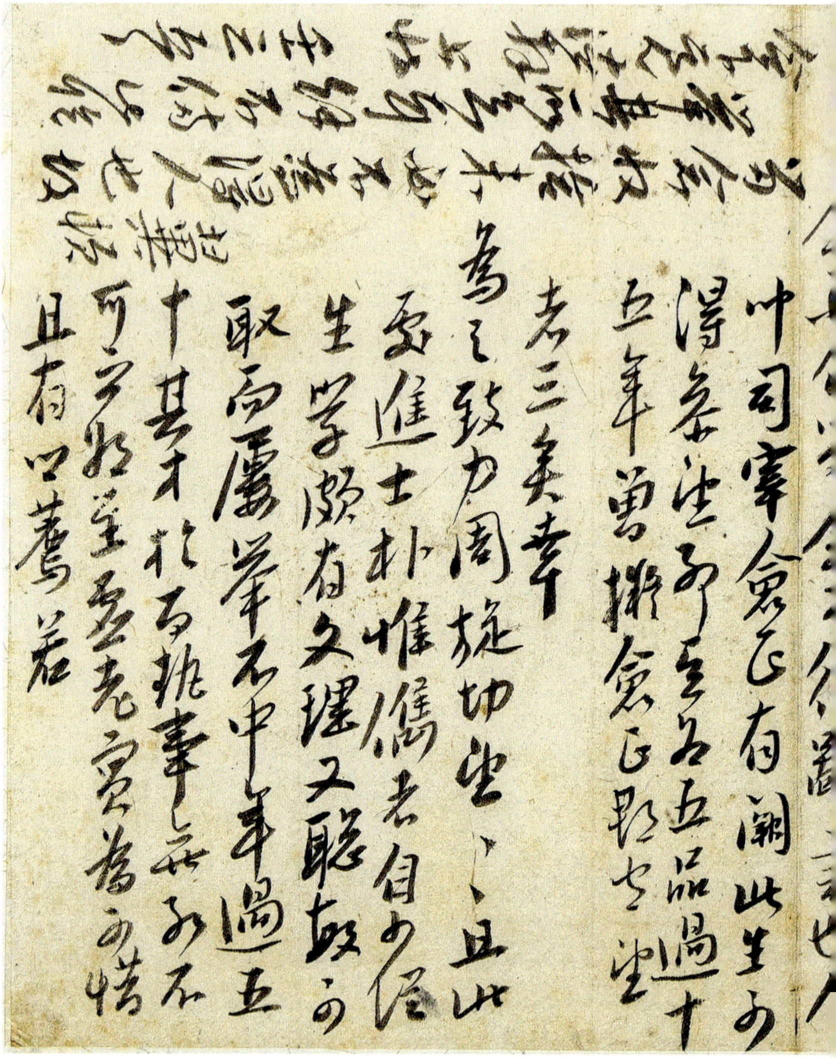

조익趙翼이 보내는 간찰簡札
33.9x22.9cm

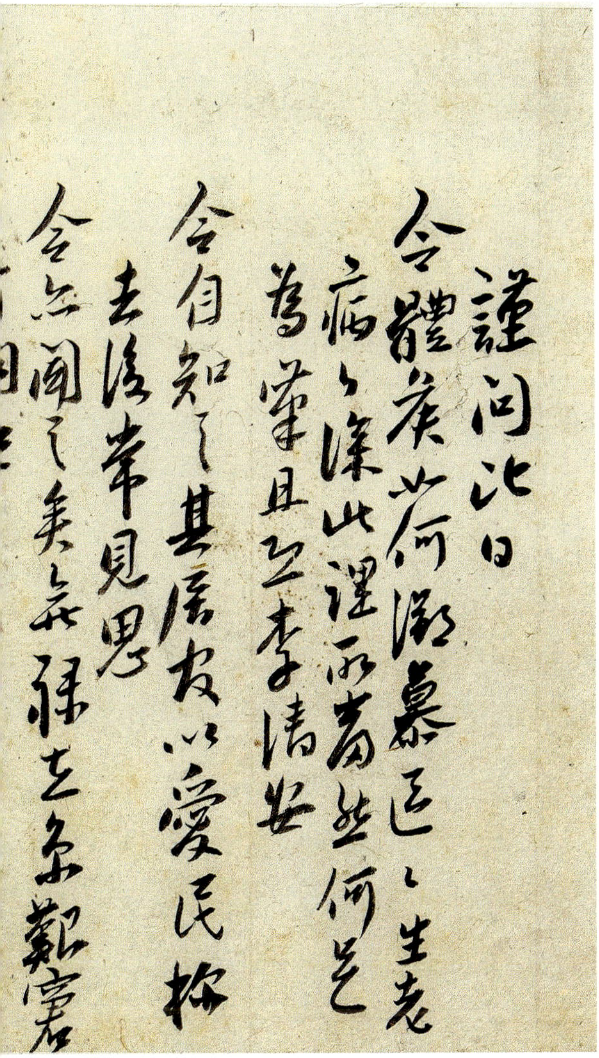

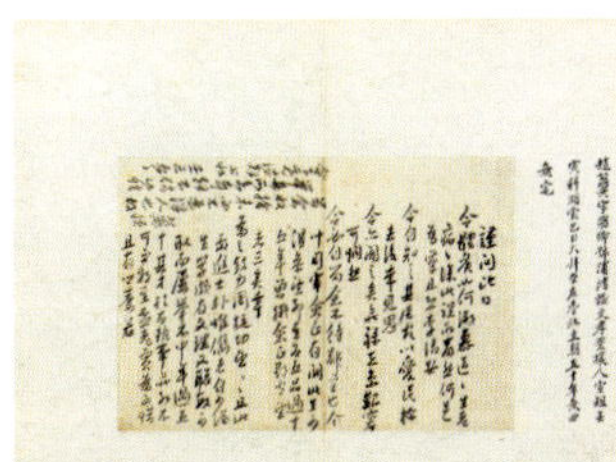

원문

謹問比日 令體候如何 溯慕區區
生老病之深 此理所當然 何足爲嘆且恐

李 淸安 令自知之 其居官以愛民 稱去後常見思 令亦聞之矣
無祿在京 艱窘可憫 想令必自留念 不待鄙言也
今聞司宰僉正有闕 此生可得參望耶
其爲五品 過十五年 曾擬僉正郡守 望者三矣
幸爲之致力周旋 切望 切望

且此處進士朴惟儁者 自少從生學 頗有文理
又聰敏可取 而屢擧不中 年過五十
其才於百執事 無所不可 而將至虛老 實爲可惜
且有鄕薦 若留念收拾 未必不爲得人也 故擧其所知耳

餘不備 伏惟令下亮 謹拜上狀
 壬 三 五日 翼 頓

요즈음 영감의 건강이 어떠신지 삼가 문안을 드립니다. 궁금하고 그립습니다.
저는 늙고 병은 깊습니다. 이는 당연한 이치[1]일 뿐인데 어찌 속절없이 한탄하고 두려워하겠습니까.

이 청안(李 淸安)[2]은 영감께서도 아시는 사람입니다. 그가 관직에 있을 때는 백성을 사랑하여 '거후상견사(去後常見思)'[3]로 일컬어졌다는 것은 영감께서도 들으셨을 겁니다.
서울에서 복록을 받지 못하여 가난하고 군색하여 안타깝습니다. 영감께서 필경 유념하고 계실 것이기 때문에 제가 굳이 말씀드리지 않아도 되리라 생각합니다.
지금 듣자니, 사재첨정(司宰僉正) 자리가 하나 비었다고 하는데 이 사람이 참망(參望)[4]에 들 수 있습니까. 그는 5품의 관직으로 15년을 넘겼습니다. 일찍이 첨정군수(僉正郡守) 자리에 세 번이나 물망에 올랐던 적도 있습니다.
힘써 주선하여 주시길 간절히 바라고 바랍니다.

---

1 원문의 '이소당연(理所當然)'은 마땅한 도리라는 뜻으로 쓰이는 말이다. 한유(韓愈)가 당 헌종(唐憲宗)의 덕을 칭송하며 쓴 「원화성덕시(元和聖德詩)」의 "태어나면서부터 법도를 알아서, 행동하는 것마다 당연한 도리를 얻었다(生知法式 動得理所)"라는 구절에서 따온 것이다.

2 이 청안(李 淸安)은 청안현감(淸安縣監)을 지낸 이씨(李氏) 성을 가진 사람을 지칭한다. 미상이다.

3 거후상견사(去後常見思)는 '떠난 뒤의 사모함'이라는 뜻으로 지방관의 선정에 감화된 백성들이 지방관이 떠난 뒤에까지 잊지 않고 늘 사모하는 것을 말한다. 한(漢)나라 때 하무(何武)가 일찍이 양주자사(揚州刺史) 등을 역임하면서 선정을 많이 베풀어 "그가 있는 곳에 혁혁한 명성은 없었지만, 그가 떠나간 뒤에는 항상 백성들의 사모함을 받았다(其所居亦無赫赫名 去後常見思)"는 기록에서 나온 말이다. 『한서』「하무전(何武傳)」에 나온다.

4 참망(參望)은 관원을 임명하려고 할 때 전형(銓衡)을 맡은 이조나 병조에서 적당한 후보자 세 사람을 추천하는데 이것을 삼망(三望)이라 하며, 이 삼망에 참여된 것을 곧 참망이라고 한다.

그리고 여기 진사 박유준(朴惟儁)[5]이라는 사람은 어릴 적부터 저를 따라다니며 공부하여 자못 문리가 트였습니다.
총민(聰敏)[6]으로 쓸 만한데, 여러 번 과거를 보아도 합격하지 못하고 나이 쉰 살을 넘기고 말았습니다. 그 재능은 백집사(百執事)[7]로 안 될 것도 없지만[8] 장차 헛되이 늙어가게 생겼으니, 참으로 애석합니다.
우선은 향천(鄕薦)[9]의 법이 있으니 유념하여 거두어주시면 반드시 한 사람 얻을 수 있을 것입니다. 제가 잘 알기 때문에 그를 천거하는 것입니다.

이만 줄입니다.
대감께서 살펴주시리라 생각하며 삼가 글을 올립니다.
임(壬)년 3월 5일 익 올림

제발

趙公 翼 字 飛卿 號 浦渚 諡 文孝 豐壤人
宣祖 壬寅 科 湖堂 己丑 大拜至左 耆社 入朝五十年 無田無宅

조공(趙公) 익(翼)의 자는 비경(飛卿), 호는 포저(浦渚), 시호는 문효(文孝)이다. 본관은 풍양(豐壤)이다. 선조 임인(1602)년 과거에 급제하여 호당(湖堂)에 들어갔다. 기축(1649)년 좌의정에 오르고 기로소에 들어갔다. 50년 동안 조정에 있었지만, 밭도 집도 없이 살았다.

5 박유준(朴惟儁)은 미상이다. 다만 편지 내용을 통해 추정 가능한 인물로 박유준(朴惟儁, 1596~?, 자는 자수(子秀), 본관은 상주)은 인조(仁祖) 8년(1630) 식년시(式年試) 생원3등 28위(58/100) 기록이 있다.(『경오식년사마방목(庚午式年司馬榜目)』)

6 총민(聰敏)은 총명하고 민첩하다는 뜻이다. 조선시대 사역원, 관상감 등 기술관청 소속의 관원을 칭하는 말로 쓰이기도 한다. 여기서는 두 의미를 다 포함하고 있는 것으로 보았다.

7 백집사(百執事)는 온갖 벼슬아치라는 말이다. 『서경』「반경(盤庚)」에 "백집사의 사람은 거의 다 헤아릴지어다(百執事之人尙皆隱哉)."라는 말에서 나왔다.

8 원문의 '무소불가(無所不可)'는 관용적인 표현이다.

9 향천(鄕薦)은 지방에서 인재를 천거하는 법을 일컫는 말이다.

필자

조익 趙翼

1579년(선조 12) ~ 1655년(효종 6)

조선시대 우의정, 좌의정, 중추부영사 등을 역임한 문신이다. 본관은 풍양(豐壤). 자는 비경(飛卿), 호는 포저(浦渚)·존재(存齋). 할아버지는 현령 조간(趙侃)이고, 아버지는 중추부첨지사 조영중(趙瑩中)이다. 어머니는 찬성 윤근수(尹根壽)의 딸이다.

생애와 활동

1602년(선조 35) 별시문과에 병과로 급제하여 승문원정자에 임명되었다.

1611년(광해군 3) 김굉필(金宏弼)·조광조(趙光祖)·이언적(李彦迪)·정여창(鄭汝昌) 등을 문묘에 배향할 것을 주장하다가 고산도찰방으로 좌천되었다. 웅천현감을 역임하고 폐모론에 반대하여 사직하고 광주(廣州)로 은거했다가 충청도 신창으로 옮겼다.

1623년 인조반정으로 이조좌랑, 의정부 검상·사인(舍人)에 임명되고, 이어 응교·직제학 등을 거쳐 동부승지에 올랐다. 이후 한성부우윤·개성부유수·대사간·이조참판·대사성·예조판서·대사헌·공조판서·한성부판윤 등을 역임하였다. 이원익(李元翼)을 도와 대동법(大同法) 시행에 적극 참여하였다. 1636년 병자호란 때 예조판서로서 책임을 다하지 못한 죄로 삭탈과 유배되었지만 패잔병들을 모아 남한산성으로 입성하려 노력한 사실이 참작되어 그해 12월에 석방되었다.

그리고 3년 뒤에는 원손보양관(元孫輔養官)에 이어 예조판서·이조판서·대사헌에 제수되었으나 아버지 봉양을 위해 모두 사양하다가 아버지 3년 상을 마친 후 1648년(인조 26) 좌참찬이 되었다. 1655년(효종 6) 3월 중추부영사(中樞府領事)로 죽기까지 우의정·좌의정과 중추부 판사·영사의 자리를 거듭 역임하였다. 김육(金堉)과 함께 대동법을 확장 시행하는 데 기여하였다.

광주(廣州)의 명고서원(明皐書院), 개성의 숭양서원(崧陽書院), 신창의 도산서원(道山書院) 등에 제향되었다. 저서로 『곤지록(困知錄)』·『중용주해(中庸註解)』·『대학주해(大學註解)』·『서경천설(書經淺說)』 및 『포저집(浦渚集)』이 전하고, 『역상개략(易象槪略)』은 이름만 전한다. 장유(張維)·최명길(崔鳴吉)·이시백(李時白)과 함께 '사우(四友)'라 불렸다. 시호는 문효(文孝)이다.

44

윤신지 尹新之가 보내는 간찰 簡札

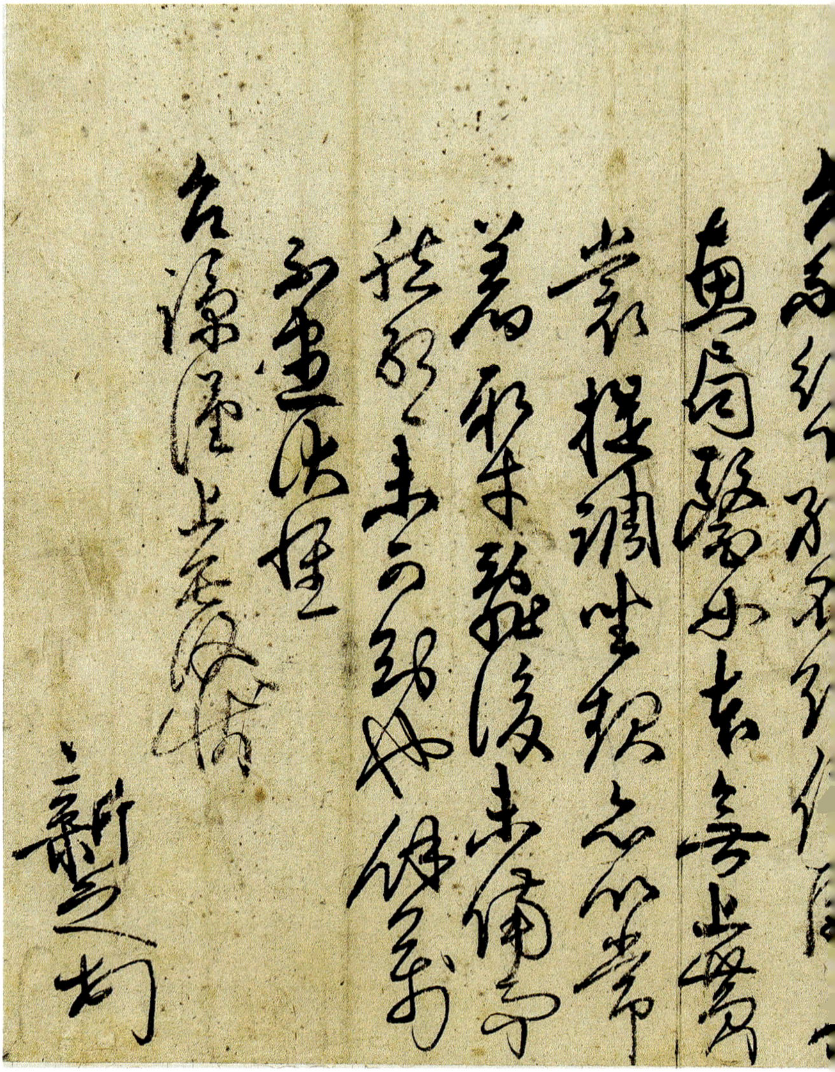

윤신지 尹新之가 보내는 간찰簡札
30.8 x 22.2 cm

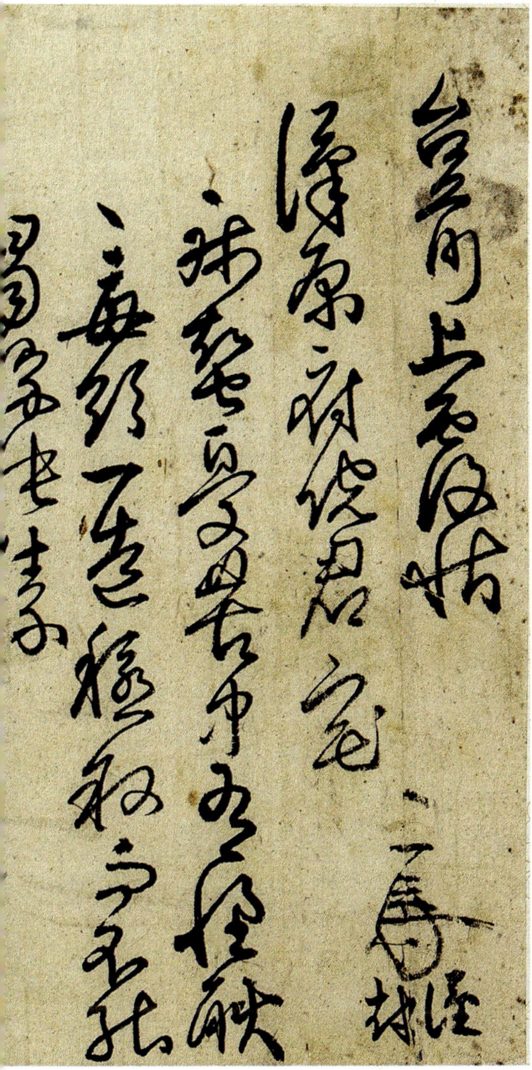

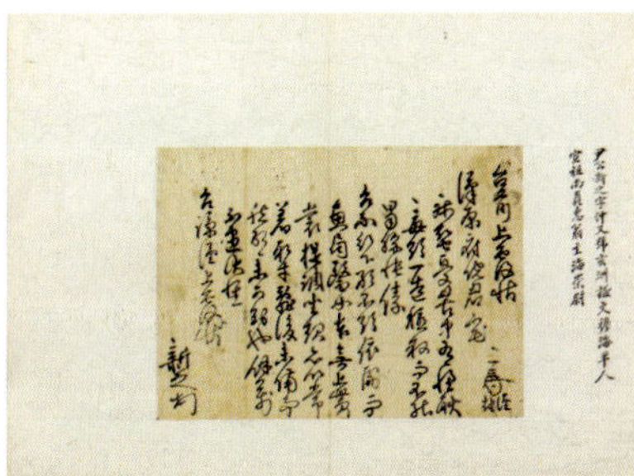

원문

台前 上覆狀

漢原府院君 宅　　　　　　手決 謹封

每欲一造穩叙 而不能 曷勝悵傃

台示行下 敢不欲依副 而惠局醫女 本無上質裳

提調坐起 亦以常着取才

亂後未備而然耶 未可知也

餘萬不盡

伏惟台諒 謹上覆狀

　新之 頓

대감께 올리는 답장
한원부원군[1] 댁 수결 근봉

병이 들어 근심과 고통으로 움츠린 채 지내자니 서러운 마음만 간절합니다. 한 번 가서 뵙고 싶은 마음은 한결같지만 그럴 수도 없으니 안타까움과 그리움을 견딜 수 없습니다.

대감께서 하교하신[2] 내용에 어찌 감히 부응하고 싶지 않겠습니까만, 원래 혜국(惠局 선혜청)의 의녀(醫女)에게도 질이 좋은 치마는 없습니다. 제조(提調)[3]가 좌기(坐起)[4]할 때에도 평상시 입는 옷을 그대로 입고서 취재(取才)[5]하고 있습니다.
난리 후에 마련해두지 않아서 그런지는 알 수 없습니다.

나머지 얘기는 다 쓰지 못합니다.
대감께서 해량해주시기 바라며, 삼가 답장을 올립니다.
신지 올림

1 한원부원군(漢原府院君): 장렬왈후(莊烈王后)의 아버지 조창원(趙昌遠 1583~1646)이다. 조창원의 본관은 양주(楊州), 자는 대형(大亨), 호는 오은(悟隱)이다. 인천부사 재직 시 딸이 인조의 계비(繼妃)로 간택되자 보국숭록대부(輔國崇祿大夫) 한원부원군(漢原府院君)에 봉해졌으며, 영돈녕부사에 배수되었다.

2 원문의 '행하(行下)'는 원래 일정한 급료나 품삯 외에 더 주는 금품, 또는 기생이나 광대에게 주는 보수를 의미하는 말이다. 새로 관직에 임명된 사람이 인사(人事)나 부임과 관계있는 곳에 주는 음식을 뜻하는 말로 쓰이기도 한다. 여기서는 윗사람의 분부나 명령을 뜻한다.

3 제조(提調)는 각 사(司) 또는 각 청(廳)에서 우두머리가 아닌 사람이 그 관아의 일을 다스리게 하던 벼슬로서, 정1품(正一品)이 되는 경우에는 도제조(都提調), 정3품(正三品)의 당상(堂上)이 되는 경우는 부제조(副提調)라고 한다.

4 좌기(坐起)는 관청에 출근하여 집무하는 것을 뜻하는 말이다.

5 취재(取才)는 조선시대 하급 관리를 채용하는 일로 소정의 특수한 직임(職任)에 대한 적임자나 음자제(蔭子弟)를 선발 등용하기 위해 행해진 제도를 일컫는다.

제발

尹公 新之 字 仲又 號 玄洲 諡文穆 海平人
宣祖 尙貞惠翁主 海嵩尉

윤공(尹公) 신지(新之)의 자는 중우(仲又), 호는 현주(玄洲), 시호는 문목(文穆)이다.
본관은 해평(海平)이다.
선조조에 정혜옹주(貞惠翁主)와 결혼하여 해숭위(海嵩尉)에 봉하여졌다.

필자

윤신지 尹新之

1582년(선조 15)~1657년(효종 8)

조선 제14대 왕 선조의 부마이다. 본관은 해평(海平). 자는 중우(仲又), 호는 연초재(燕超齋). 할아버지는 영의정 윤두수(尹斗壽)이며, 아버지는 영의정을 지낸 윤방(尹昉)이다. 어머니는 판관(判官) 한의(韓漪)의 딸이다. 선조와 인빈김씨(仁嬪金氏)와의 소생인 정혜옹주(貞惠翁主)와 결혼하여 해숭위(海嵩尉)에 봉하여졌다.

생애와 활동

사람됨이 총명하여 선조가 때때로 시를 지어 바치게 하며 총애하였다.

인조 때에는 군덕(君德)을 적극적으로 주장하는데 서슴지 않았으며 인조는 이것을 잘 받아들였다. 또한 능묘(陵廟)의 대사가 있을 때마다 윤신지에게 감독하게 하여 마침내 정1품에 올라 위(位)가 재상과 같았다.

1636년(인조 14) 병자호란 때에는 왕명을 받아 노병재신(老病宰臣)들과 함께 강화에 갔다. 그때 종묘와 사직의 신주를 지키고 있던 아버지 윤방(尹昉)이 윤신지를 소모대장(召募大將)으로 죽진(竹津)에 있게 하였다. 그때 갑진(甲津)이 적군에게 점령되고 부성(府城)에 적이 육박해 오자 군사를 지휘하여 성을 나와 죽기를 결심하고 홀로 말을 달려 질주하다가 적병을 만나자 몸을 절벽에 던져 자살하려 하였으나 구조되었다.

널리 사람을 사귀었으나 이름을 나타내기를 꺼렸으며 오로지 내수(內修)에 노력하였다. 현호(玄湖)에 복거(卜居)하면서 스스로 '현주산인(玄洲散人)'이라고 불렀다. 시 · 서(書) · 화(畫)에 능하였다. 저서로는 『현주집(玄洲集)』 · 『파수잡기(破睡雜記)』가 있다. 시호는 문목(文穆)이다.

45

최명길崔鳴吉이 보내는 간찰簡札

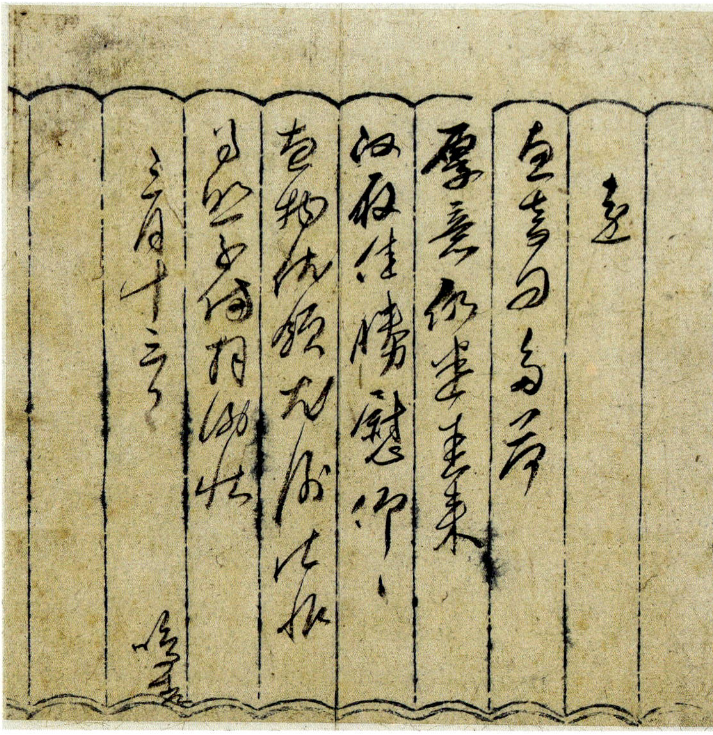

최명길崔鳴吉이 보내는 간찰簡札

21.9x21.4cm

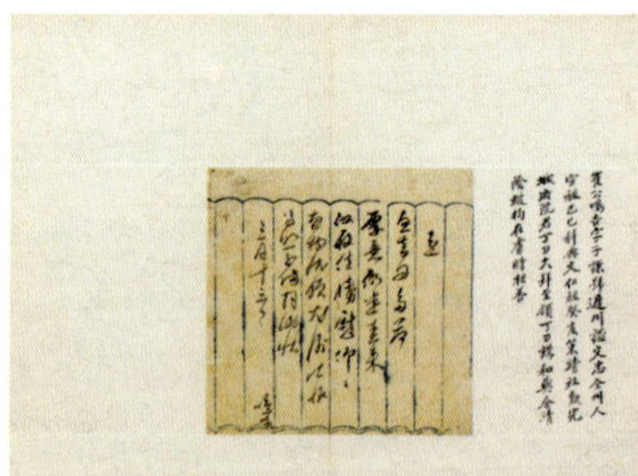

원문

遠惠奇問 多荷厚意
仍悉春來 政履佳勝 慰仰 慰仰
惠物依領尤謝

伏惟尊照 不備拜謝狀
三月 十三日 鳴吉

멀리서 보내주신 문안편지를 받고 도타운 마음에 무척 고마웠습니다.
그리고 이 봄날에 정무를 돌보시며 아름답게 지내신다는 것을 잘 알게 되어 우러러 위안이 되었습니다.
은혜롭게 베풀어주신 물건은 제대로 잘 받았습니다. 더더욱 감사합니다.

그대께서 살펴주시기 바라며,
예를 제대로 갖추지 못한 채 답장을 올립니다.
3월 13일 명길

제발

崔公 鳴吉 字 子謙 號 遲川 謚 文忠 全州人

宣祖己巳 科 典文 仁祖 癸亥 策靖社勳 完城府院君

丁丑 大拜 至領 丁丑 講和

與金淸陰 被拘在虜時相善

최공(崔公) 명길(鳴吉)의 자는 자겸(子謙), 호는 지천(遲川), 시호는 문충(文忠)이다.

본관은 전주(全州)이다.

선조 기사년(己巳年)[1]에 급제하여 전문(典文 대제학)을 지냈다. 인조 계해(1623)년 정사훈(靖社勳)으로 책록되고 완성부원군(完城府院君)에 봉해졌다.

정축(1637)년 영의정에 오르고 정축년에 강화(講和)하였다.

김청음(金淸陰 청음 김상헌)과 함께 오랑캐의 나라에 붙잡혀 가서 서로 정을 나누었다.

1 기사년(己巳年)은 을사년(乙巳年 1605)의 오기이다. 최명길은 1605년(선조 38) 생원시에서 장원하고, 그 해 증광문과에 병과로 급제하였다.

필자

최명길 崔鳴吉

1586년(선조 19) ~ 1647년(인조 25)

조선시대 이조판서, 우의정, 영의정 등을 역임한 문신이다. 본관은 전주(全州). 자는 자겸(子謙), 호는 지천(遲川)·창랑(滄浪). 최업(崔業)의 증손으로, 할아버지는 최수준(崔秀俊)이고, 아버지는 영흥부사 최기남(崔起南)이다. 어머니는 참판 유영립(柳永立)의 딸이다.

생애와 활동

1605년(선조 38) 생원시에서 장원하고, 그 해 증광문과에 병과로 급제하여 승문원을 거쳐 성균관전적이 되었다. 1614년(광해군 6) 병조좌랑이 되었으나 관직을 삭탈 당하였다.

1623년 인조반정에 가담하여 정사공신(靖社功臣) 1등이 되어 완성부원군(完城府院君)에 봉해졌다. 이어 이조참판으로 비변사 유사당상을 겸한 뒤 홍문관부제학·사헌부대사헌 등을 거쳤다. 1627년(인조 5) 정묘호란 때 화의를 주장하여 후금군이 돌아간 뒤에도 많은 지탄을 받았다. 그 후 우참찬·부제학·예조판서·이조판서 겸 대제학·호조판서를 역임하였다.

1636년(인조 14) 병자호란 때 척화론 일색인 조정에서 홀로 강화론을 펴 극렬한 비난을 받았다. 다음해 정월 인조가 청 태종에게 항복할 때 김상헌(金尙憲)이 조선 측의 강화문서를 찢고 통곡하니, 이를 주워 모으며 "조정에 이 문서를 찢어버리는 사람이 반드시 있어야 하고, 또한 나 같은 자도 없어서는 안 된다."라고 말했다고 한다. 청군이 물러간 뒤 우의정·좌의정을 거쳐 영의정에 올랐으나 조선의 반청적(反淸的)인 움직임이 청에 알려져 청에 불려가 김상헌 등과 함께 고초를 겪고 1645년(인조 23)에 귀국하여 인조를 보필하였다.

성리학과 문장에 뛰어나 일가를 이루었으며, 글씨로는 동기창체(董其昌體)로 이름이 있었다. 양명학(陽明學)을 독수(獨修) 하였다고 하며 교우 장유나, 계자(系子) 후량(後亮) 및 손자 석정(錫鼎) 등도 양명학을 공부하여 강화학파의 기틀을 이루었다. 저서로 『지천집』 19권과 『지천주차(遲川奏箚)』 2책 등이 있다. 시호는 문충(文忠)이다.

46

조위한趙緯韓이 보내는 간찰簡札

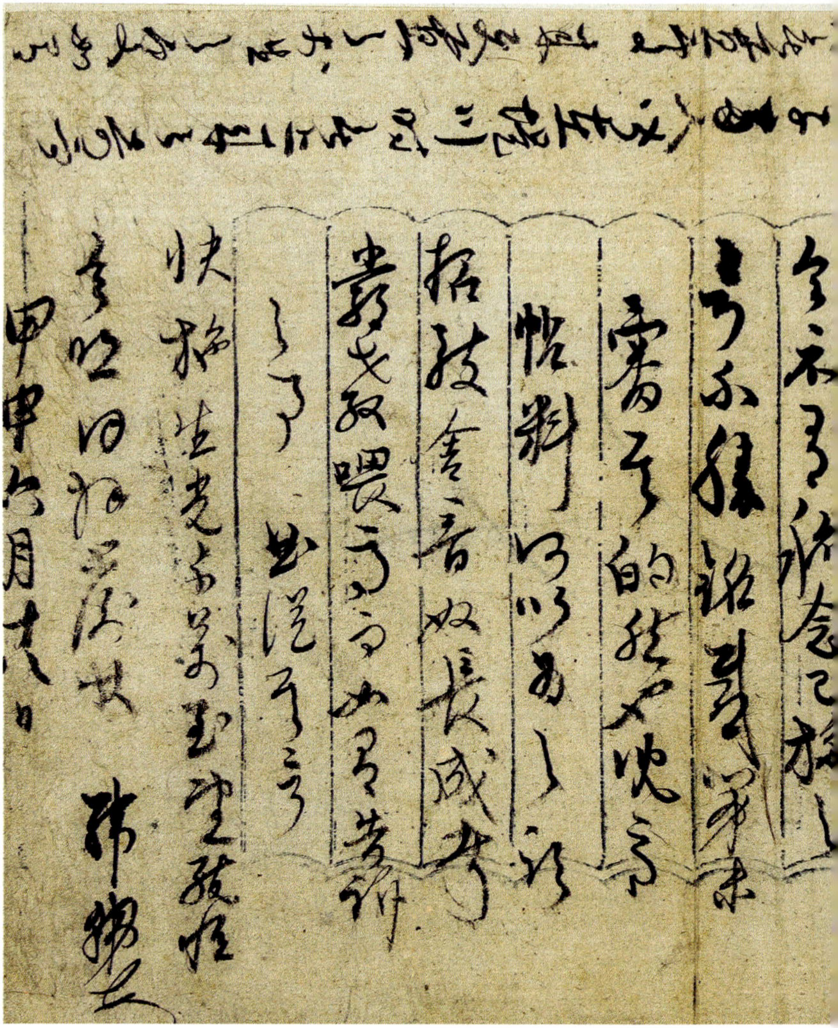

조위한趙緯韓이 보내는 간찰簡札
34.9x24.0cm

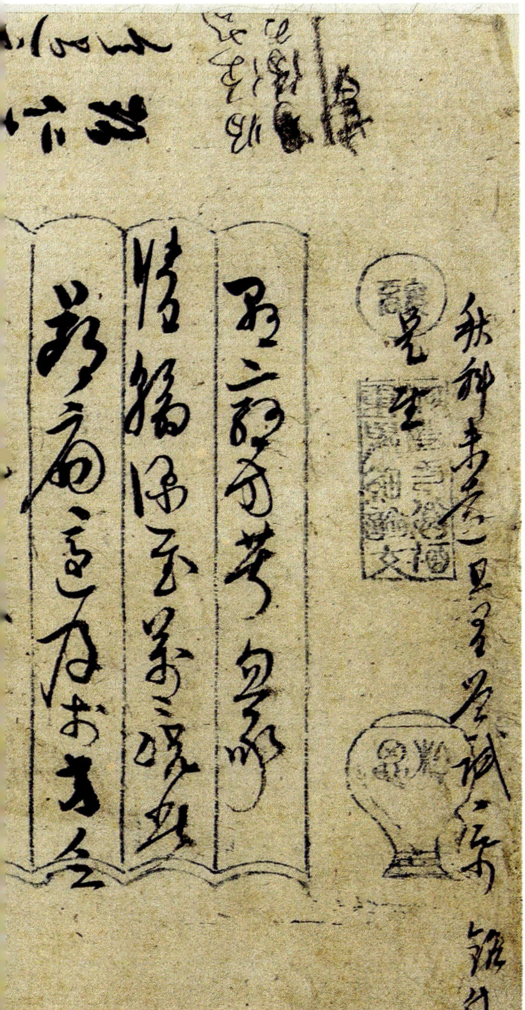

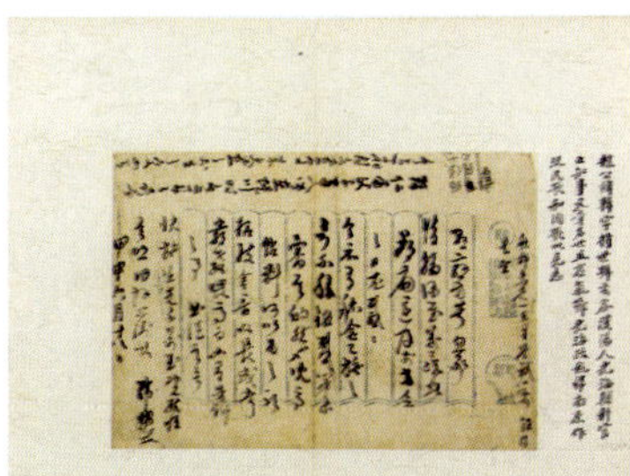

원문

懸戀方苦 忽承情翰 深慰萬萬

況此節扇 適及於方令之日 尤感尤感

令示有稱念 已施之言 不勝銘感

第未審其的然也

兒馬帖料 何以爲之

須招致舍音奴 長成者 嚴敎喂馬

而如有告訴之事 曲從其言 快施生光 千萬至望

統惟令照

謹拜上謝狀

甲申 六月 十八日　緯韓 頓

趙仁甫 父子 兩人 皆在堤川 時無上來之奇

而令送扇封 無置處來 使置之於生之處 如有歸便 當傳爲計

秋科未遠 且有監試 試帋銘付是望

그리움이 사무치던 중에 홀연히 정겨운 편지를 받게 되니 위로가 끝이 없습니다.
게다가 부채를 제 철에 맞춰 이렇게 보내주시니 더욱더 고맙고 고맙습니다.

영감께서 칭념(稱念)[1]한 일을 이미 시행하였다고 하신 말씀을 듣고 나니 너무나 감사하였습니다. 다만 그 정확한 내용은 살피지 못하였습니다.

아마첩(兒馬帖)[2]은 어떻게 되고 있는지요?
반드시 마름종(舍音奴)[3]을 불러 장성한 이로 하여금 말을 먹여 기르도록 엄하게 말씀하십시오. 그리고 하소연하는 일이 있다면, 그 얘기를 굽어 살피시고 빛이 나도록 흔쾌히 베풀어 주시길 지극한 마음으로 바랍니다.
오직 영감께서 헤아려 주시기만 바랄 뿐입니다.

삼가 답장을 올립니다.
1644년 6월 18일 위한 올림

---

1 칭념(稱念)은 주로 관원이 외방에 나아갈 적에 고관들이 개인적으로 은근히 부탁하는 것을 말한다. 『성종실록(成宗實錄)』에 "수령이 부임할 적에 그 지방 출신의 공경대부들이 그를 알든 모르든 간에 모두 술과 고기를 가지고 와서 전별하며 자기 노비들을 잘 봐 달라고 청하는 것이 상하 간에 풍속을 이루었는데, 이를 일러 칭념이라고 하였다(凡守令之赴任也 公卿大夫 知與不知 皆持酒肉而餞之 請其奴婢完護 上下成俗 名之曰稱念)"라는 말이 나온다. 그러나 여기서는 일련의 청탁으로 보아도 될 듯하다.

2 아마첩(兒馬帖)은 '길들이지 않은 말 급여 증명서'를 말한다. 뒤이어 나오는 '료(料)'는 증서(證書)의 의미이다.

3 마름종(舍音奴)은 지주(地主)의 위임을 받아 소작지를 관리하던 사내종으로 농작(農作)에 있어서 중요한 역할을 하였다. 일명 사음노(舍音奴), 또는 마래미종이라고도 한다.

조인보(趙仁甫)[4] 부자는 두 사람이 모두 제천에 있으며, 지금까지 올라온다는 기별이 없습니다. 영감께서 선봉(扇封 부채 묶음)을 보내셔도 갖다 놓을 곳도 없습니다.
이를 제가 사는 곳에 두게 하신다면, 돌아가는 편에 전달하도록 하겠습니다.

추과(秋科)[5]가 멀지 않았고, 또 감시(監試)[6]도 있습니다. 시지(試紙)[7]는 잊지 말고 보내주시기 바랍니다.

제발

趙公 緯韓 字 持世 號 玄谷 漢陽人
光海朝 科 官止知事 文章名世 且有氣節
光海政亂 歸南原 作流民歌 和陶歌以見志

조공(趙公) 위한(緯韓)의 자는 지세(持世), 호는 현곡(玄谷)이다. 본관은 한양(漢陽)이다. 광해군조에 과거에 급제하여 지중추부사(知中樞府事)를 지냈다. 문장으로 이름을 날렸으며, 또한 기개와 절개를 지녔다.
광해군의 정사가 어지럽던 때에는 남원으로 돌아가 도연명의 시에 화답하는 유민가(流民歌)를 지어 도연명의 노래에[8] 화답하며 그 뜻을 나타내었다.

4 조인보(趙仁甫)은 조정호(趙廷虎 1572~1647)이다. 인보(仁甫)는 그의 자(字)이다. 1612년(광해군 4) 문과에 급제하여 병조참의, 강원도관찰사 등을 지냈고, 1642년 관직을 버리고 제천으로 돌아가 초야에 은거하였다. 이후 예조 · 공조 · 이조의 판서와 첨중추부사, 대사간 등에 제수되었으나 사양하고 나가지 않았다. 이 편지는 그가 제천에 은거할 때 보낸 편지이다.

5 추과(秋科)는 가을에 보는 과거(科擧)로 보통 초시(初試)이다.

6 감시(監試)는 생원과 진사를 뽑는 과거로 사마시(司馬試), 또는 소과(小科)라고도 한다.

7 시지(試紙)는 과거(科擧)에 답안지로 쓰던 종이를 말한다. 과거 응시자들은 과거보기 하루 전날 시지를 예조에 바치고 예조에서는 이를 계문하고 어보를 찍어 과거 날에 돌려주었다.

8 조위한은 1618년 가족을 이끌고 남원으로 돌아갔다. 박세채(朴世采)가 지은 행장(行狀)에 "무오년에 가족을 데리고 남원으로 돌아갔다. 그곳에서 생을 보내려고 한 것이다. 도연명의 귀거래사를 운으로 시를 지어 그의 뜻을 나타내었다(戊午捲家還南原 有終焉之計 復次淵明歸去來辭以見志)"라고 하였다.

필자

조위한 趙緯韓

1567년(명종 22) ~ 1649년(인조 27)

조선시대 직제학, 공조참판, 지중추부사 등을 역임한 문신이다. 본관은 한양(漢陽). 자는 지세(持世), 호는 현곡(玄谷). 참판 조방언(趙邦彦)의 증손으로 할아버지는 현령 조옥(趙玉)이고, 아버지는 증판서 조양정(趙揚庭)이며, 어머니는 한응성(韓應星)의 딸이다. 조유한(趙維韓)의 아우이며 조찬한(趙纘韓)의 형이다.

생애와 활동

1592년(선조 25) 임진왜란 때 김덕령(金德齡)을 따라 종군하였다. 1601년(선조 34) 사마시를 거쳐 1609년(광해군 1) 증광 문과에 갑과로 급제하여 주부(主簿)·감찰 등을 지냈다.

1613년(광해군 5) 국구(國舅) 김제남(金悌男)의 무옥(誣獄)에 연좌되어 여러 조신들과 함께 구금되었다. 1623년 인조반정으로 재등용되어 사성에 제수되었다가 상의원정을 거쳐 장령·집의에 제수되고 호당(湖堂)에 뽑혔다. 그 뒤 양양군수가 되었다가 1624년(인조 2) 이괄(李适)이 난을 일으키자 토벌에 참여하여 서울을 지켰다. 정묘·병자호란 때에도 출전하고 난이 끝난 뒤에 군사를 거두고 돌아왔다.

그 뒤 벼슬길에서 물러나 있다가 다시 등용된 이후에 여러 차례 연석(筵席)에 나가시는 권신들의 실상을 아뢰었다. 그 뒤 동부승지·직제학을 역임하고 공조참판에 이르렀다. 80세에 자헌대부에 오르고 지중추부사(知中樞府事)를 지냈다.

글과 글씨에 뛰어났으며 해학(諧謔)에도 능하였다.

47

한민정 韓敏政의 시詩

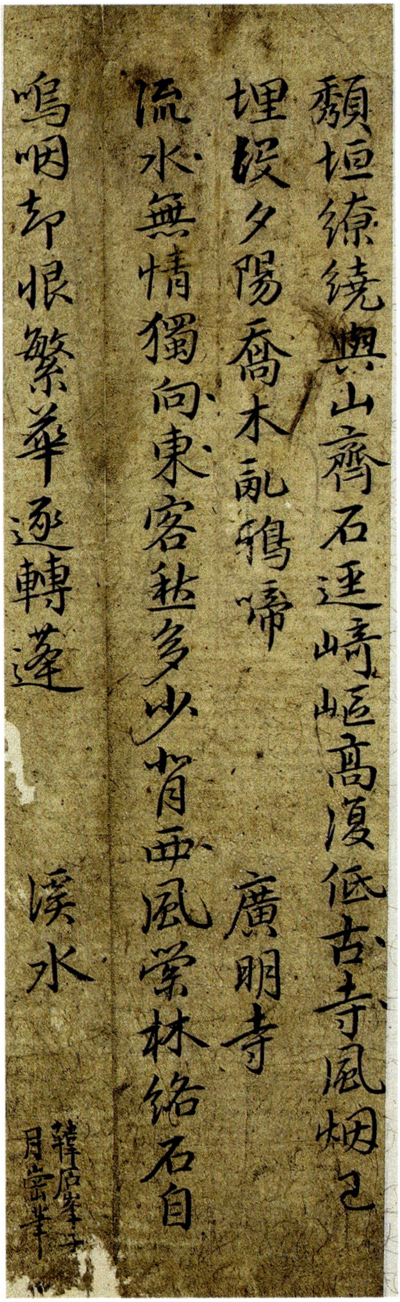

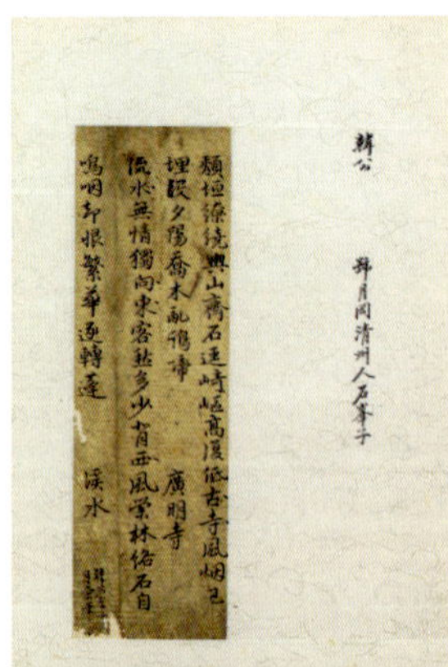

한민정韓敏政의 시詩
9.0x29.9cm

원문

*頹垣繚繞與山齊	무너진 담으로 둘러싸여 산과 가지런하고
石逕崎嶇高復低	험한 돌길은 높았다 낮았다하는구나.
古寺風烟已埋沒	옛 절은 바람과 안개에 이미 묻혀 버렸는데
夕陽喬木亂鴉啼	석양 걸린 높은 나무 위 까마귀 울음 어지럽네.
廣明寺	광명사[1]

流水無情獨向東	흐르는 물 무정하게 홀로 동쪽을 향하는데
客愁多少背西風	나그네 깊은 시름 서쪽바람 등지고 있네.
縈林絡石自鳴咽	숲을 돌고 돌에 얽혀 절로 울어예는구나.
却恨繁華逐轉蓬	번화하다 떠돌게 되어도 서러워하지 말지니.
溪水	시냇물

* 이 시고는 석봉 한호(石峯 韓濩)의 아들 작품으로 기록되어 있으나 확실하지 않다. 석봉의 아들은 당대 서예가로 활동한 한민정(韓敏政 1567~1637)이다. 한민정의 자는 여인(汝人), 호는 신촌(信村)로 아버지의 뒤를 이어 사자관으로 활동했으며 1616년 사과(司果) 재직 시 증광생원시에 응시하여 합격했다. 그의 글씨는 아버지 석봉의 서풍을 이어받아 구별할 수 없을 정도였다고 전해지고 있다.

1 광명사(廣明寺)는 태조가 옛 집을 내놓아 오늘날 황해북도 개성시 만월동에 창건했던 절이다.

제발

韓公 號 月岡 淸州人 石峯子

한공(韓公). 호는 월강(月岡)이다. 본관은 청주(淸州)로 석봉(石峯)의 아들이다.

필자

한민정 韓敏政 (미상)*

1567(명조22) ~ 1637(인조15년)

조선 중기 서예가이다. 자는 여인(汝人)이며 호는 신촌(信村)이고 본관은 삼화(三和)이다. 증조부인 한세관(韓世寬) 때 송도(松都)에서 집안을 이루었으며, 할아버지는 학생(學生) 한언공(韓彦恭)으로 호조 참판(戶曹參判)에 추증되었다.[1] 아버지는 석봉(石峯) 한호(韓濩)이고, 어머니는 통천최씨(通川崔氏)로 학생(學生) 최담(崔湛)의 딸이다.[2]

한민정은 석봉의 외아들로 부친의 음덕으로 인해 승문원(承文院)에 보직(補職)되어 사자관으로 활동했다. 1616년(광해군 8) 사과(司果) 재직시 증광생원시에 응시하여 합격했다. 1630년(인조8) 운산군수(雲山郡守)가 되었다.

글씨는 부친의 서풍을 이어받아 구별하기 어려울 정도였다고[3] 한다. 그의 필적으로 오세창이 편집한 『근묵(槿墨)』에 「정부마지대희우정광문동음(鄭駙馬池臺喜遇鄭廣文同飮)」이라는 시고(詩稿)의 글씨가 전하는데 석봉체의 특징을 이어받기는 했지만 획이 좀 살찌고 글자의 짜임이 견실하지 못하다.

또한 석봉과 한민정의 필적으로 일본 교토(京都)의 고서점에서 발견된 「한씨양세묵묘(韓氏兩世墨妙)」가 있다.[4]

* 시문의 하단에 "韓石峯子 月岡筆"에 따라 제발에 이름은 없고 '石峯子'로 표기하고 있다. 따라서 한석봉의 아들인 한민정에 대해 소개한다.

1 이정귀(李廷龜), 『월사집(月沙集)』 제47권, 「한석봉묘갈명병서(韓石峯墓碣銘并序)」

2 최석정(崔錫鼎), 『명곡집(明谷集)』 제24권, 「형조참판간이최공묘갈명(刑曹參判簡易崔公墓碣銘)」

3 이익(李瀷) 『성호사설(星湖僿說)』 제30권, 「詩文門-한석봉(韓石峰)」 "敏政世其學有父風人不能别云"

4 이 서첩에는 한석봉의 칠필인 「애주사소관(艾主事所管)」 문서와 함께 칠언율시 10편, 그리고 한민정의 친필 간찰과 상춘시고(賞春詩稿)가 실려 있다. 한민정의 간찰은 '父 석봉이 별세한지 3년만에 관찰사로부터 비석의 석재를 선사받고 사의를 표한 서한의 초고'(이원식, 「韓氏兩世墨妙-壬辰倭亂 艾主事 所管文書-」(『한글漢字문화』, 45권0호, 2003.4, pp.38-41.))일 것이라고 하였다.

48 이식李植의 시詩

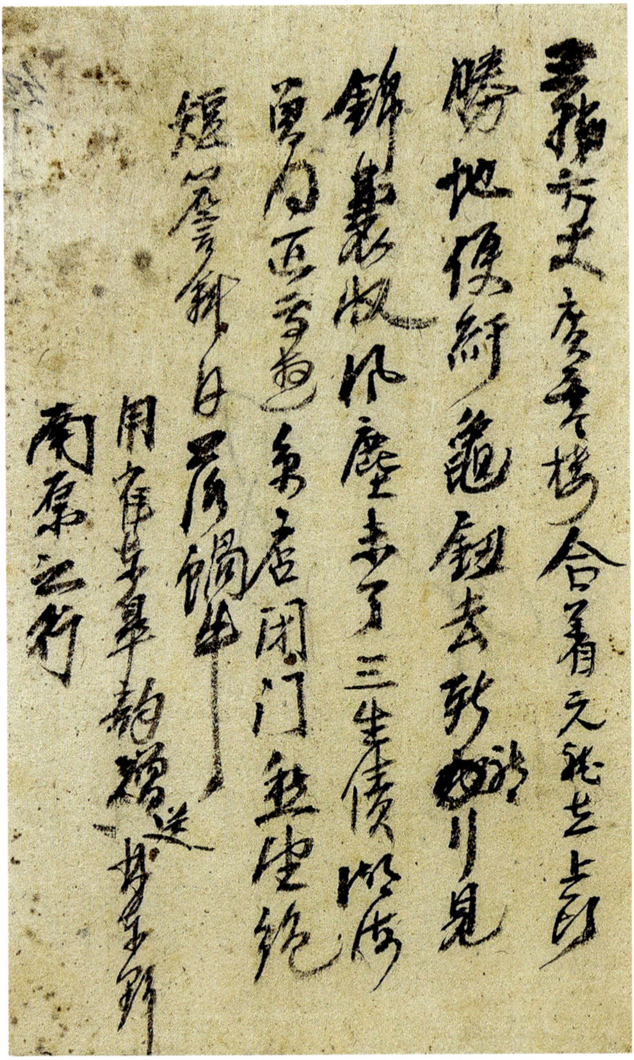

이식李植의 시詩
14.8x24.0cm

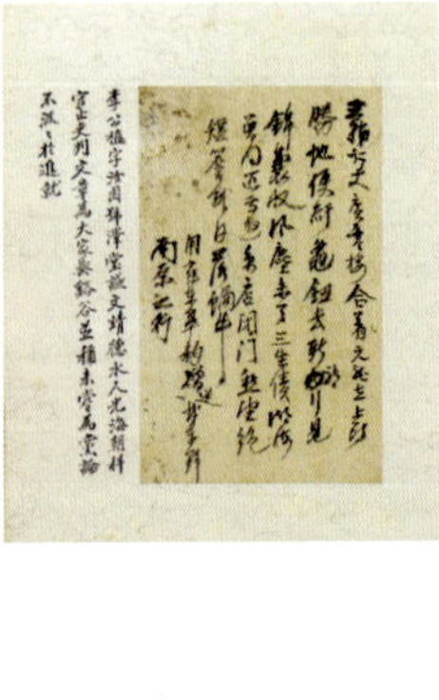

원문

*三韓方丈廣寒樓	삼한(三韓) 방장산(方丈山)[1]의 광한루(廣寒樓)
合着元龍最上頭	원룡(元龍)이 꼭대기에 눕기에도 알맞네.[2]
絶境便紆龜印去	귀인(龜印)[3]을 따라 절경이 둘렀고
新詩行見錦囊收	금낭(錦囊)[4] 속엔 새로운 시가 쌓이리라.
萍蓬忍作中年別	부평초 신세에 중년의 이별을 견디네.
湖海曾同匹馬遊	호남바다는 일찍이 함께 필마로 노닐었던 곳.
寒店病吟添寂寞	썰렁한 객점에서 병들어 읊으니 적막감만 더하고
短簷風日落蝸牛	바람과 볕이 야트막한 처마 아래 조그만 오두막[5]에 떨어지네.

用崔東皐韻 贈送 林東野 南原之行

최동고의 운(韻)을 사용하여 지은 시를 임동야가 남원으로 가는 길에 부치다.

* 이 시는 한호(閒好) 임련(林堜, 1589~1648)이 남원(南原)에 부임할 때 최동고(崔東皐)의 광한루(廣寒樓) 운을 써서 송별한 시이다. 동고는 최립(崔岦 1539~1612)의 호이다.

1 삼한(三韓) 방장산(方丈山)의 삼한은 우리나라를 지칭한다. 두보(杜甫)의 시에 "방장산(方丈山)은 삼한의 밖에 위치하고, 곤륜산은 만국의 서쪽에 솟아 있네(方丈三韓外 崑崙萬國西)"라는 구절이 있다.

2 호걸의 기상을 지닌 임연에게 광한루가 적격이라는 말이다. 원룡은 삼국 시대 진등(陳登)의 자(字)이다. 허사(許汜)가 진등에게 찾아와 집안일에 대해서 이야기하자, 진등이 아무 말도 하지 않은 채 자기는 위에 있는 큰 침상에 눕고 허사는 아래의 침상에 눕게 하였다. 허사가 원룡의 호기(豪氣)가 아직도 없어지지 않아서 푸대접을 받았다고 유비(劉備)에게 하소연을 하자, 유비가 "나 같았으면 자신은 백척루(百尺樓) 위에 눕고 당신은 땅바닥에 눕게 했을 것이다."고 말했던 고사가 전한다.

3 귀인(龜印)은 거북이 모양의 금으로 된 도장으로 즉 관인(官印)을 말한다.

4 금낭(錦囊)은 시 주머니라는 뜻이다. 당나라 시인 이하(李賀)가 종에게 오래 된 비단주머니(古錦囊)를 가지고 따르게 하면서 시상(詩想)이 떠오르는 대로 시를 지어 그 속에 집어넣었던 고사에서 유래되었다.

5 원문의 와우(蝸牛)는 달팽이 같은 조그만 원형 오두막을 뜻하는 말이다. 삼국 시대 위(魏)나라의 은사(隱士) 초선(焦先)이 달팽이집(蝸牛廬) 같은 조그만 원형 오두막을 짓고 살면서, 부녀자가 있는지 몰래 훔쳐보고는 그들이 지나갈 때까지 몸을 숨기고 기다렸다가 나가곤 했다는 고사가 전한다.

제발

李公 植 字 汝固 號 澤堂 謚 文靖 德水人
光海朝 科 官止吏判 文章爲大家 與谿谷竝稱
未嘗爲黨論 不汲扱於進就

이공(李公) 식(植)의 자는 여고(汝固), 호는 택당(澤堂)이다. 본관은 덕수(德水)이다.
광해군조에 과거에 급제하여 이조판서를 지냈다. 계곡(谿谷, 장유)과 더불어 문장의 대가(大家)로 알려졌다.
일찍이 당론으로 인해 벼슬길로 나아감에 구애받지 않았다.

필자

이식 李植

1584년(선조 17) ~ 1647년(인조 25)

조선시대 대사헌, 형조판서, 예조판서 등을 역임한 문신이다. 본관은 덕수(德水). 자는 여고(汝固), 호는 택당(澤堂)·남궁외사(南宮外史)·택구거사(澤癯居士). 좌의정 이행(李荇)의 현손(玄孫)이다. 아버지는 좌찬성에 증직된 이안성(李安性)이고 어머니는 무송 윤씨(茂松尹氏)로 공조참판 윤옥(尹玉)의 딸이다.

생애와 활동

1610년(광해군 2)별시문과에 급제했다. 1613년 세자에게 경사(經史)와 도의(道義)를 가르친 정7품 설서(設書)가 되었다. 1616년 북평사(北評事)를 거쳐 이듬해 선전관이 되었다. 1618년(광해군 10) 폐모론 때 정계에서 은퇴하여 경기도 지평(砥平)으로 낙향했다. 1621년 관직의 명을 계속 거부하여 왕명을 어긴 죄로 구속되기도 했다.

1623년 인조반정으로 이조좌랑에 등용된 후 부수찬·응교·사간·집의·조참의·동부승지·우참찬·대사간·대사성(大司成)·좌부승지 등을 지냈다. 1632년까지 대사간을 세 차례 지냈으며, 1633년(인조 11)에 부제학을 거쳐 1638년 대제학과 예조참판·이조참판을 역임하였다. 1642년에 김상헌(金尙憲)과 함께 심양(瀋陽)으로 잡혀갔다. 1643년(인조 21) 대사헌과 형조·이조·예조의 판서 등 조정의 주요직을 두루 역임했다. 1646년 별시관(別試官)으로 그가 출제한 문제에 역모의 뜻이 있다고 하여 관직이 삭탈되기도 했다. 1686년(숙종 12) 영의정에 추증됐다.

한시의 모든 갈래에 두루 능숙했고 많은 작품을 남겼다. 문집으로 『택당집』이 있고, 『초학자훈증집(初學字訓增輯)』·『두시비해(杜詩批解)』 등을 저술했다. 『여한십가문초(麗韓十家文鈔)』에는 「사간원차자(司諫院箚子)」 등의 6편의 글이 수록되어 있다. 김택영(金澤榮, 1850~1927)에 의해 여한구대가(麗韓九大家)의 한 사람으로 꼽힐 만큼 문장에서 높이 평가받았다. 또한 신흠(申欽)·이정구(李廷龜)·장유(張維)와 함께 한문사대가로 꼽혔으며, 그의 문하에서 많은 문인과 학자가 배출됐다. 여주의 기천서원(沂川書院)에 제향됐으며 시호는 문정(文靖)이다.

49 이경여李敬輿가 보내는 간찰簡札

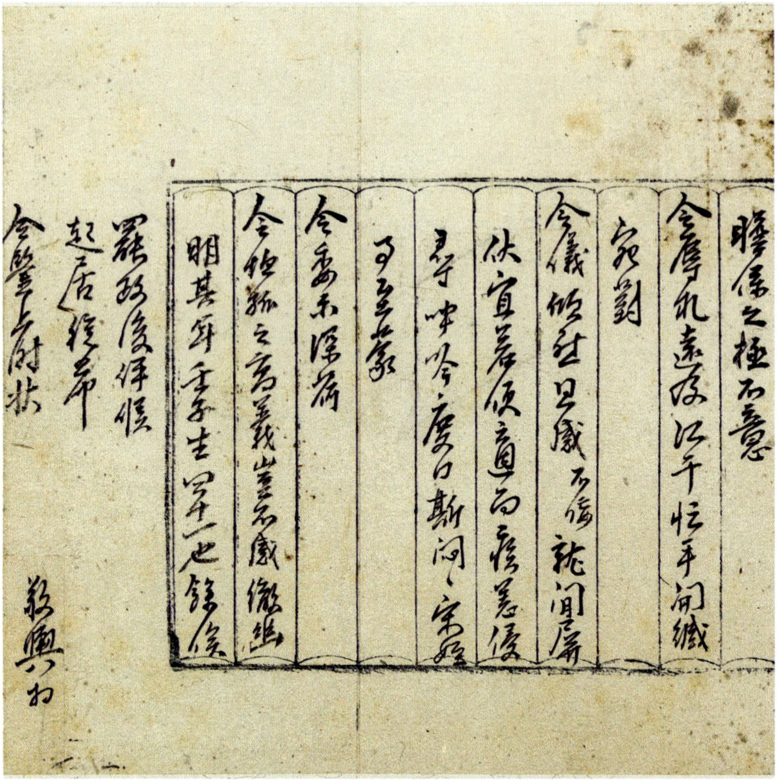

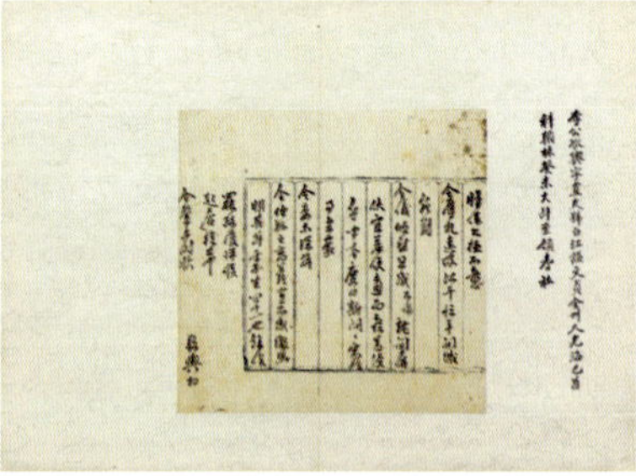

이경여李敬輿가 보내는 간찰簡札
26.0x25.0cm

원문

瞻係之極 不意令辱札 遠及江干
忙手開緘 宛對令儀 欣慰且感
不佞 就閒屛伏 宜若便適 而疾恙侵尋 呻吟度日 斯悶悶
宋姪事 至蒙令委爾 深荷令恤孤之高義 豈不感徹幽明
其年壬子生 四十一也
餘俟罷政後 伻候起居
統希令鑒 上謝狀
　敬輿 拜

그리운 마음이 지극한 차에 뜻밖에 영감의 편지가 멀리 이 강가에 이르렀습니다.
급한 마음으로 편지를 뜯어보니 영감의 훌륭한 모습[1]을 완연히 대하는 듯하여 기쁘고 위로가 되었으며 아울러 고마웠습니다.

저는 한가로이 세상을 벗어나 살고 있습니다.
의당 유유자적해야 함에도 불구하고 병이 찾아들어 신음하며 세월을 보내고 있으니 민망하기 그지없습니다.

1 원문의 '영의(令儀)'는 아름다운 자태, 또는 훌륭한 위의(威儀)라는 뜻이다. 『시경』「소아(小雅)」에 "오동나무와 가래나무에 탐스러운 열매 주렁주렁 매달리듯, 여기 모인 아름다운 군자들이여, 그 자태 훌륭하지 않음이 없도다(其桐其椅 其實離離 豈弟君子 莫不令儀)"라는 구절이 보인다.

조카 송(宋)가[2]의 일은 영감께서 지극히 보살펴주셨으니, 휼고(恤孤)[3]의 높은 뜻에 마음깊이 감사드립니다.
이승과 저승에서 어찌 모두 감동하지 않을 수 있겠습니까.
그는 임자년 생으로 마흔한 살입니다.

나머지는 정무가 마치길 기다려 심부름꾼을 시켜 문안하도록 하겠습니다.
영감께서 살펴주시길 바라며, 답장을 보냅니다.
경여 올림

제발

李公 敬輿 字 直夫號白江 諡文貞 全州人
光海 己酉 科 翰林 癸未 大拜至領 耆社

이공(李公) 경여(敬輿)의 자는 직부(直夫), 호는 백강(白江), 시호는 문정(文貞)이다. 본관은 전주(全州)이다.
광해(光海) 기유(1609)년 과거에 급제하여 한림(翰林)에 뽑혔으며, 계미(1643)년[4]에 영의정이 되고 기로소에 들어갔다.

2 이경여의 조카로 송지렴(宋之濂)이다. 이경여의 문집, 『백강집(白江集)』에는 「조카 송지렴을 전송하며(別宋姪之濂)」란 시가 있다.
3 휼고(恤孤)의 원래 뜻은 '고자(孤子)', 즉 아버지가 없는 사람을 구휼하는 일을 뜻한다. 여기서는 아버지의 상을 치르는 사람을 도운 일을 뜻하는 것으로 보인다.
4 이경여는 효종 1년 경인(1650)년 3월 11일에 영의정에 올랐다. 오류이다.

필자

이경여 李敬輿

1585년(선조 18) ~ 1657년(효종 8)

조선시대 전라도관찰사, 우의정, 영중추부사 등을 역임한 문신이다. 본관은 전주(全州). 자는 직부(直夫), 호는 백강(白江) · 봉암(鳳巖). 세종의 7대손으로 할아버지는 첨정(僉正) 이극강(李克綱)이다. 아버지는 목사 이수록(李綏祿)이며, 어머니는 송제신(宋濟臣)의 딸이다.

생애와 활동

1601년(선조 34) 사마시를 거쳐 1609년(광해군 1) 증광 문과에 을과로 급제해 1611년 검열이 되었으나 광해군의 실정이 심해지자 벼슬을 버리고 낙향하였다.

1623년 인조반정 직후 수찬(修撰)에 취임했고, 이듬해 이괄(李适)의 난이 일어나자 왕을 공주에 호종하였다. 이어 체찰사 이원익(李元翼)의 종사관이 되었으며, 1630년(인조 8) 부제학(副提學) · 청주목사 · 좌승지 · 전라도관찰사를 역임하였다. 1636년 병자호란이 일어나자 왕을 모시고 남한산성에 피란하였다. 이듬해 경상도관찰사가 되고 그 뒤 이조참판으로 대사성을 겸임해 선비 양성의 방책을 올렸고, 이어 형조판서에 승진하였다.

1642년(인조 20) 청의 연호를 사용하지 않음을 이계(李烓)가 청에 밀고하여 심양(瀋陽)에 억류되었다. 이듬해 세자와 함께 귀국해 대사헌을 거쳐 우의정이 되었다. 1644년 사은사로 청에 갔다가 다시 억류되었는데, 그동안 본국에서는 영중추부사라는 벼슬을 내렸다.

1646년(인조 24) 민회빈 강씨(愍懷嬪姜氏)의 사사(賜死)를 반대하다가 진도에 유배되고 다시 1648년 삼수에 위리안치 되었다. 이듬해 효종이 즉위하자 풀려 나와 1650년(효종 1)에 다시 영중추부사가 되었다. 이어 영의정으로 다시 사은사가 되어 청에 다녀온 뒤 청의 압력으로 영중추부사로 옮겼다.

시문에 능하고 글씨에도 뛰어났다. 부여의 부산서원(浮山書院), 진도의 봉암사(鳳巖祠)와 홍덕(興德)의 동산서원(東山書院)에 제향되었다. 저서로는 『백강집(白江集)』이 있다. 시호는 문정(文貞)이다.

50

오준吳竣이 보내는 간찰簡札

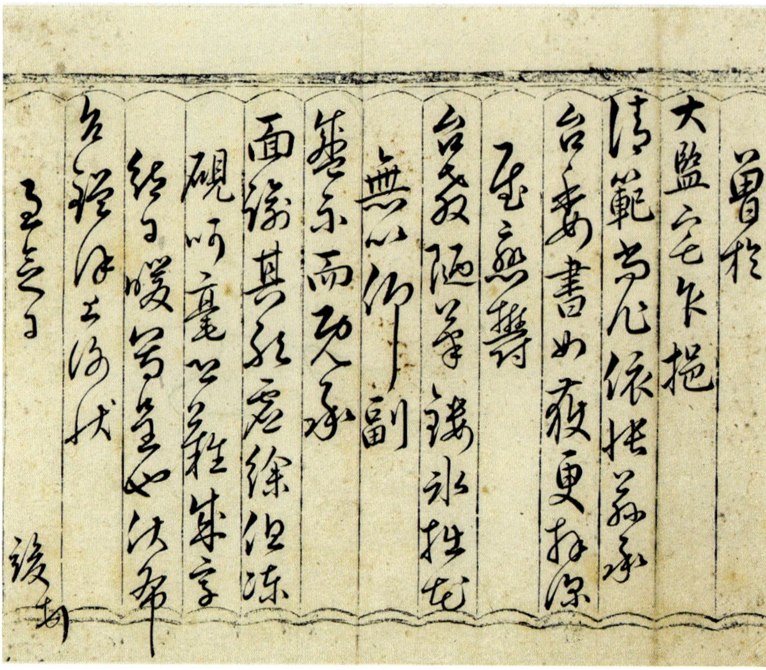

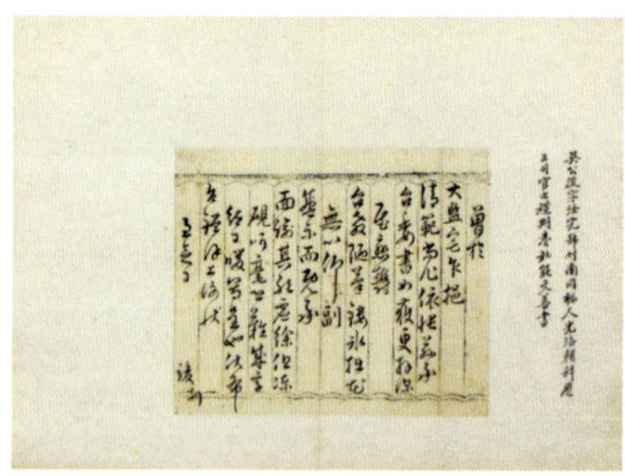

오준 吳竣이 보내는 간찰簡札
27.8x23.0cm

원문

曾於大監宅 乍挹淸範 尙作依悵
玆承台委書 如獲更拜 深慰戀鬱

台敎 陋筆鏤氷拙花 無以仰副盛示 而旣承面諭 其敢虛徐
但凍硯呵毫 恐難成字 待日暖寫呈也
伏希台監

謹上謝狀
至念日 竣 頓

지난번 대감댁에서 잠시 얼굴을 뵙고[1] 인사를 여쭌 일은 여태 아쉬운 일로 남았습니다.
이에 대감께서 보내신 편지를 받고나니 다시 뵙는 것처럼 그립고 울적한 마음에 큰 위로가 되었습니다.

대감께서 부탁하신 일은 비루한 붓으로 얼음에 조잡한 그림을 새기는[2] 일이어서, 우러러 그 뜻에 부응하지 못하였습니다.
그러나 이미 만나서 말씀을 들었으니, 어찌 감히 머뭇거리겠습니까.
다만 얼어붙은 벼루와 입김으로 호호불어 녹인 붓으로는 제대로 된 글자를 쓸 수 없습니다.

1 원문의 '청범(淸範)'은 상대의 용모와 행동을 높여서 일컫는 말이다.
2 원문의 누빙(鏤氷)은 얼음에 조각을 새긴다는 뜻으로 무익(無益)한 노력(努力)을 비유하는 말이다. 한나라 '환관(桓寬)'의 『염철론(鹽鐵論)』에 "안으로 바탕이 없이 겉으로 문만 배운다면, 아무리 어진 스승이나 훌륭한 벗이 있더라도 마치 기름 위에 그림을 그리거나 얼음을 조각하는 것과 같아서 시간만 허비하고 보람은 없을 것이다(內無其質 而外學其文 雖有賢師良友 若畫脂鏤冰 費日損功)"라는 글이 나온다.

날씨가 따뜻해지기를 기다렸다가 써 올리겠습니다.
대감께서 헤아려주시길 엎드려 바랍니다.

삼가 답장을 올립니다.
동짓달 20일 준 올림

제발

吳公 浚 字汝完 號竹南 同福人
光海朝 科 歷三司 官止禮判 耆社 能文善書

오공(吳公) 준(浚)[3]의 자는 여완(汝完), 호는 죽남(竹南)이다. 본관은 동복(同福)이다. 광해군조에 과거에 급제하여, 삼사(三司)를 역임하고 예조판서를 지냈으며 기로소에 들어갔다. 문장에 능하고 글씨를 잘 썼다.

3 준(浚)은 '준(竣)'의 오기이다.

필자

오준 吳竣

1587년(선조 20) ~ 1666년(현종 7)

조선시대 대사헌, 좌참찬, 판중추부사 등을 역임한 문신이며 서예가이다. 본관은 동복(同福). 자는 여완(汝完), 호는 죽남(竹南). 오극권(吳克權)의 증손으로, 할아버지는 사옹원직장(司饔院直長) 오세현(吳世賢)이다. 아버지는 이조참판 오백령(吳百齡)이며, 어머니는 증 참의(贈參議) 고경룡(高慶龍)의 딸이다.

생애와 활동

1618년(광해군 10) 증광 문과에 을과로 급제하여 주서(注書)를 거쳐 지평(持平) · 장령(掌令) · 필선(弼善) · 수찬(修撰) 등을 지냈다.

1639년(인조 17) 한성부판윤으로 주청부사(奏請副使)가 되어 심양(瀋陽)을 다녀왔다. 1643년(인조 21) 청 세조의 즉위에 즈음해 등극부사(登極副使)로 1648년(인조 26)에는 동지 겸 정조성절사(冬至兼正朝聖節使)로 청에 다녀왔다. 1650년(효종 1) 예조판서로서 지춘추관사(知春秋館事)가 되어 『인조실록』 편찬에 참여하였다. 그 뒤 형조판서 · 대사헌 · 우빈객(右賓客) 등을 역임하였다. 1660년(현종 1) 좌참찬을 거쳐 판중추부사에 제수되었다.

문장에 능하고 글씨를 잘 써서 왕가의 길흉책문(吉凶冊文)과 삼전도비(三田渡碑)의 비문을 비롯한 수많은 공사(公私)의 비명을 썼다. 특히 왕희지체(王羲之體)의 단아한 모양의 해서를 잘 썼다. 글씨로는 아산의 「충무공이순신비(忠武公李舜臣碑)」, 구례의 「화엄사벽암대사비(華嚴寺碧巖大師碑)」, 회양(淮陽)의 「허백당명조대사비(虛白堂明照大師碑)」 · 「이판이현영묘비(吏判李顯英墓碑)」, 광주(光州)의 「의창군광묘비(義昌君珖墓碑)」, 일본 닛코사[日光寺]의 「닛코산조선등로명(日光山朝鮮燈爐銘)」, 안성(安城)의 「대동균역만세불망비(大同均役萬世不忘碑)」, 죽산(竹山) 칠장사(七長寺)의 「벽응대사비(碧應大師碑)」 등의 비문이 있다.

저서로는 시문집인 『죽남당집』이 있다.

51

장유 張維의 시詩

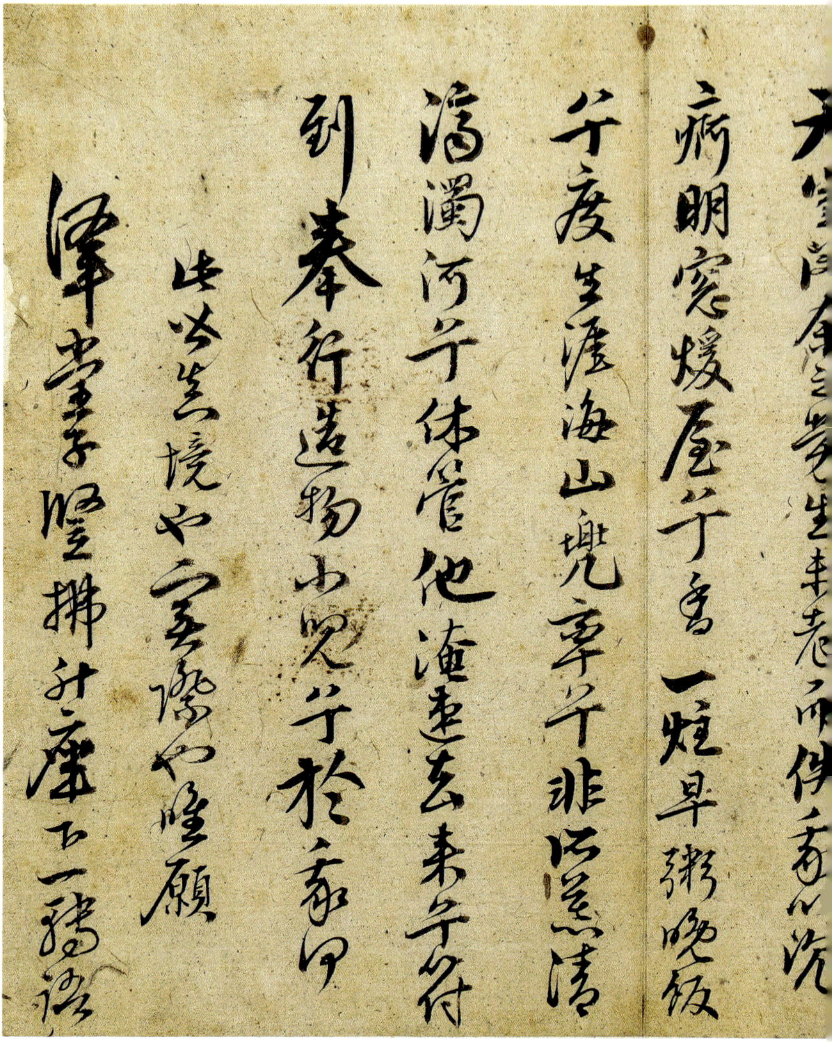

장유 張維의 시詩
38.1 x 27.7 cm

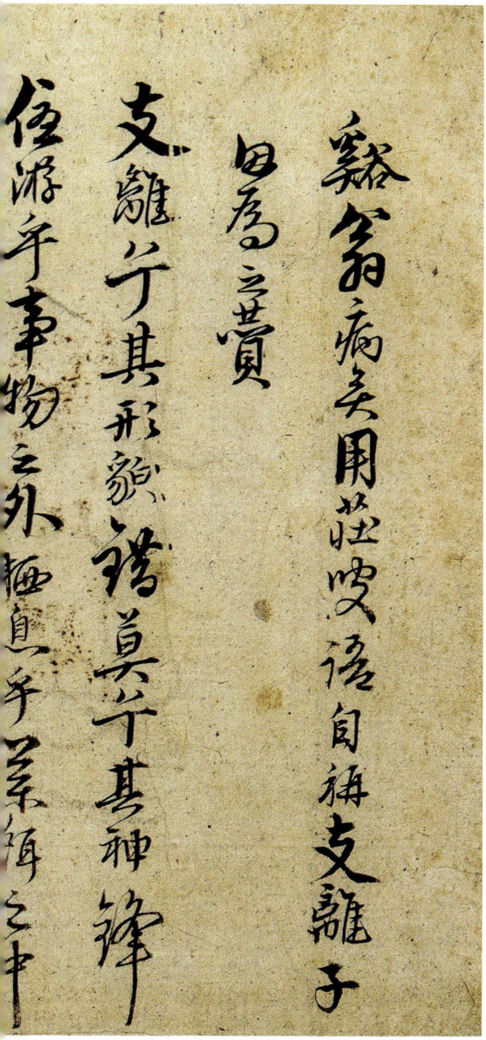

谿翁病矣用莊叟語自稱支離子
曰爲之賛
支離乎其形貌 譜莫乎其神鋒
任游乎事物之外 栖息乎菜緬之中

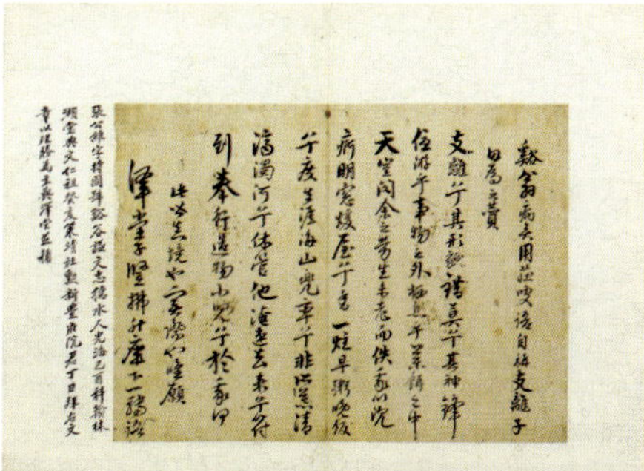

원문

谿翁病矣 用莊叟語 自稱支離者 因爲之贊

支離兮 其形貌
錯莫兮 其神鋒
優游乎 事物之外
栖息乎 藥餌之中

天豈閔余之勞生
未老而佚我以沈痾
明窓煖屋兮 香一炷
早粥晩飯兮 度生涯

海山兜率兮 非所慕
淸濟濁河兮 休管他
淹速去來兮 符到奉行
造物小兒兮 於我何

此皆眞境也 實際也 唯願 澤堂子竪拂升座下一轉語

계옹(谿翁)[1]은 병이 든 사람이다. 장수(莊叟)[2]의 말을 빌려 스스로 지리자(支離者)[3]로 칭하고 이로서 찬(贊)을 쓴다.

지리(支離)여. 이 모습이구나.
산란하여라. 이 마음이여.
세상일 잊고 유유자적하며
약에 파묻혀 살아간다오.

하늘이 어찌 고달픈 내 삶을 불쌍히 여겨
늙기도 전에 병으로 쉬게 하였나.
밝은 창 따뜻한 방, 향 하나 사르고
아침엔 죽 저녁엔 밥, 한 생애를 보내네.

바다도 도솔천(兜率天)도[4] 내 사모하지 않고
탁하(濁河)든 청제(淸濟)[5]든 신경 쓸 일 없네.

---

1 계옹(谿翁)은 늙어버린 자신을 일컫는다. 장유의 호 계곡(谿谷)의 '계(谿) 자'에 '늙은이 옹(翁) 자'를 붙인 것이다.

2 장수(莊叟)는 장자(莊子)를 지칭한다.

3 지리자(支離者)는 『장자』에 이 이름과 관련된 인물이 여러 번 나온다. "열어구(列御寇)"에는 용(龍)을 잡는 쓸데없는 기술을 가르치는 '지리익(支離益)'이 나오고, "인간세(人間世)"에는 꼽추와 같은 불구자로서 세상에서 도외시되어 해를 받지 않고 몸을 온전히 보전하는 '지리소(支離疏)'가 등장한다. 또한 "덕충부(德充符)"에는 절름발이에다 곱사등이에다 언청이인 가공의 인물 '인기지리무순(闉跂支離無脤)'이 나오는데, 이 모두 육체가 온전하지 않은 모습을 가진 인물이라는 데 공통점이 있다.

4 당나라의 어떤 사람이 꿈에 바다 가운데 있는 산에 들어갔더니, 신선이 사는 곳에 낙천원(樂天院)이란 집을 비워두고, "장차 중국의 백락천(白樂天)이 죽어서 이 집에 올 것이다"하였다. 백락천이 그 말을 듣고 지은 시, "나는 불법을 배우고 신선을 배우지 아니하니 아마도 그대의 이 말 헛되이 전한 것이네. 해산이 나의 돌아갈 곳이 아니라, 간다면 도솔천으로 가야하네(吾學空門不學仙 悲君此語是虛傳 海山不足吾歸處 歸則應歸兜率天)"를 인용한 것이다.

5 탁하(濁河)는 황하(黃河), 청제(淸濟)는 제수(濟水)를 일컫는 말이다.

늦든 빠르든 가리니, 언제라도 저승사자를 내 따르리라.[6]
조물소아(造物小兒)[7]여. 내게 뭐란 말인가.

이것은 모두 참다운 경지이며 실제이다. 다만 택당자(澤堂子)[8]가 총채를 곧추세우고[9] 몽둥이질을 해서 일전어(一轉語)[10]를 내려주시길 바랄 뿐이다.

제발

張公 維 字 持國 號 谿谷 諡 文忠 德水人
光海 己酉 科 翰林 湖堂 典文 仁祖
癸亥 策 靖社勳 新豊府院君 丁丑 拜右
文章以理勝爲主 與澤堂竝稱

장공(張公) 유(維)의 자는 지국(持國), 호는 계곡(谿谷), 시호는 문충(文忠)이다.
본관은 덕수(德水)이다.
광해 기유(1609)년에 과거에 급제하여 한림(翰林)을 지내고 호당(湖堂)에 들어갔다. 전문(典文 대제학)을 지냈고 인조 계해(1623)년 정사공신(靖社功臣)에 책록되었다. 신풍부원군(新豊府院君)에 봉해졌으며, 정축(1637)년에 우의정에 올랐다. 문장은 이치에 합당한 것을 위주로 하여 썼고, 택당(澤堂)과 나란히 일컬어졌다.

---

6 소동파(蘇東坡)의 시, 「답왕정국(答王定國)」에 "저승사자가 찾아오면 바로 따라가겠다(符到便行)"라고 한 구절에서 인용하였다.

7 조물소아(造物小兒)는 목숨을 맡은 신이라는 뜻으로, 운명(運命)을 비유하는 말이다. 당나라 시인 '두심언(杜審言)'이 위독해졌을 때, 송지문(宋之問) 등이 위문하러 가니, 두심언이 "조화를 맡은 조무래기(造化小兒)가 너무도 심하게 놀려 먹어 고통을 당하고 있으니, 또 무슨 말을 하겠는가."라고 대답했던 데에서 유래한 것이다.

8 택당자(澤堂子)는 '택당 이식'을 장난기를 섞어 높여 부른 것이다.

9 원문의 '수불점추(竪拂拈搥)'는 불자(拂子) 즉 총채를 곧추세우고 몽둥이질을 한다는 말로, 선가(禪家)에서 사용하는 수도의 방편이다.

10 일전어(一轉語)는 깨달음의 계기를 제공해 주는 한마디 번뜩이는 선어(禪語)를 뜻하는 말이다.

필자

장유 張維

1587(선조 20)~1638(인조16)

장유 초상, 국립중앙박물관 소장

조선시대 좌부빈객, 예조판서, 이조판서 등을 역임한 문신이다. 본관은 덕수(德水). 자는 지국(持國), 호는 계곡(谿谷)·묵소(默所). 할아버지는 목천현감 장일(張逸)이고, 아버지는 판서 장운익(張雲翼)이며, 어머니는 판윤 박숭원(朴崇元)의 딸이다. 우의정 김상용(金尙容)의 사위로 효종비 인선왕후(仁宣王后)의 아버지이다. 김장생(金長生)의 문인이다.

생애와 활동

1605년(선조 39) 사마시를 거쳐 1609년(광해군 1) 증광 문과에 을과로 급제하여 호당(湖堂)에 들어갔으나, 1612년 김직재(金直哉)의 무옥(誣獄)에 연루되어 파직되었다.

1623년 인조반정으로 정사공신(靖社功臣) 2등에 녹훈되고 봉교를 거쳐 전적과 예조·이조의 낭관을 지내고 그 뒤 대사간·대사성·대사헌 등을 역임하였다. 1624년(인조 2) 이괄(李适)의 난 때 왕을 공주로 호종한 공으로 1625년 신풍군(新豊君)에 책봉되고 이조참판·부제학·대사헌 등을 지냈다. 1627년 정묘호란이 일어나자 강화도로 왕을 호종하였다. 그 뒤 대제학으로 동지경연사(同知經筵事)를 겸임했다. 1629년 나주목사로 좌천되었으나 1630년(인조 8) 대사헌·좌부빈객(左副賓客)·예조판서·이조판서 등을 역임했으며, 원종추숭론(元宗追崇論)에 반대하였다. 병자호란 때 공조판서로 최명길(崔鳴吉)과 더불어 강화론을 주장하였다. 1637년(인조 15) 예조판서를 거쳐 우의정에 임명되었으나 어머니 상을 당해 사퇴했고 장례 후 과로로 병사하였다.

그는 당시의 주자학(朱子學) 풍토를 비판하여 양명학적 사고방식을 가졌다. 천문·지리·의술·병서 등 각종 학문에 능통했다. 서화와 특히 문장에 뛰어나 이정구(李廷龜)·신흠(申欽)·이식 등과 한문사대가(漢文四大家)로 일컬어 졌다. 많은 저서가 있다고 하나 대부분 없어지고 현재『계곡만필』·『계곡집』·『음부경주해(陰符經注解)』가 전해진다. 신풍부원군(新豊府院君)에 봉해졌으며 영의정에 추증되었다. 시호는 문충(文忠)이다.

52

유백증兪伯曾이 보내는 간찰簡札

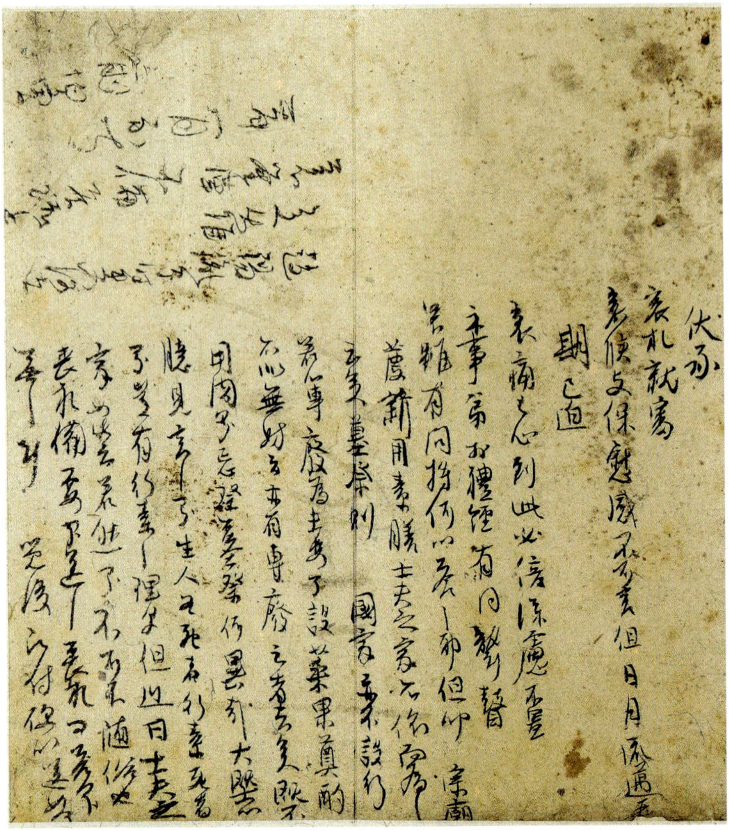

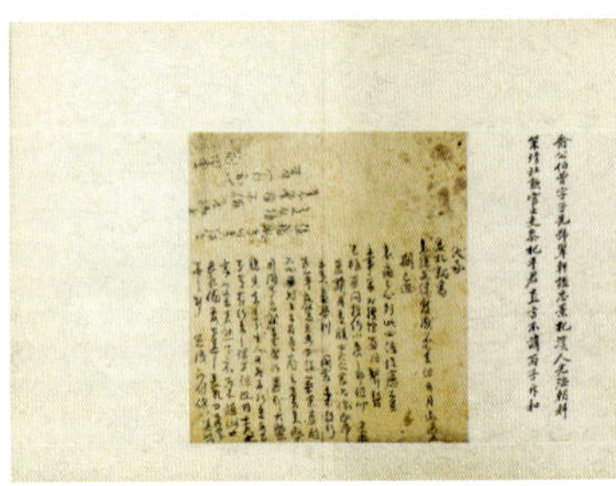

유백증 兪伯曾이 보내는 간찰簡札
24.0 x 26.1 cm

원문

伏承哀札 就審哀候支保 慰感不可言
但日月流邁 再期已迫 哀痛之心 到此必倍 深慮不置

示事 弟於禮經 有同聾瞽
君雖有問 將何以答之耶
但聞宗廟薦新用素膳 士夫之家 亦依而爲之云矣
墓祭則 國家亦不設行 若以專廢爲未安 則設菜果奠酌 不似無妨云
亦有專廢之者夫矣 旣不用肉 則忘祭墓祭何異哉
大槩以臆見言之 則生人有死者 行遠死者 則豈有行素之理乎
但近日士夫之家 如此之 若然則不可不隨俗也

喪禮備要 則送之 喪禮問答則無之耳 覽後卽付便以送如何
趙錫胤 則時更入洛之矣

伏惟哀鑒 謹不備答疏上
壬申 八月 初七日 俞伯曾

애찰(哀札)[1]을 받아 상을 당한 그대께서 그런대로 잘 버티고 계심을 알게 되니 말할 나위없는 위로와 감동을 받았습니다.
다만 세월이 빠르게 흘러 재기(再期)[2]가 벌써 다가왔습니다. 애통하는 마음이 필시 배가될 것 같아 깊은 우려를 금할 수 없습니다.

편지에 쓰신 일에 대해 말씀드리자면, 저도 『예경(禮經)』에 대해서는 아는 바가 전혀 없습니다.
임금께서 물으신대도 무슨 답을 할 수 있겠습니까.
다만 듣자니, 종묘(宗廟)에서 천신(薦新)[3]할 때 소선(素膳)[4]을 쓰는데 사대부 집안에서도 그에 따라 시행한다고 합니다.
묘제(墓祭)[5]는 국가도 설행(設行)하지 않는데, 만약에 완전히 폐하는 것이 마음 편하지 않는다고 해서 채소와 과일을 묘소에 올리는 것은 무방하지 않은 것 같다고 하니, 이 또한 완전히 폐하라는 것입니다. 이미 고기를 쓰지 않았는데 망제(忘祭)[6]와 묘제가 다를 것이 무엇이겠습니까.
대체적으로 억지 견해를 가지고 말한 것이니, 살고 있던 사람이 죽었는데 멀리서 죽은 사람처럼 하라는 것이니, 즉 어찌 소식(素食)을 행할[7] 도리가 있겠습니까.
다만 근래 사대부 집안에서 이와 같이 하고 있으니 이렇다면 세속을 따르지 않을 수 없습니다.

---

1 애찰(哀札)은 상주(喪主)의 편지를 일컫는다. 이후에 나오는 '애(哀) 자'는 모두 상(喪)과 관련한 표현이다.

2 재기(再期)는 상(喪)을 당하고 만 2년이 되는 때를 말한다. 일반적으로 '재기(再朞)'로 쓴다.

3 천신(薦新)은 새로 농사지은 과일이나 곡식을 먼저 사직이나 조상에게 감사하는 뜻으로 드리는 의식을 말한다.

4 소선(素膳)은 어육(魚肉)을 쓰지 아니한 제수음식을 뜻한다.

5 묘제(墓祭)는 무덤 앞에서 지내는 제사(祭祀)를 지칭한다.

6 망제(忘祭)는 후손이 없는 자를 위해 마을에서 지내는 제사 의식을 뜻한다.

7 원문의 행소(行素)는 상을 당했을 때 비통하여 고기를 먹지 않고 채식만 하는 것을 말한다. 참고로 소식만 올리는 제사를 소제(素祭)라고 한다.

『상례비요(喪禮備要)』를 보냅니다. 『상례문답(喪禮問答)』은 가지고 있지 않습니다.

보시고 나면 바로 인편에 부쳐주시기 바랍니다.

조석윤(趙錫胤)[8]은 지금 다시 서울에 들어왔습니다.

그대께서 잘 헤아려주시기 바랍니다.

예를 갖추지 못하고 삼가 답장을 올립니다.

1632년 8월 7일 유백증

8 조석윤(趙錫胤)은 본관이 배천(白川), 자는 윤지(胤之), 호는 낙정재(樂靜齋)이다. 1606년(선조 39)에 태어나 1655년(효종 6)에 죽었으며, 대사헌, 이조참판을 역임하였다.

제발

兪公 伯曾 字 子先 號 翠軒 諡 忠景 杞溪人

光海朝 科 策 靖社勳 官止 吏參 杞平君 直言不諱 丙子 斥和

유공(兪公) 백증(伯曾)의 자는 자선(子先), 호는 취헌(翠軒), 시호는 충경(忠景)이다. 본관은 기계(杞溪)이다.

광해군조에 과거에 급제하였다. 정사공신(靖社功臣)에 책록되었고 벼슬이 이조참판에 이르렀다. 기평군(杞平君)에 봉해졌으며 직언을 하는데 있어 거리낌이 없었다. 병자호란 때는 척화(斥和)를 주장하였다.

필자

유백증 兪伯曾

1587년(선조 20) ~ 1646년(인조 24)

유백증 초상, 『충청북도 문화재대관』

조선시대 경상도관찰사, 이조참판, 대사헌 등을 역임한 문신이다. 본관은 기계(杞溪). 자는 자선(子先), 호는 취헌(翠軒). 유관(兪綰)의 증손으로 할아버지는 우의정 유홍(兪泓)이다. 아버지는 좌찬성 유대일(兪大逸)이며, 어머니는 풍산군(豊山君) 이종린(李宗麟)의 딸이다.

생애와 활동

1612년(광해군 4) 진사가 되고 증광 문과에 병과로 급제하여 1621년(광해군 13) 병조좌랑이 되었다. 그러나 인목대비(仁穆大妃) 폐모론에 반대해 사직하고 낙향하였다.

1623년 인조반정으로 정사공신(靖社功臣) 3등으로 기평군(杞平君)에 봉해졌다. 그 뒤 부응교로서 공서파(功西派)의 이조판서 김류(金瑬)가 북인 남이공(南以恭)을 대사헌으로 삼으려는 데 반대하다가 이천현감(伊川縣監)으로 좌천되었다. 1627년(인조 5) 정묘호란 때 사도시정(司䆃寺正)에 임명되었다. 1629년 박정(朴炡)·나만갑(羅萬甲) 등과 노서(老西)로 지목되고 공서파를 공격하다가 가평군수로 좌천되었다. 이어 이조참의가 되었으나 김류·윤방(尹昉) 등 대신들의 무능과 안일을 비난하다가 또 수원부사로 좌천되었다. 1631년(인조 9) 충청도관찰사로 나갔다.

1634년(인조 12) 정원군(定遠君)의 원종 추숭에 적극 찬성해 이를 성사시켰다. 이듬해 경상도관찰사가 되고 이어 병조참지를 역임한 뒤 1636년 이조참판이 되었다. 병자호란 때 부총관으로 왕을 남한산성에 호종하고 화의를 주장한 윤방·김류 등의 처형을 주장해 다시 파직되었다. 화의가 성립된 뒤 대사성을 거쳐 동지경연사(同知經筵事)가 되어 다시 윤방·김류 등의 전후 무사안일하고 반성하지 않는 행실과 김경징(金慶徵)·이민구(李敏求)의 강화도 방어 실패의 죄를 탄핵하였다. 대사헌이 되어서는 윤방이 종묘의 신주를 모독한 죄를 탄핵하였다.

성품이 강직해 여러 번 직언하다가 화를 당했으나 굽히지 않고 계속해 밀고 나가 충직함이 인정되어 그때마다 복직되었다. 영의정에 추증되었다. 저서로는 『취헌소차(翠軒疏箚)』 3권 3책이 있다. 시호는 충경(忠景)이다.

53

이명한李明漢이 보내는 간찰簡札

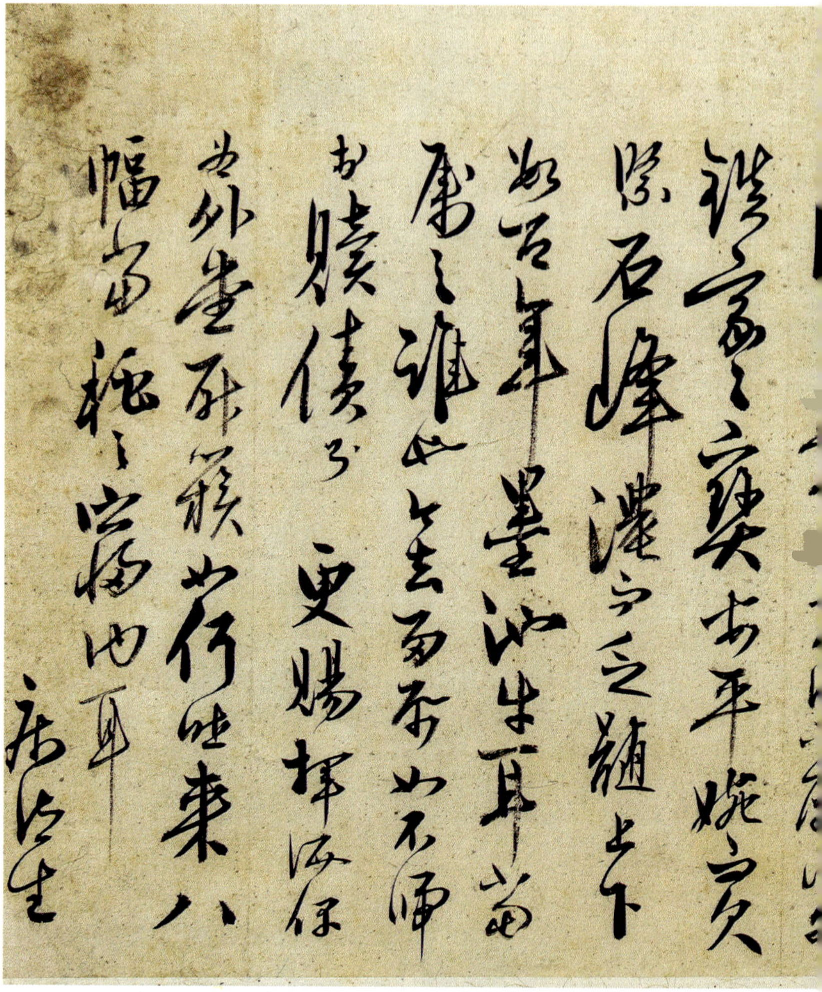

이명한李明漢이 보내는 간찰簡札
49.6x26.2cm

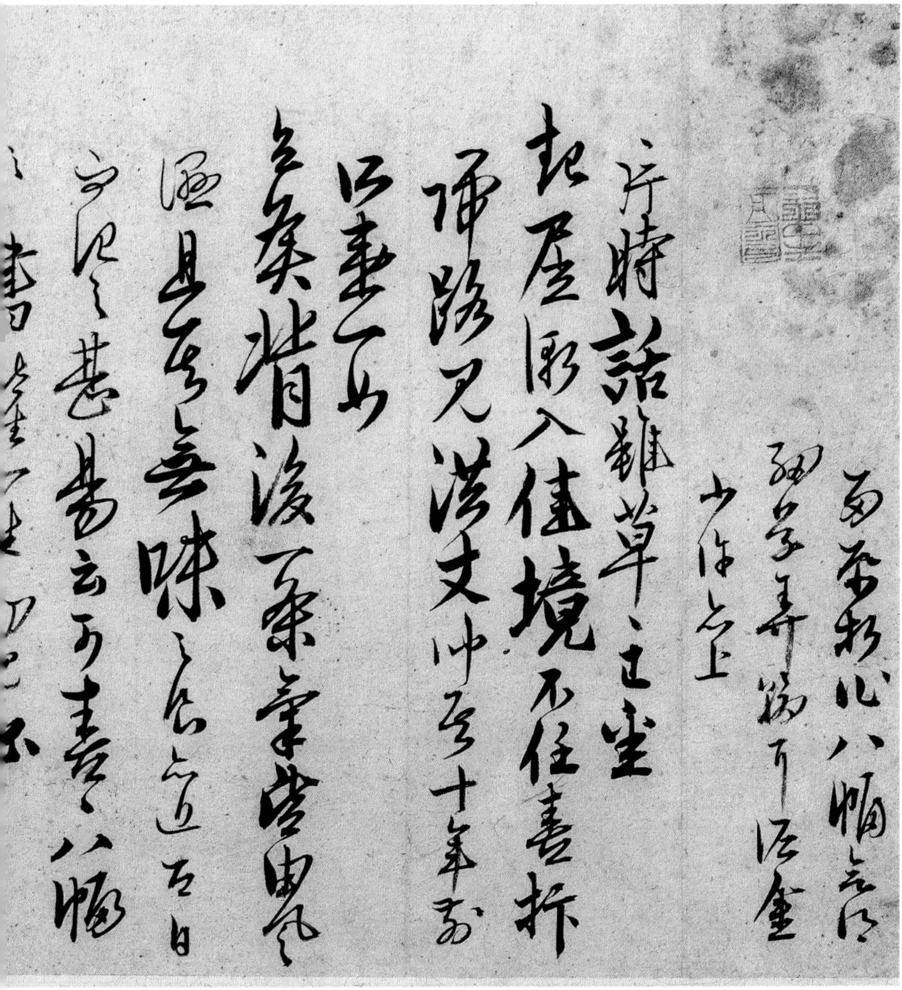

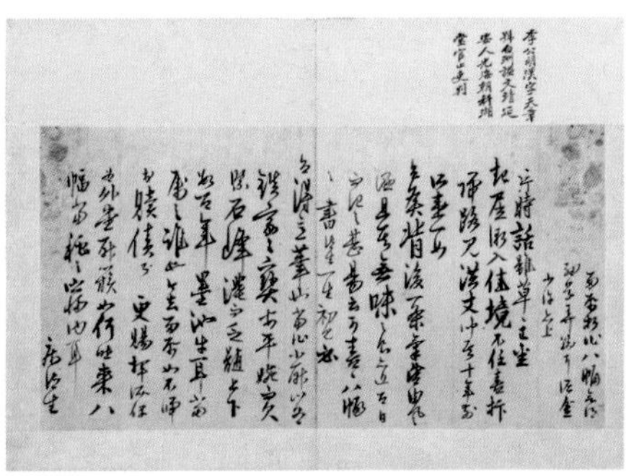

원문

片時話 雖草草 已悉起居 漸入佳境 不任喜抃

歸路見洪丈 聞其十年前所患一如
台候背後一条氣 皆由風濕 且其無味之食
亦近百日而治之甚易云 可喜可喜

八幅之書 侍生 一生初見 必台得意筆也 當作小屛 以爲鎭家之寶
安平婉而欠緊 石峰濃而乏髓 上下數百年 墨池牛耳 當屬之誰也

今去兩帋 如不歸於贖債 則更賜揮灑 俾爲外堂屛簇 如何
昨來八幅 當秘之寢內耳
病侍生

兩帋折作八幅 欲得細字 弄翰耳 泥金少許亦上

잠깐 동안의 대화로는 비록 부족하였지만, 살아가는 형편이 점점 더 나아지고 계신다는 것을 잘 알게 되니 기쁨을 주체할 수 없습니다.

돌아오는 길에 홍(洪)씨 어른을 만났더니 '십 년 전의 병환이 그대로인데, 대감의 건강은 등 뒤 한 줄기 기운이 모두 풍습병(風濕病)과 맛없는 음식 때문이므로 또한 백 일 정도면 매우 쉽게 치유될 수 있는 것이다'라고 하여 기쁘고 기뻤습니다.

여덟 폭의 글씨는 시생이 태어나서 처음 보는 것입니다. 필경 대감 득의의 글씨일 것입니다. 당연히 작은 병풍으로 만들어 가문 대대로 전하는 보물로 삼으려고 합니다.
안평대군의 글씨는 아름답지만 굳세지 않고, 한석봉의 글씨는 두텁지만 골격이 약합니다. 위아래 수백 년간 서가(書家)[1]에서 으뜸이니, 응당 누구에게 맡기겠습니까.

지금 보내드리는 두 장의 종이는 빚을 갚는 일에 쓰지 않으신다면, 다시 일필휘지하여 주셔서 사랑채의 병풍이나 족자를 만들어 주심이 어떻겠습니까.
어제 온 여덟 폭은 당연히 안방에 잘 감춰두었습니다.
병시생(病侍生)

두 폭의 종이는 잘라서 여덟 폭으로 만들어 작은 글씨를 받아 한묵(翰墨)을 즐기려고 합니다.
니금(泥金)[2]도 조금 보냈습니다.

---

1 원문의 '묵지(墨池)'는 붓과 벼루를 씻는 못이라는 뜻으로 문자(文字)를 써 익히는 서가(書家)의 학문을 지칭한다.
2 니금(泥金)은 아교풀에 갠 금박(金箔) 가루이다. 그림을 그리는 데에나 글씨를 쓰는 데에 사용한다.

제발

李公 明漢 字 天章 號 白洲 諡 文靖 延安人
光海朝 科 湖堂 官止吏判

이공(李公) 명한(明漢)의 자는 천장(天章), 호는 백주(白洲), 시호는 문정(文靖)이다.
본관은 연안(延安)이다.
광해군조에 과거에 급제하여 호당(湖堂)에 들어갔고 벼슬이 이조판서에 이르렀다.

필자

이명한李明漢

1595년(선조 28) ~ 1645년(인조 23)

조선후기 대사헌, 이조판서, 예조판서 등을 역임한 문신이다. 본관은 연안(延安). 자는 천장(天章), 호는 백주(白洲)이다. 증 영의정 이순장(李順長)의 증손으로 할아버지는 삼등현령(三登縣令) 이계(李啓)이다. 아버지는 좌의정 이정구(李廷龜)이며, 어머니는 예조판서 권극지(權克智)의 딸이다.

생애와 활동

1610년(광해군 2) 사마시에 합격하고 1616년(광해군 8) 증광문과에 을과로 급제한 뒤 승문원권지정자(承文院權知正字) · 전적 · 공조좌랑에 이르렀다. 인목대비(仁穆大妃) 폐모론 때 정청(庭請)에 참여하지 않아 파직되었다. 그 뒤 병조좌랑 · 교리 등을 지냈다.

1623년 인조반정 후 경연시독관(經筵侍讀官)에 이어 이조좌랑이 되어 어사로 관동(關東)에 다녀온 후 다시 이조로 옮겨 호당(湖堂)에 들었다. 승문원제술관(承文院製述官) · 한학교수(漢學敎授) · 교리 · 사국수찬(史局修撰) 등을 겸하다가 이조정랑이 되었다. 이괄(李适)의 난 때 왕을 공주로 호종하였다. 이어 응교 · 사간으로 승진한 뒤 검상(檢詳) · 사인(舍人) · 집의 · 이조참의로 다시 호당에 들고 승문원부제조가 되었다. 그 뒤 병조참의 · 우승지 · 형조참의 · 좌승지 · 남양부사 · 대사간 · 대사성 · 부제학 등을 역임하였다. 1639년(인조 17) 도승지가 되고 1641년 한성부우윤 · 대사헌이 되었다. 또 도승지로서 홍문관 · 예문관의 양관 대제학, 이조판서 등을 역임했다. 1643년(인조 21) 이경여(李敬輿) · 신익성(申翊聖) 등과 함께 척화파로 지목되어 심양(瀋陽)에 잡혀가 억류되었다. 이듬해 세자이사(世子貳師)로서 심양에 볼모로 잡혀간 소현세자를 모셔왔다. 1645년에 명과 밀통한 자문(咨文)을 썼다 하여 다시 청에 잡혀갔다가 풀려나와 예조판서가 되었다.

아버지 이정구, 아들 이일상(李一相)과 더불어 3대가 대제학을 지낸 것으로 유명하다. 저서로 『백주집』 20권이 있다. 시호는 문정(文靖)이다.

54

조경趙絅의 시詩

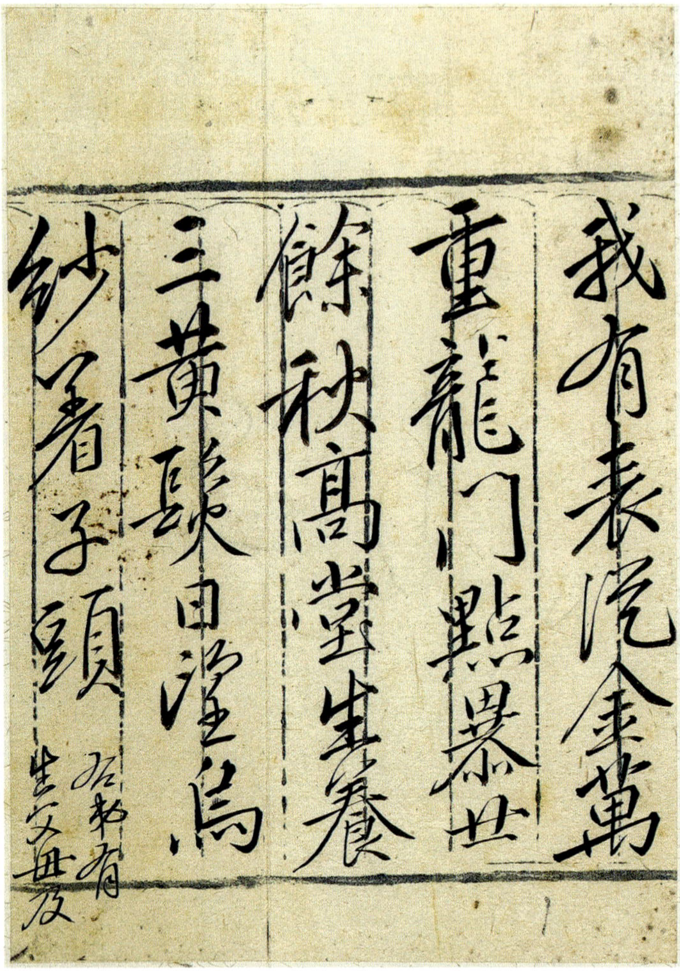

조경趙絅의 시詩
16.3x22.8cm

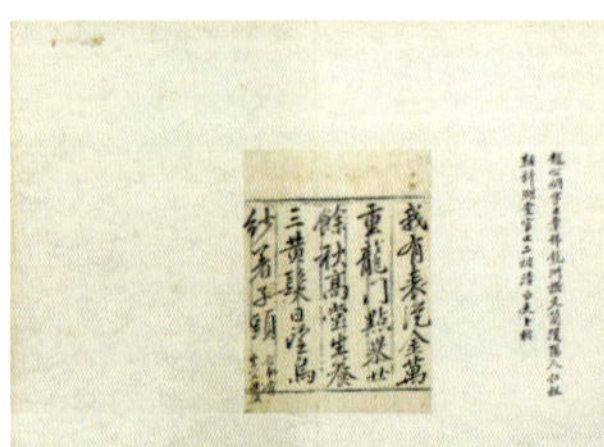

원문

我有表從金萬重
龍門點暴廿餘秋
高堂生養三黃髮
日望烏紗着子頭
　右弟有生父母及"□"

내게는 외종사촌(外從四寸) 김만중(金萬重)[1]이 있는데
용문(龍門)[2]에서 머리 찧고 아가미 드러내며 뛴[3] 지도 어언 20여년
고당(高堂)에는 생부모 양부모 세 분의 노인[4]이 있어
날마다 자식 머리에 오사모(烏紗帽)[5] 쓸 날만 바란다네.
　오른쪽의 아우는 낳아주신 부모님과 "□"[6]가 계신다.

---

1 김만중(金萬重)은 서포 김만중(西浦 金萬重)과 동명이인으로 미상이다. 서포는 17세에 벼슬길에 올랐으며, 또한 조경의 외삼촌은 윤씨(尹氏)이다.

2 용문(龍門)은 중국 산서성(山西省) 황하(黃河)의 상류에 있는 용문폭포(龍門瀑布)를 말한다. 물살이 거세어 배가 다닐 수 없고 폭포가 3단으로 되어 있다.

3 원문의 점폭(點暴)은 '점액포시(點額暴腮)'의 줄인 말이다. 점액포시는 머리를 찧고 아가미를 드러내며 펄떡 뛰어 폭포를 거슬러 오르는 물고기의 형상을 표현한 것이다.

4 원문의 황발(黃髮)은 70~80세의 노인을 뜻하는 말이다.

5 오사모(烏紗帽)는 관복을 입을 때 쓰는, 거친 비단으로 만든 검은 빛깔의 벼슬아치 모자이다. 명나라 이후로 오사모는 벼슬살이 하는 사람을 지칭하는 대명사로 쓰였다.

6 "□" 부분은 어떠한 까닭인지는 알 수 없으나 의도적으로 지웠다. 보통의 경우 '생부모급(生父母及)' 뒤에는 할아버지(祖)나 할머니(祖母)가 온다. 여기서는 양부(養父)와 관련된 듯하다.

제발

趙公 絅 字 日章 號 龍洲 諡 文簡 漢陽人
仁祖 朝 科 湖堂 官止二相 淸白吏 卜相

조공(趙公) 경(絅)의 자는 일장(日章), 호는 용주(龍洲), 시호는 문간(文簡)이다.

본관은 한양(漢陽)이다.

인조조에 과거에 급제하여 호당(湖堂)에 들어갔다. 벼슬은 이상(二相)[7]에 이르렀고, 청백리로 복상(卜相)[8]에 참여하였다.

7 이상(二相)은 의정부 좌 · 우찬성(議政府 左 · 右贊成)의 별칭으로, 이공(二公), 이공(貳公), 이상(貳相)이라고도 한다.

8 복상(卜相)은 새로 정승을 가려 뽑는 일을 말한다. 『서경』 "매복공신(枚卜功臣)"에서 유래된 말로, 3정승 가운데서 결원이 생기면 임금이 시임의정(時任議政) 중 한 사람에게 3인의 후보자를 추천케 하여 선발하였다.

필자

조경 趙絅

1586년(선조 19) ~ 1669년(현종10)

조경 초상, 한국학중앙연구원 소장

조선시대 대제학, 형조판서, 회양부사 등을 역임한 문신이다. 본관은 한양(漢陽). 자는 일장(日章), 호는 용주(龍洲) · 주봉(柱峯). 절충장군(折衝將軍) 조수곤(趙壽崑)의 증손으로 할아버지는 공조좌랑 조현(趙玹)이다. 아버지는 봉사(奉事) 조익남(趙翼男)이며 어머니는 증좌승지 유개(柳愷)의 딸이다. 윤근수(尹根壽)의 문인이다.

생애와 활동

1612년(광해군 4) 사마시(司馬試)에 합격했으나 광해군의 난정(亂政)으로 대과를 단념하고 거창에 은거하였다. 1623년 인조반정 후 유일(遺逸)로 천거되어 고창현감 · 경상도사에 계속하여 임명되었으나 모두 사양하다가 이듬해 형조좌랑 · 목천현감 등을 지냈다. 1626년 정시문과에 장원하여 정언 · 교리 · 헌납 등 청요직을 거쳤다.

1627년(인조 5) 정묘호란 때 지평으로 강화론에 대해 강경하게 논박하였다. 이어 이조좌랑 · 이조정랑을 거쳐 1636년 병자호란 때 사간으로 척화를 주장하였다. 1637년 집의로 일본에 청병하여 청을 공격할 것을 상소했으나 받아들여지지 않았다. 그 뒤 응교(應敎) · 집의(執義) 등을 역임하고, 1643년(인조 21) 통신부사로 일본에 다녀와서 기행문을 저술하였다. 이어 형조참의 · 대사간 · 대제학, 이조 · 형조의 판서 등을 거쳤다.

1650년(효종 1) 청이 사문사(查問使)의 척화신에 대한 처벌 요구로 영의정 이경석(李景奭)과 함께 의주 백마산성(白馬山城)에 안치되었다가 1651년 풀려났다. 1653년(효종 4) 회양부사를 지내고 포천에 은퇴하였다. 그 뒤 노인직(老人職)으로 행부호군에 등용되고 1658년(효종 9) 기로소(耆老所)에 들어갔다. 1661년(현종 2) 판중추부사로 윤선도(尹善道)의 상소를 변호하다가 대간의 논박을 받고 파직되었다.

숙종 때 청백리에 녹선되었다. 포천의 용연서원(龍淵書院), 홍해의 곡강서원(曲江書院), 춘천의 문암서원(文巖書院)에 각각 제향되었다. 저서로 『용주집』 23권 12책과 『동사록(東槎錄)』이 있다. 시호는 문간(文簡)이다.

55

나만갑 羅萬甲이 보내는 간찰簡札

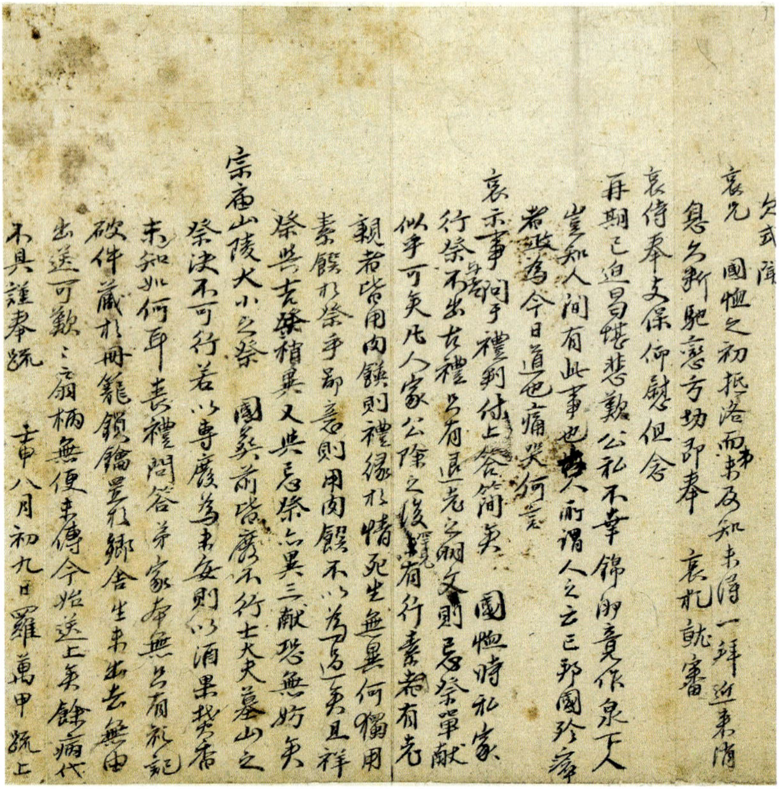

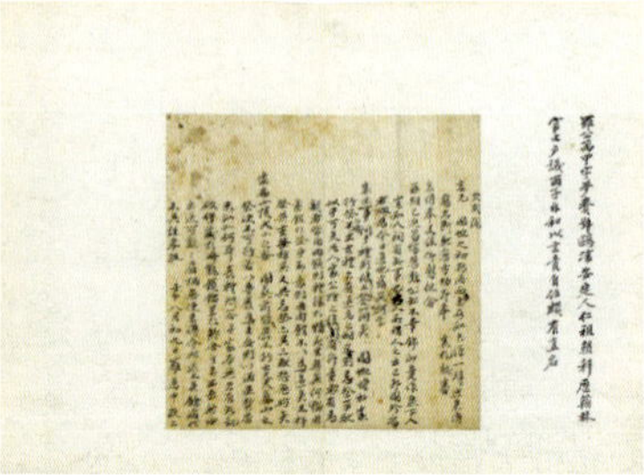

나만갑 羅萬甲이 보내는 간찰簡札
26.6×26.1cm

원문

*欠式

聞哀兄 國恤之初抵洛 而弟未及知 未得一拜

近來消息久斷 馳戀方切 卽奉哀札 就審哀侍奉支保 仰慰

但念再期已迫 曷堪悲歎

公私不幸 錦洲竟作泉下人

豈知人間有此事也 人之云亡 邦國殄瘁者 政爲今日道也 痛哭何言

哀示事 問于禮判 付上答簡矣

國恤時 私家行祭與否 不出古禮

只有退老之明文 則忌祭單獻似乎可矣

凡人家公除之後 罕見有行素者

有老親者 皆用肉饌 則禮緣於情 死生無異 何獨用素饌於祭乎

鄙意則 用肉饌 不以爲過矣

且祥祭與吉祭稍異 又與忌祭亦異 三獻恐無妨矣

宗庙山陵 大小之祭 國葬前皆廢不行

士大夫墓山之祭 決不可行

若以全廢爲未安 則以酒果焚香 未知如何耳

* 이 편지는 앞서 유백증(俞伯曾)의 편지와 동일한 수신인에게 비슷한 날 보낸 답장이 틀림없다. 이 편지의 수신인은 국상 중의 상례에 대해 이 두 사람을 포함한 일련의 인물들에게 질의하는 편지를 보냈을 것이다.

喪禮問答 弟家本無 只有礼記 破件藏於冊籠 鎖鑰置於鄕舍

生未出去 無由出送 可歎可歎

扇柄無便 未傳 今始送上矣

餘病代 不具 謹奉疏

　壬申 八月 初九日　羅萬甲 疏上

인사말은 생략하고 글을 씁니다.[1]

듣자니, 국상(國喪)의 초기에 서울에 오셨다고 하는데 제가 미처 알지 못하여 만나 뵙지 못하였습니다.

근래 소식이 오랫동안 끊기어 그리운 마음이 간절하던 차에 그대의 편지[2]를 받고, 그대께서 어른을 모시고[3] 잘 지탱하고 계신다는 것을 알게 되어 우러러 위로가 되었습니다.

다만 재기(再朞 상이 난 지 두 해째 되는 기일)가 임박하였으니, 그 슬픔과 탄식을 어떻게 견뎌내고 계시는지요.

공적으로나 사적으로나 불행하여 금주(錦洲)[4]가 결국 불귀의 객이 되고 말았습니다.

어찌 인간사가 이와 같을 수 있습니까.

"사람이 죽으니, 나라가 병들었네.[5]"라는 말이 진정 오늘날의 이치가 되고 말았습니다.

---

1 원문의 흠식(欠式)은 상을 당한 사람에게 편지를 쓸 때 인사말을 생략한다는 뜻으로 썼다. 일반적으로는 생식(省式)이라고 쓴다.

2 여기에 쓴 '애찰(哀札)'처럼 접두사 형태로 사용된 '애(哀)'는 수신인이 상중이라는 의미로 쓴 것이다.

3 원문 속의 '애시봉(哀侍奉)'은 양친 중 한 분의 상을 당하여 삼년상을 치르는 일을 일컫는 의미로 쓴다.

4 금주(錦洲)는 박정(朴炡 1596~1632)이다. 박정의 본관은 반남(潘南), 자는 대관(大觀), 호는 하석(霞石)이다. 인조반정에 참여하여 정사공신(靖社功臣) 3등에 책록되었고, 대사간, 이조참판, 홍문관부제학 등을 지냈다. 인조반정 이후 유백증(柳伯曾), 나만갑(羅萬甲)과 더불어 소서파(小西派)의 핵심 인물이었다.

5 원문 '人之云亡 邦國殄瘁'은 『시경』 「대아(大雅) 첨앙(瞻卬)」에 나온다. 현인의 죽음을 슬퍼한 시이다.

통곡을 해보지만, 무슨 말을 할 수 있겠습니까.

그대께서 말씀하신 일은 예조판서에게 물어보았으며, 답장을 올려드립니다.

국상 중에 사가(私家)에서 제사를 올리는지 여부는 고례(古禮)[6]에는 나와 있지 않습니다.

다만 퇴계 어른의 명문(明文)[7]에 의하면, 기제(忌祭)[8]는 단헌(單獻)[9]으로 하여도 좋을 듯합니다.

무릇 인가(人家)에서 공제(公除)[10] 후에 소식(素食)을 행하는 사람은 드뭅니다.

늙으신 부모가 계시는 경우에 모두 고기반찬을 쓰는 것이니, 예법(禮法)도 사정에 따르는 것입니다. 죽은 사람이나 산 사람이 다르지 않는데, 어찌 혼자만 소찬(素饌)으로 제사를 지내려고 합니까.

제 생각으로는, 고기반찬을 쓰는 것이 과하지는 않습니다.

또 상제(祥祭)[11]와 길제(吉祭)[12]는 조금은 다르고, 또 기제와도 다릅니다. 삼헌(三獻)[13]도 무방할 것 같습니다.

---

6 고례(古禮)는 『주례(周禮)』를 가리키는 것으로 보인다.

7 명문(明文)은 『주자가례(朱子家禮)』에 대한 명문(明文)으로 여겨진다.

8 기제(忌祭)는 탈상 뒤 해마다 사람이 죽은 날에 지내는 제사를 말한다. 삼년상을 치른 경우의 기일은 그 이후부터이다.

9 단헌(單獻)은 제사지낼 때, 세 번 올릴 술잔을 한 번만 올리는 일을 의미한다.

10 공제(公除)는 국왕이나 왕비가 선왕의 상사에 이일역월(以日易月 날로 달을 바꾸어)로 복을 벗는 것을 의미하나, 여기서는 임금이나 왕비(王妃)가 죽은 뒤 일반 공무를 중지하고 26일 동안 조의를 표(表)하던 일을 말하는 듯하다.

11 상제(祥祭)는 사망 후 첫 번째와 두 번째의 기일인 소상과 대상에 행하는 제례이다. 참고로 초상부터 소상까지는 13개월이며, 대상까지는 25개월이다.

12 길제(吉祭)는 조상의 위패를 모신 가정에서 모든 조상의 신주를 고쳐 써서 사당에 안치하기 위해 지내는 제사이다.

13 삼헌(三獻)은 제사 때 술잔을 세 번 드리는 것, 즉 초헌(初獻) 아헌(亞獻) 종헌(終獻)을 말한다.

종묘(宗廟)와 산릉(山陵)의 크고 작은 제사는 국장(國葬) 이전에 모두 폐하여 행하지 않고 있습니다. 사대부의 묘산(墓山) 제사도 결코 행해서는 안 될 것입니다.
만약 완전히 폐하는 것이 마음에 걸린다면, 술과 과일을 올리고 향을 피우는 것이 어떨지는 모르겠습니다.

『상례문답(喪禮問答)』은 제 집에 원래부터 없었습니다. 단지 낡은 『예기(禮記)』를 책롱(冊籠)에 넣고 자물쇠를 채워 고향집에 두었습니다.
제가 여태 나가지 못하여 보내드리지 못하였습니다. 한탄스럽기 그지없습니다.
부채는 인편이 없어 전해드리지 못하고 있다가 지금에서야 비로소 올립니다.
병으로 대신 쓰게[14] 하느라 예를 제대로 갖추지 못합니다.
삼가 글을 올립니다.
1632년 8월 9일
나만갑 올림

제발

羅公 萬甲 字 夢賚 號 鷗浦 安定人
仁祖 朝 科 歷翰林 官止戸議 丙子 斥和 以言責自任 頗有直名

나공(羅公) 만갑(萬甲)의 자는 몽뢰(夢賚), 호는 구포(鷗浦)이다. 본관은 안정(安定)이다. 인조(仁祖) 조에 과거에 급제하여 한림(翰林)을 지냈으며 벼슬은 호조참의를 지냈다. 병자호란 때에 척화(斥和)를 주장했고 언책(言責)을 자임(自任)하였다. 올곧은 성품으로 알려졌다.

14 일반적으로 편지를 대필시킬 때는 '대수불비(代手不備)', '대초불비(代草不備)'라고 쓴다. 아마 아래 한 글자가 잘려나간 듯하다.

필자

나만갑 羅萬甲

1592년(선조 25)~1642년(인조 20)

조선시대 참의, 병조참지 등을 역임한 문신이다. 본관은 안정(安定). 자는 몽뢰(夢賚), 호는 구포(鷗浦). 할아버지는 학유(學諭) 나윤침(羅允忱)으로 아버지는 세자시강원보덕 나급(羅級)이며, 어머니는 한성참군(漢城參軍) 김호선(金好善)의 딸이다. 정엽(鄭曄)의 문인이자 사위이다.

생애와 활동

1613년(광해군 5) 진사시에 수석으로 합격해 성균관에 입학했다. 인목대비(仁穆大妃)의 서궁유폐사건(西宮幽閉事件)에 벼슬을 버리고 어머니를 모시고 귀향했다. 1623년 인조반정 후 순릉참봉(順陵參奉)이 되고 통덕랑으로 알성 문과에 병과로 급제해 수찬이 되었다.

1625년(인조 3) 교리가 되었을 때 서인(西人)인 김류(金瑬)가 북인(北人) 남이공(南以恭)을 등용하자 소서(少西)로서 이를 반대하다가 강동현감으로 좌천되었다. 그러나 이귀(李貴)의 도움으로 복직되었다. 1627년 정묘호란이 일어나자 종사관으로서 왕을 따라 강화도로 갔다. 이듬해 환도하여 병조정랑 · 수찬 · 지평 등을 역임했으나 포로 문제로 김류 등의 탄핵을 받아 귀양가게 되었다.

1631년(인조 9) 부수찬 · 헌납이 되었으며, 1634년 홍주목사를 역임하고, 이듬해 형조참의에 올랐으나 시폐(時弊)에 대한 상소를 하다가 파직당하고 고향에 은거하였다. 1636년 병자호란이 일어나자 단신으로 남한산성에 들어가 왕을 모시고 공조참의 · 병조참지로서 관향사(管餉使)가 되어 군량 공급에 큰 공을 세웠다. 그러나 강화 후 무고를 받아 영해로 귀양갔다가 1639년(인조 17) 풀려나 영천(榮川)에서 여생을 보냈다.
저서로는 『병자록(丙子錄)』과 『구포집(鷗浦集)』이 있다.

56

이경석李景奭이 보내는 간찰簡札

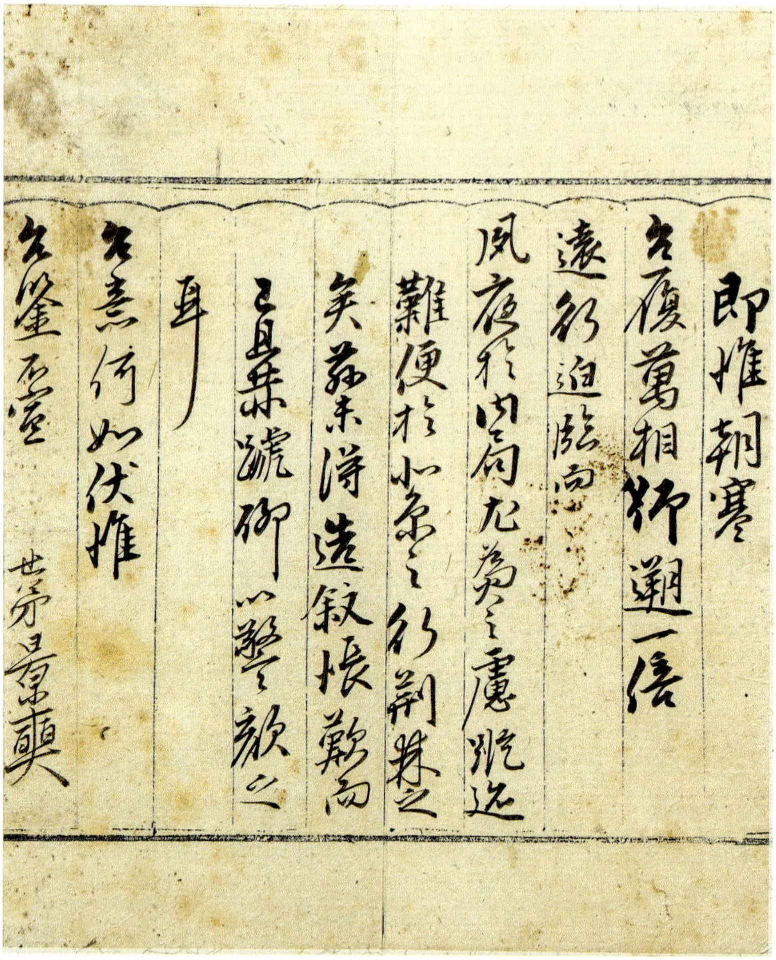

이경석 李景奭이 보내는 간찰簡札
21.8x26.0cm

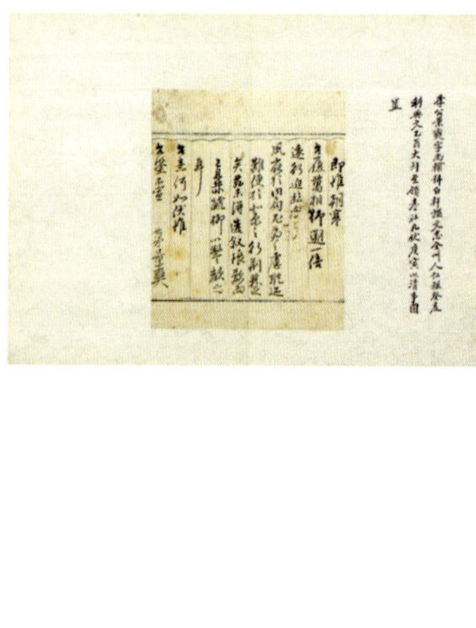

원문

卽惟朝寒 台履萬相 仰遡一倍
遠行迫臨 而夙夜於內局 尤爲之慮

蹤迹難便 於北京之行 荊棘之矣
玆未得造叙 悵歎而已
且赫蹏 聊以謦欬之耳
台意何如

伏惟台鑒 不宣
　世弟 景奭

아침 날씨가 쌀쌀한데 대감께서 잘 계시리라 생각하니 우러러 그리움이 더합니다.
먼 길을 떠나는 날에 임박해서 아침저녁으로 내국(內局)[1]에 계시니 더욱 걱정스럽습니다.

거취가 편치 못하니 북경 행차는 가시밭길입니다.
이에 나아가서 회포를 풀 길 없으니 서글프고 한탄스럽기 그지없습니다.

1 내국(內局)은 내의원(內醫院)을 말한다. 수신인이 내의원제조(內醫院提調)를 맡고 있든지, 또는 병으로 내의원을 왕래하고 있다는 의미인데 정확한 것은 알 수 없다.

우선 혁제(赫蹏)[2]로서 애오라지 말씀[3]으로 삼으려고 합니다.
대감께서는 어떻게 생각하시는지요.

대감께서 살펴주시리라 생각하며 이만 줄입니다.

세제[4] 경석

제발

李公 景奭 字 尙輔 號 白軒 謚 文忠 全州人
仁祖 癸亥 科 典文 乙酉 大拜至領 耆社 几杖 庚寅 以淸事圍置

이공(李公) 경석(景奭)의 자는 상보(尙輔), 호는 백헌(白軒), 시호는 문충(文忠)이다. 본관은 전주(全州)이다.
인조 계해(1623)년 과거에 급제하여 전문(典文 대제학)을 지내고, 을유(1645)년 영의정에 올랐으며, 기로소에 들어가고 궤장을 받았다. 경인(1650)년 청나라와의 문제로 위리안치(圍籬安置)되었다.

2 혁제(赫蹏)는 혁제(赫蹄)라고도 한다. 옛날에 글씨를 쓰는 데 썼던 폭이 좁은 비단을 말하는데, 종이를 칭하는 말로도 쓰인다. 여기에서는 작은 종이에 작은 글씨로 쓴 글을 말한다.

3 원문의 '경해(謦欬)'는 기침 소리라는 뜻이다. 『장자』「서무귀(徐无鬼)」에, 텅 빈 골짜기에 숨어 사는 사람은 "저벅저벅 걸어오는 사람의 발자국 소리만 들어도 기뻐하는 법이다. 그런데 하물며 형제나 친척의 기침 소리가 바로 옆에서 들린다면 얼마나 더 기쁘겠는가(聞人足音跫然而喜矣 又況乎昆弟親戚之謦欬其側者乎)"라는 구절에서 유래하여 '말씀', '가르침' 등의 뜻으로 쓰인다.

4 세제(世弟)는 대대로 교분이 있는 집안 사이에서 자기를 낮추어 이르는 말이다.

필자

이경석 李景奭

1595년(선조 28) ~ 1671년(현종 12)

조선후기 우의정, 좌의정, 영의정 등을 역임한 문신이다. 본관은 전주(全州). 자는 상보(尙輔), 호는 백헌(白軒). 할아버지는 이수광(李秀光)으로 아버지는 동지중추부사 이유간(李惟侃)이며, 어머니는 개성 고씨(開城高氏)로 대호군(大護軍) 고한량(高漢良)의 딸이다.

생애와 활동

1613년(광해군 5) 진사가 되고 1617년 증광별시에 급제했으며, 인조반정 이후 알성문과(謁聖文科)에 병과로 급제하였다.

승문원부정자를 거쳐 검열 · 봉교로 승진하여 춘추관사관(春秋館史官)도 겸임하였다. 1624년(인조 2) 봉교(奉教) · 전적 · 예조좌랑 · 정언 · 교리 등을 역임하고 1626년(인조 4)에는 이조좌랑 · 이조정랑에 올랐다. 이듬해 정묘호란 때 종사관(從事官)으로 강원도의 군사 모집과 군량미 조달에 힘썼다. 이후 다시 이조정랑을 거쳐 승지에 올랐다. 1629년 양주목사로 나갔다가 승지를 거쳐 1632년(인조 10)에는 가선대부(嘉善大夫)로 대사간에 제수되었다.

1636년(인조 14) 병자호란 때 대사헌 · 부제학으로 인조를 호종해 남한산성에 들어갔다. 이듬해 도승지로 예문관제학을 겸하며 「삼전도비문(三田渡碑文)」을 지었다. 1638년 홍문관 · 예문관 양관의 대제학 · 이조참판을 거쳐 이조판서에 발탁되었다. 1641년(인조 19)에는 청에 볼모로 가 있던 소현세자(昭顯世子)의 이사(貳師)가 되어 심양으로 갔다. 1644년에 복직되어 이조판서를 거쳐 우의정 · 좌의정을 역임한 뒤 1645년(인조 23) 영의정에 올랐다. 1646년 북벌 계획이 탄로나 청 황제 명으로 백마산성(白馬山城)에 위리안치되었다. 1659년 영돈녕부사가 된 뒤 기로소(耆老所)에 들어갔다. 1668년(현종 9)에는 궤장(几杖)을 하사받았다.

저서로는 『백헌집』 등 유집 50여 권이 있다. 글씨로는 「좌상이정구비문(左相李廷龜碑文)」 · 「이판이명한비(吏判李明漢碑)」 · 「지돈녕정광성비문(知敦寧鄭廣成碑文)」 등이 있다. 시호는 문충(文忠)이며, 남원의 방산서원(方山書院)에 제향되었다.

57

정태화鄭太和가 보내는 간찰簡札

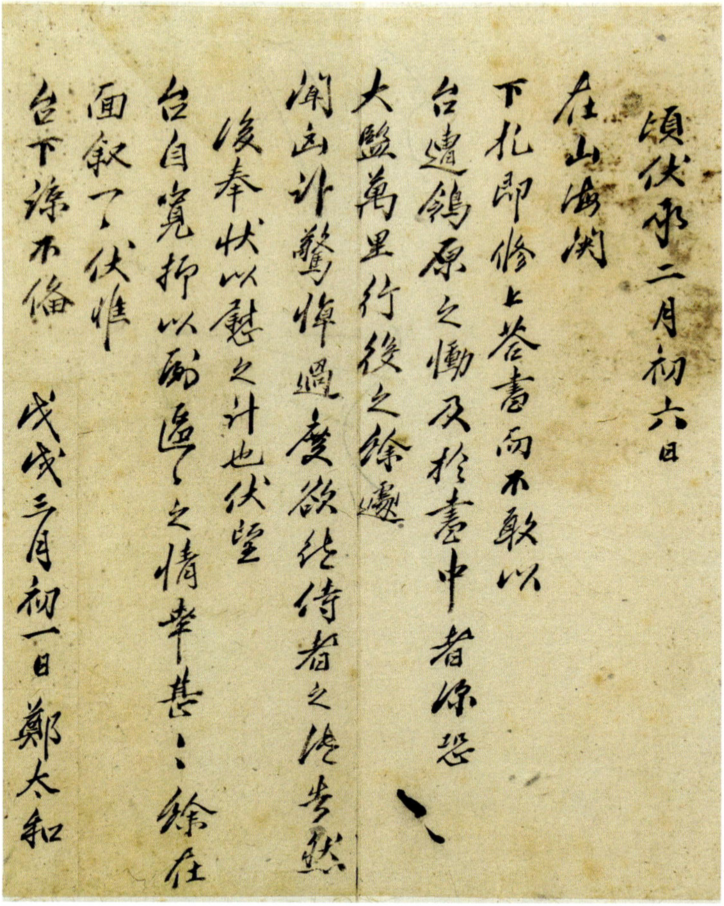

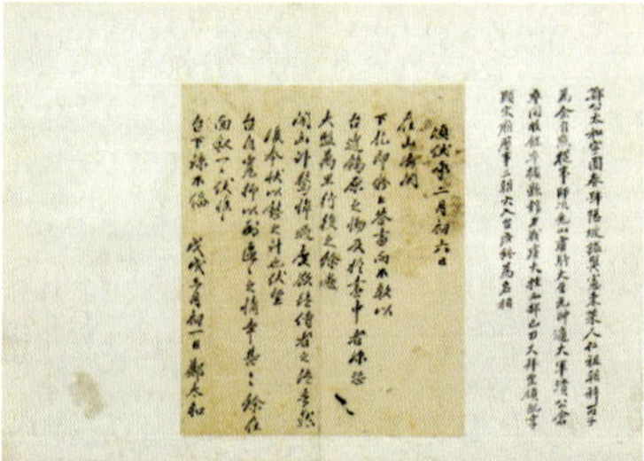

정태화鄭太和가 보내는 간찰簡札
24.2x29.4cm

원문

頃伏承 二月 初六日 在山海關 下札
卽修上答書 而不敢以台遭鴒原之慟 及於書中者 深恐

大監 萬里行役之餘 遽聞凶訃 驚悼過度
欲待侍者之傳告 然後奉狀以慰之計也

伏望台自寬抑 以副區區之情 幸甚幸甚

餘在面叙一一
伏惟台下諒 不備
　戊戌 三月 初一日 鄭太和

접때 2월 6일 산해관(山海關)에서 보낸 편지를 받았습니다.
바로 답장을 썼습니다만, 대감께서 형제[1]를 잃은 애통함을 글 속에 감히 쓰지 않아 무척 황공합니다.

대감께서 만 리 밖에서 행역(行役)[2]에 종사하실 때 갑자기 부음을 받게 되어 놀랍고 슬픈 마음은 남다를 것이므로, 모시는 사람이 기별을 가지고 오기를 기다려 위로의 글을 올리려고 하였습니다.

1 원문의 '영원(鴒原)'은 우애 있는 형제를 뜻하는 말이다. 『시경』「소아(小雅) 상체(常棣)」의 "저 할미새 들판에서 호들갑 떨 듯, 급할 때는 형제들이 서로 돕는 법이라오(鶺鴒在原 兄弟急難)" 이라는 구절에서 유래한 것이다.

2 행역(行役)은 관명(官命)에 의한 토목사업, 또는 국경을 지키는 일 등을 포괄하는 말이다.

대감께서 스스로 슬픔을 잘 견디셔서 저의 마음에 부응하여 주시길 간절히 바랍니다.

나머지는 만나 뵙고 세세하게 말씀은 드리겠습니다.

대감께서 해량하여 주시기 바라며, 예를 갖추지 못한 채 씁니다.

1658년 3월 1일 정태화

제발

鄭公 太和 字 囿春 號 陽坡 諡 翼憲 東萊人

仁祖朝 科 丙子 爲金自點從事 師次兔山 虜騎大至 元帥遁 大軍潰

公倉卒間 收餘卒 據懸館 力戰虜大挫而却

己丑 大拜至領 配享 顯宗廟 歷事三朝 六入台府 終爲名相

정공(鄭公) 태화(太和)의 자는 유춘(囿春), 호는 양파(陽坡), 시호는 익헌(翼憲)이다. 본관은 동래(東萊)이다.

인조조에 과거에 급제하였다. 병자(1636)년 김자점(金自點)의 종사관을 지냈는데, 군대가 토산에 머물렀을 때 오랑캐의 기병이 대거 몰려오자 원수는 도망가고 대군(大軍)은 궤멸되었다. 공이 급하게 남은 군졸들을 수습하여 현관(懸館)을 굳게 지키고 힘을 다해 싸우자 오랑캐는 기세가 크게 꺾여 퇴각하였다.[3]

기축(1649)년 영의정에 올랐고, 현종묘(顯宗廟)에 배향되었다. 세 조정을 내리 섬겼고 여섯 차례 정승[4]을 지냈으며, 마침내 재상으로서 이름을 떨쳤다.

---

3 "金自點從事……力戰虜大挫而却" 이 내용은 강백년(姜栢年 1603~1681)이 지은 정태화의 묘갈명에 그대로 나온다.

4 원문의 '태부(台府)'는 의정부(議政府)의 별칭으로 쓰인다. 그러나 광의로는 의정부의 당상, 곧 의정·찬성(贊成)·참찬(參贊)이 되었다는 뜻으로도 쓴다. 여기서는 정승을 지낸 것으로 보아야 하는데, 정태화는 우의정·좌의정을 각 한 번씩 지냈고 영의정을 다섯 차례 지냈다.

필자

정태화鄭太和

1602년(선조 35) ~ 1673년(현종 14)

조선후기 우의정, 좌의정, 영의정 등을 역임한 문신이다. 본관은 동래(東萊). 자는 유춘(囿春), 호는 양파(陽坡). 할아버지는 정창연(鄭昌衍)으로 아버지는 형조판서 정광성(鄭廣成)이며, 어머니는 황근중(黃謹中)의 딸이다. 좌의정 정치화(鄭致和)와 예조참판 정만화(鄭萬和)의 형이다.

생애와 활동

1628년(인조 6) 별시문과에 병과로 급제하여 승문원정자가 되었다. 홍문관에서는 수찬 · 교리 · 응교를, 사간원에서는 정언 · 헌납 · 사간을, 사헌부에서는 집의를, 세자시강원에서는 설서 · 사서 · 필선을, 성균관에서는 사예 · 사성을 각각 지냈다. 또한 예조의 좌랑, 이조의 좌랑 · 정랑, 의정부의 사인, 예빈시(禮賓寺) · 제용감(濟用監) · 장악원정(掌樂院正) 등을 역임하였다.

1637년(인조 15) 세자시강원의 보덕으로 소현세자(昭顯世子)를 따라 심양(瀋陽)에 갔다가 이듬해 충청도관찰사로 발탁되었고 곧 승정원동부승지가 되었다. 이후 육조의 참의 · 참판, 한성부우윤 · 대사간, 평안도 · 경상도의 관찰사, 도승지 등을 거쳐 1649년(인조 27) 우의정에 올랐다.

우의정에 오른 직후 효종이 즉위하자 사은사(謝恩使)로서 연경(燕京)을 다녀와서 좌의정으로 승진되었으나 어머니의 상으로 취임하지 못하고 향리에 머물렀다. 1651년(효종 2)에 상복을 벗으면서 영의정이 되어 다시 조정에 나아갔다.

1673년(현종 14) 심한 중풍 증세로 사직이 허락되기까지 20여 년 동안 5차례나 영의정을 지내면서 효종과 현종을 보필하였다. 1673년 관직에서 물러난 지 6개월 만에 72세 나이로 세상을 떠났다.

저서로 시 · 문을 모아 엮은 『양파유고』 2권 2책과 1656년(효종 7)까지의 일기인 『양파연기』 2권 2책이 있으며 시조 1수가 전한다. 시호는 익헌(翼憲)이다.(뒤에 忠翼으로 바꿈) 현종의 묘정에 배향되었다.

58 홍명하 洪命夏가 보내는 간찰簡札

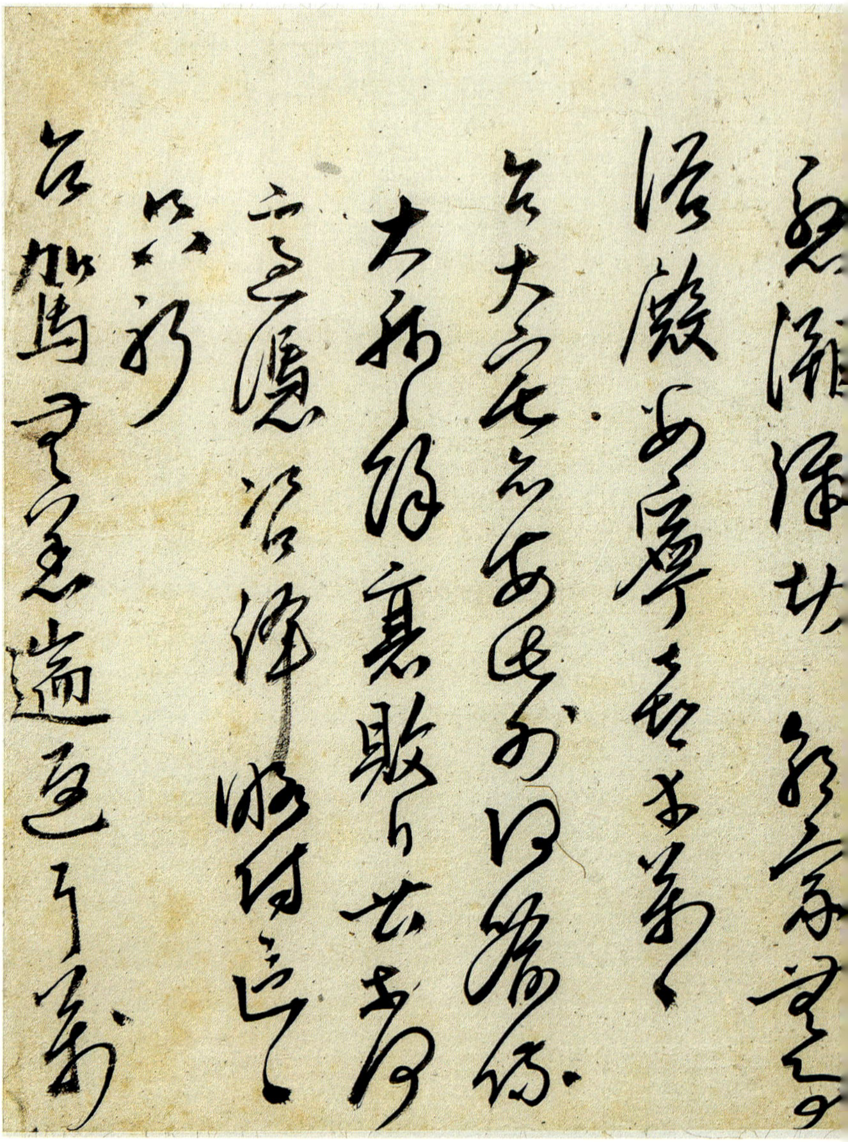

홍명하洪命夏가 보내는 간찰簡札
42.0x25.5cm

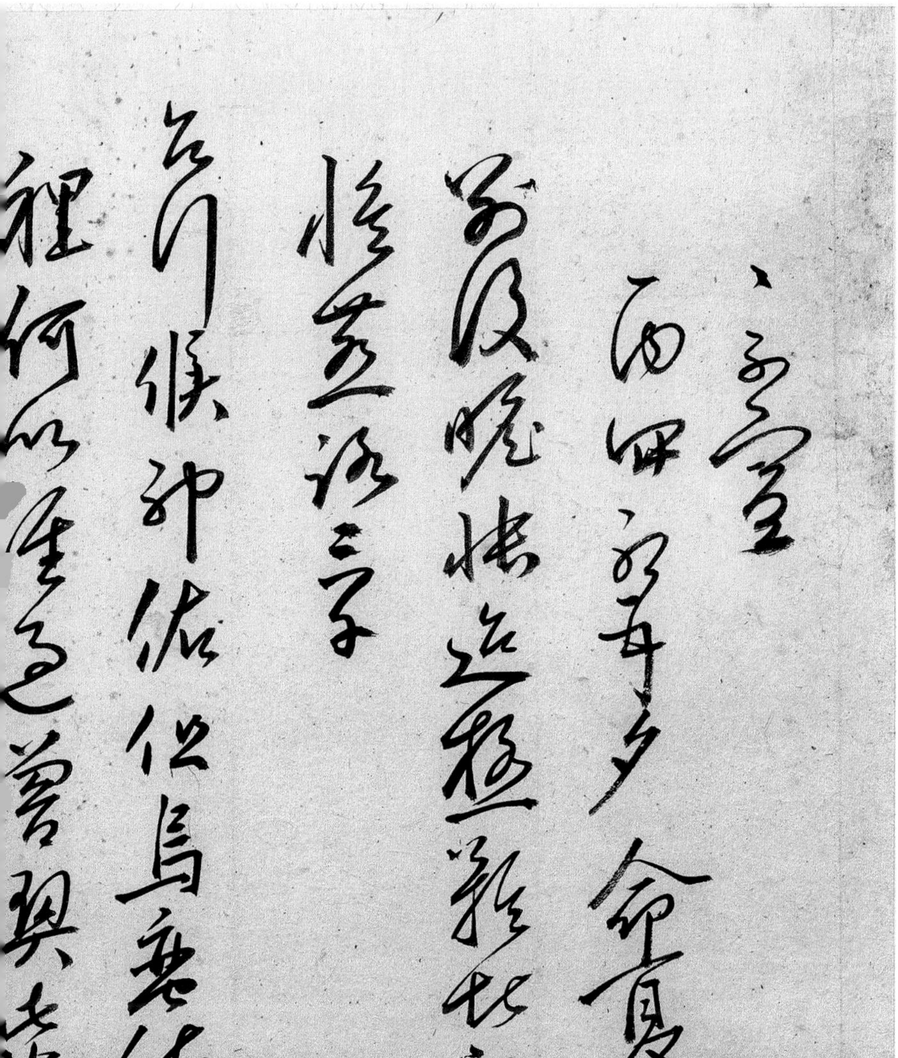

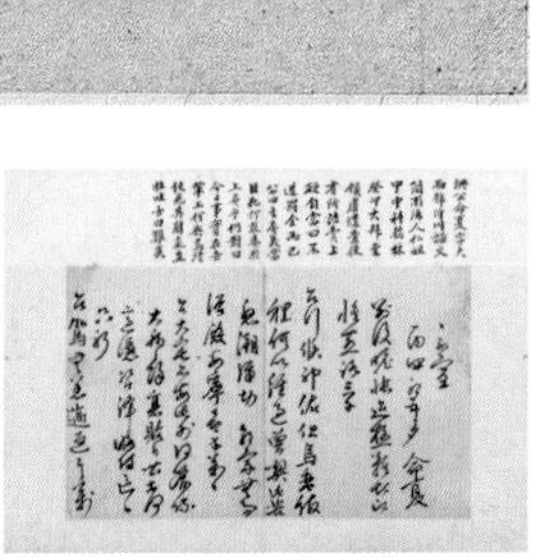

원문

別後瞻悵 迨極難堪

卽惟燕路三千 台行候神佑

但烏蠻館裡 何以經過 曾喫此苦 戀溯彌切

朝家無事 浴殿安寧 喜幸萬萬

台大宅亦安 此外何喩

僕 適憑咨譯 略付區區 只祈台駕無恙遄返耳

萬萬 不宣

丙四 初五夕 命夏

헤어진 후 아쉬운 마음이 너무 커서 마음을 주체하기 어려웠습니다.
지금 연경 가는 삼천 리 길에 신령이 대감을 보우하시리라 생각합니다.
그렇지만 오만관(烏蠻館)[1] 속에서는 어떻게 지내시는지요.
전에 그 고달픔을 겪은 곳이어서 안타깝고 그리운 마음만 간절합니다.

조정에는 아무 일이 없고 욕전(浴殿)[2]이 안녕하시니 무척 기쁘고 다행스럽습니다.
대감의 댁도 평안합니다. 이밖에 무슨 말을 드릴 수 있겠습니까.

마침 제가 자역(咨譯)[3]을 만나게 되어 대충 써서 보냅니다.
대감의 행차가 별 탈 없이 얼른 돌아오시기만 빌겠습니다.
쓰고 싶은 말은 많지만 이만 줄입니다.

병(丙)[4] 4월 5일 밤　명하

---

1 오만관(烏蠻館)의 오만은 고대 서남 소수 민족의 이름인데, 변방의 사절들이 묵는 객관을 지칭한 것이다.

2 욕전(浴殿)은 대궐 안의 욕실(浴室)로, 당(唐) 나라 때 황제가 문인 학사를 이곳에 불러들였던 곳이다. 이 용어는 문헌에 여러 차례 등장하는데, 아마도 간접적으로 임금을 지칭하는 것으로 여겨진다.

3 자역(咨譯)은 '재자역관(齎咨譯官)'의 준말이다. 중국어에 능숙한 사역원(司譯院)의 관원 중에서 선발하여 통역 뿐 아니라 중국과의 교섭에서 비교적 중요성이 적은 사안을 전달하는 사신의 역할까지 맡게 하였던 관리이다.

4 '병(丙) 자'가 속한 해라는 뜻으로 쓴 것으로 보이지만, 이런 경우, 종종 '보고나서 불태우라'는 암묵적 의미로 쓰기도 한다. '정(丁)'도 마찬가지이다.

제발

洪公 命夏 字 大而 號 沂川 謚 文簡 南陽人
仁祖 甲申 科 翰林 癸卯 大拜 至領
虜遣查使 有所詰責 上欲自當曰 不過罰金而已
公曰 主辱義當臣死 何敢委於上身乎 仍對曰 今日事 實在吾輩 上何與焉
淸使見其辭氣直壯 吐舌曰難矣

홍공(洪公) 명하(命夏)의 자는 대이(大而), 호는 기천(沂川), 시호는 문간(文簡)이다. 본관은 남양(南陽)이다.

인조(仁祖) 갑신(1644)년 과거에 급제하여 한림(翰林)을 지냈고, 계묘(1663)년 영의정에 올랐다. 오랑캐가 사사(查使 조사하는 사신)를 파견하여 힐책하는 일이 있자, 임금이 스스로 감당하려 하면서 이르기를, "벌금(罰金)을 내는 데 불과할 뿐이다."하므로, 공이 아뢰기를, "임금이 욕을 당하면 신하는 마땅히 죽어야 하는 법인데, 어찌 감히 임금에게 미룰 수 있겠습니까."하고, 노사(虜使)를 대하여 말하기를, "오늘날의 일은 그 책임이 사실 우리들에게 있다. 임금이 무슨 상관이 있겠는가." 하였다. 청의 사신은 공의 사기(辭氣)가 강직하고 장엄함을 보고 혀를 내두르며 "어려운 일이라고 이를만하다." 하였다.[5]

5 "虜遣查使 …… 吐舌曰難矣" 이 내용은 송시열(宋時烈 1607~1689)이 지은 「기천홍공신도비명(沂川洪公神道碑銘)」에 나온다.

필자

홍명하洪命夏

1607년(선조 40) ~ 1667년(현종 8)

조선후기 우의정, 좌의정, 영의정 등을 역임한 문신이다. 본관은 남양(南陽). 자는 대이(大而), 호는 기천(沂川). 황해도관찰사 홍춘경(洪春卿)의 증손으로 할아버지는 이조판서 홍성민(洪聖民)이다. 아버지는 병조참의 홍서익(洪瑞翼)이며, 어머니는 심종민(沈宗敏)의 딸이다.

생애와 활동

1630년(인조 8) 생원에 합격하고 1644년(인조 22) 별시문과에 을과로 급제하여 검열이 되었다. 1646년(인조 24) 문과중시에 병과로 급제하여 규장각 대교, 정언 · 교리 · 부수찬 · 헌납 등을 지냈다.

1649년 이조좌랑으로 암행어사가 되어 공헌하였으며, 1650년(효종 1) 이조정랑을 거쳐 1652년 동부승지로 승진하였고, 이듬해 한성부우윤이 되었다. 이어 대사간으로 사은부사(謝恩副使)가 되어 청에 다녀온 후에 이조와 예조의 참판, 부제학 · 대사헌 · 형조판서를 지냈으며 약방제조(藥房提調)가 되었다.

1659년(효종 10) 효종이 승하하자 삭직되었으나 다시 등용되었다. 예조와 병조의 판서를 거쳐 1663년(현종 4) 우의정이 되고 이듬해 사은겸진주사(謝恩兼陳奏使)로 다시 청에 다녀와서 1665년 좌의정을 거쳐 영의정이 되었다. 1666년(현종 7) 청의 사신이 왕을 책망하자 그가 나서서 엄정한 태도로 논리를 펴 반격하여 돌려보냈다.

특히 효종의 신임이 두터워 효종을 도와 북벌 계획을 적극 추진하였고, 박세채(朴世采) · 윤증(尹拯) 등 명신들을 조정에 천거하였다. 그는 성리학에 조예가 깊었으며, 글씨에도 뛰어났다. 여주의 기천서원(沂川書院)에 배향되었으며, 저서로는 『기천집』이 있다. 시호는 문간(文簡)이다.

59

조복양趙復陽이 보내는 간찰簡札

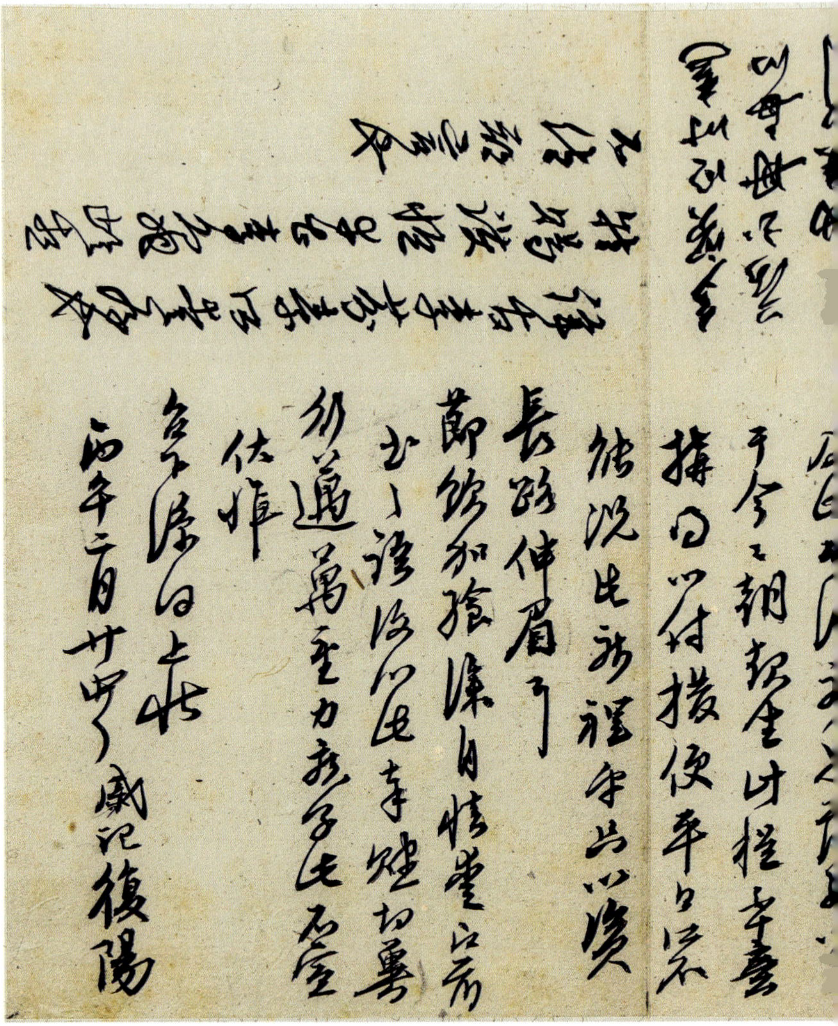

조복양 趙復陽이 보내는 간찰簡札
38.7x28.3cm

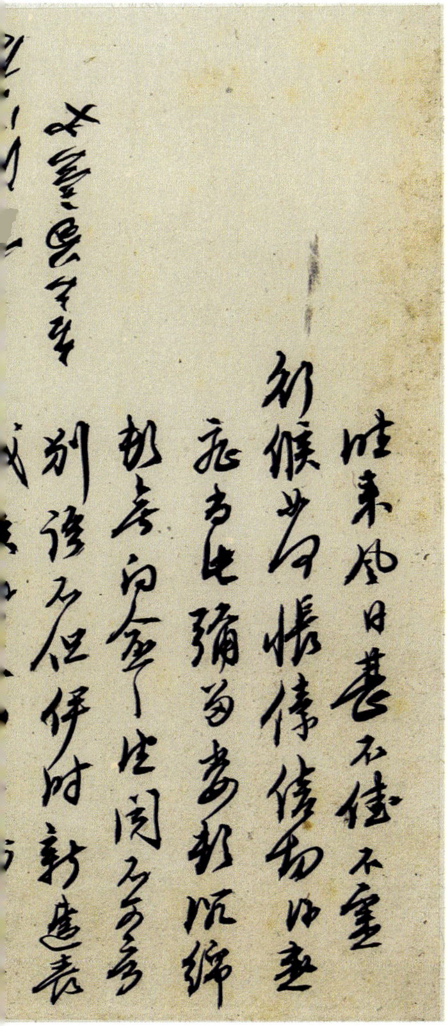

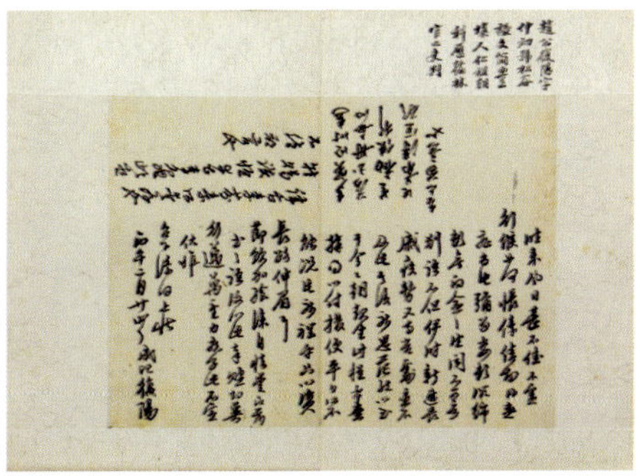

원문

昨來風日甚不佳 不審行候如何 悵傃倍切

僕 患症尙此彌留 委頓沈綿 頓無向愈之望 悶不可言
別語不但伊時新遭喪戚 疾勢又方苦劇 意不及此
其後病思茫然 以至于今

今朝起坐 計程 率意搆得 以付撥便
平日所不能 況此病裡乎 只以資長路伸眉耳
節飮加飱 深自愼愛 卽前書之語 復以此奉贐

切冀行邁萬重 力疾草此 不宣
伏惟台下諒 謹上狀
丙午 二月 廿四日 戚記 復陽

譯官 李芬 素所愛厚也 就賜護恒 幸甚
李龜岭 想不傳鄙言也

多貿明時遺落書冊 每以是勸使行 此最得宜
願台亦留意也

요사이 날씨가 매우 좋지 못하였습니다. 행차 중의 건강은 어떠신지요. 걱정과 그리움이 더욱 간절합니다.
저는 병세가 여태 이렇게 낫지 않아 병석에서 앓고만 있습니다. 앞으로 나을 가망이 전혀 없으니, 이 고민을 어찌 다 말씀드릴 수 있겠습니까.

이별의 글[1]을 써야할 당시에는 새로이 상을 당하였을 뿐 아니라 병세도 너무 심하게 고통스러워 이렇게 생각이 미치지 못하였습니다.
그 후로도 병들어 망연한 채로 지금에 이르렀습니다.

오늘 아침에야 자리에서 일어나 앉아서 노정을 헤아려보며, 마음 내키는 대로 써서 발편(撥便)[2]에 부쳤습니다.
평소에도 하지 못한 것을 이렇게 병석에서 어찌 할 수 있겠습니까.
다만 가시는 먼 길에 눈썹 펴는 얘기[3]를 부칠 뿐입니다.
술은 줄이시고 밥을 많이 드셔서 스스로를 깊이 삼가고 아끼시라는 말씀을 드리는 것으로, 바로 지난번 편지에 이어 다시금 전별의 글에 대합니다.

장도(壯途)에 평안하시길 간절히 빕니다.
병을 무릅쓰고 대충 쓰느라 일일이 다 쓰지 못하였습니다.

이만 줄입니다.
대감께서 헤아려 주시기 바라며 삼가 글을 올립니다.
1666년 2월 24일　척기[4] 복양

역관 이분(李芬)은 평소 도탑게 아끼는 사람입니다. 잘 보살펴주시길 간절히 바랍니다.

1 이별의 글은 사행을 떠나는 사람에게 일반적으로 보내는 전별시 등의 글을 말하는 듯하다.
2 발편(撥便)은 각 역참에 속하여 중요한 공문서를 교대로 변방에 급히 전하던, 파발(擺撥)로 가는 인편을 이르던 말이다.
3 원문의 신미(伸眉)는 근심 걱정을 벗어버리게 하는 얘기를 말한다. 송나라 '매요신(梅堯臣)'의 시, 「취중유별영숙자리(醉中留別永叔子履)」에 "머뭇거리던 진자도 과연 왔으니, 함께 작은 방에 앉아 애오라지 눈썹을 편다(逡巡陳子果亦至 共坐小室聊伸眉)"는 구절에서 유래하였다.
4 척기(戚記)는 인척으로서 서로 잊지 않고 기억하는 사람에 대하여 자신을 낮추어 이르는 말이다.

이귀령(李龜齡)이 제 말씀을 전하지 않은 것 같습니다.

명나라 시대의 남겨져 있는 책들을 많이 사려면, 매번 이렇게 사행 길에 권하는 것이 가장 합당합니다.
대감께서도 유의하시기 바랍니다.

제발

趙公 復陽 字 仲初 號 松谷 謚 文簡 豐壤人
仁祖朝 科 歷翰林 官止吏判

조공(趙公) 복양(復陽)의 자는 중초(仲初), 호는 송곡(松谷), 시호는 문간(文簡)이다.
본관은 풍양(豐壤)이다.
인조조에 과거에 급제하여 한림(翰林)을 지냈으며, 벼슬이 이조판서에 이르렀다.

필자

조복양趙復陽

1609년(광해군 1) ~ 1671년(현종 12)

조선후기 형조판서, 대제학, 이조판서 등을 역임한 문신이다. 본관은 풍양(豐壤). 자는 중초(仲初), 호는 송곡(松谷). 할아버지는 지중추부사 조영중(趙瑩中)으로 아버지는 좌의정 조익(趙翼)이다. 어머니는 성주 현씨(星州玄氏)로 현덕량(玄德良)의 딸이다. 김상헌(金尙憲)의 문인이다.

생애와 활동

1638년(인조 16) 정시문과에 병과로 급제한 뒤 검열을 거쳐 지평 등을 역임하였다. 이후 정언을 거쳐 헌납·교리를 지냈다.

1649년(효종 즉위년) 부교리로서 붕당의 폐해를 주장하였다. 1651년(효종 2) 그의 아버지 조익이 쓴 윤방(尹昉)의 시장(諡狀) 문제로 의금부에 감금되었다가 풀려났다. 1653년 헌납으로 복직된 뒤 부교리·이조정랑을 역임하고 집의가 되었으나 이후에도 파직과 좌천을 겪었다. 서원리(徐元履) 등의 적극적인 변론으로 다시 겸보덕으로 복직하여 집의·겸필선·사간·응교를 역임하였다.

1657년(효종 8) 시강관(侍講官)으로 궁중음악의 시정을 주장하여 악장옥책교문(樂章玉册敎文)을 지었다. 이듬해 응교 및 부응교를 거쳐 1659년 이조참의가 되었다. 1660년(현종 1)에 대사성이 되고 1661년에는 대사간으로 별도로 설치된 진휼청당상(賑恤廳堂上)이 되어 흉년으로 기아에 있는 백성들을 구제하는 일에 힘썼다. 그 뒤 부제학·예조참판·병조참판·동지성균관사·강화유수를 역임하고 여러 차례 대사성을 지낸 뒤 원자(元子)의 보양관(輔養官)이 되었다. 1668년(현종 9)에는 예조판서로 대제학을 겸하여 정시(庭試)를 총괄했으나 과거의 시제(試題) 출제에서 실수하여 이듬해에 파직되었다가 곧 형조판서로 돌아왔다. 그 뒤 우참찬·대제학·이조판서·예조판서를 역임하였다.

광주(廣州)의 명고서원(明皐書院)에 제향되었고, 저서로 『송곡집』이 있다. 시호는 문간(文簡)이다.

60

박장원朴長遠이 보내는 간찰簡札

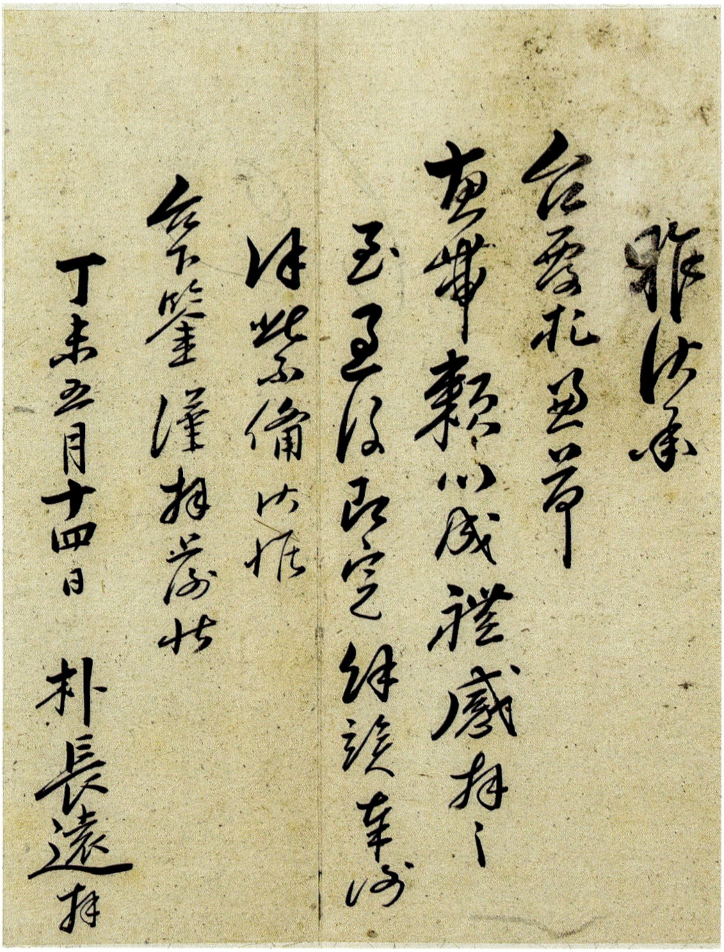

丁未五月十四日 朴長遠拜

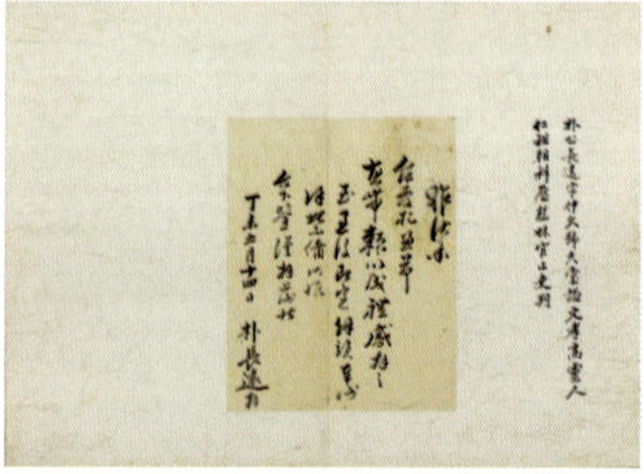

박장원 朴長遠이 보내는 간찰簡札
19.4×24.7cm

원문

昨伏承台覆札 兼荷惠帶 賴以成禮 感拜之至

過後卽定 餘竢奉謝

謹此不備

伏惟台下鑒 謹拜上謝狀

丁未 五月 十四日　朴長遠 拜

어제 대감의 답장과 아울러 보내주신 요대(腰帶)[1] 덕분에 예를 잘 치를 수 있었습니다.

지극히 고마운 마음을 전합니다.

마치고 나니 편안해졌습니다.

좀 기다렸다가 뵙고 감사인사를 드리겠습니다.

삼가 예를 갖추지 못합니다.

대감께서 헤아려주시기 바라며, 삼가 답장을 올립니다.

1667년 5월 14일　박장원 올림

1 원문의 '혜대(惠帶)'는 '보내주신 허리띠'라는 뜻으로 단순하데 읽을 수 있다. 그런데 『초사(楚辭)』 「구가(九歌)」의 "연잎 옷에 혜초 띠 매고 갑자기 왔다가 홀연히 떠나가네(荷衣兮蕙帶 儵而來, 忽而逝)"라는 구절에서 유래한 '하의혜대(荷衣蕙帶 연잎 옷 혜초 띠)'가 고고한 선비의 옷을 형용한 말로 쓰이므로, 여기 '혜대(惠帶)' 속에는 '혜대(蕙帶 혜초 띠)'의 의미까지 함축하고 있는 것으로 보아도 될 듯하다.

제발

朴公 長遠 字 仲久號久堂 謚文孝 高靈人
仁祖朝 科 歷翰林 官止吏判

박공(朴公) 장원(長遠)의 자는 중구(仲久), 호는 구당(久堂), 시호는 문효(文孝)이다.
본관은 고령(高靈)이다.
인조조에 과거에 급제하여 한림(翰林)을 지냈으며, 관직은 이조판서에 이르렀다.

필자

박장원 朴長遠

1612년(광해군 4) ~ 1671년(현종 12)

박장원 초상, 천안박물관 소장

조선후기 대사헌, 예조판서, 한성부판윤 등을 역임한 문신이다. 본관은 고령(高靈). 자는 중구(仲久), 호는 구당(久堂) · 습천(隰川). 박쟁(朴爭)의 증손으로 할아버지는 좌랑 박효성(朴孝誠)이다. 아버지는 직장(直長) 박훤(朴烜)이며, 어머니는 청송심씨(青松沈氏)로 돈녕부도정 심현(沈誢)의 딸이다.

생애와 활동

1627년(인조 5) 생원이 되고 1636년(인조 14) 별시 문과에 을과로 급제하였다.

1636년 병자호란이 일어나자 외할아버지인 심현(沈誢)을 따라 강화도에 피난하였다. 1639년(인조 17) 검열(檢閱)이 되고 1640년 사간원정언(司諫院正言)으로 춘추관기사관이 되어 『선조수정실록(宣祖修正實錄)』의 편찬에 참여하였다.

1653년(효종 4) 승지로 있을 때에 남인의 탄핵으로 흥해(興海)에 유배되었다가 이듬해 풀려났다. 1658년 상주목사에 이어 강원도관찰사를 지내고, 1664년(현종 5) 이조판서가 되고 공조판서에 이어 이듬해 대사헌이 되었다. 이후 예조판서 · 한성부판윤 등을 역임한 뒤 자청하여 개성부유수에 부임했다가 1671년(현종 12) 재직 중에 세상을 떠났다.

저서로는 『구당집(久堂集)』이 있다. 시호는 문효(文孝)이다.

61

김백옥 金伯玉의 시詩

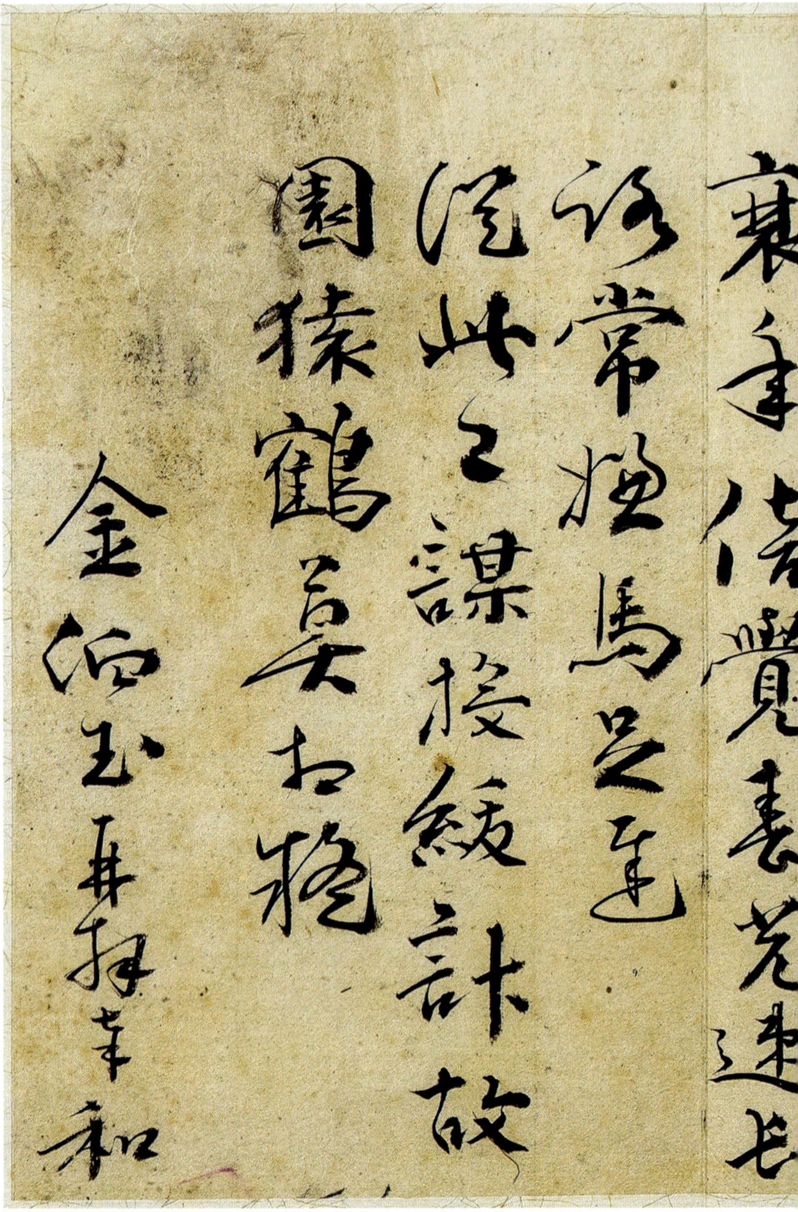

김백옥 金伯玉의 시詩
30.2x25.0cm

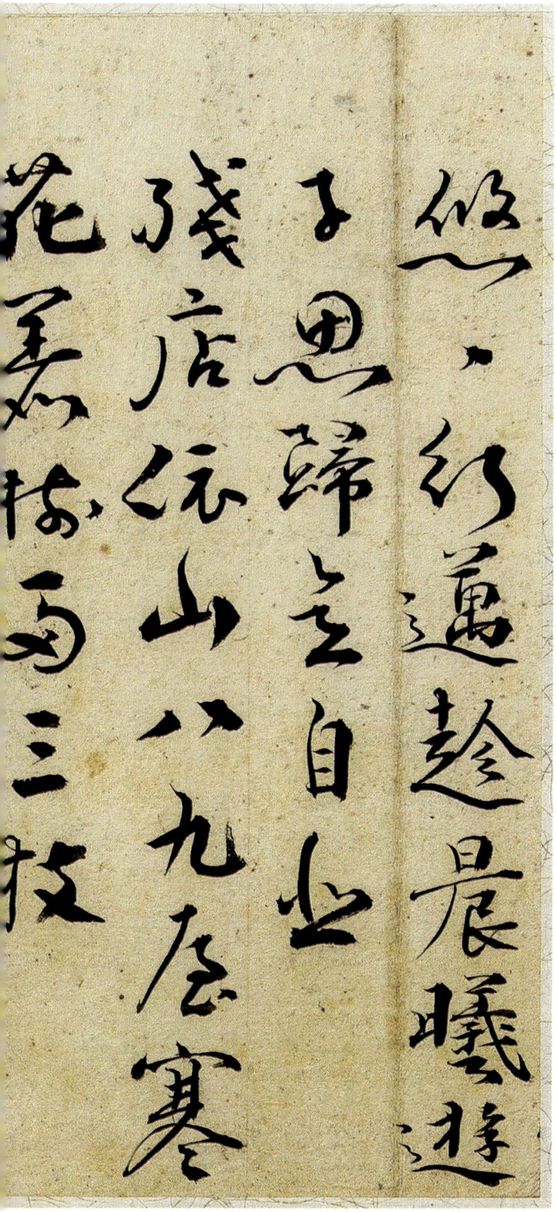

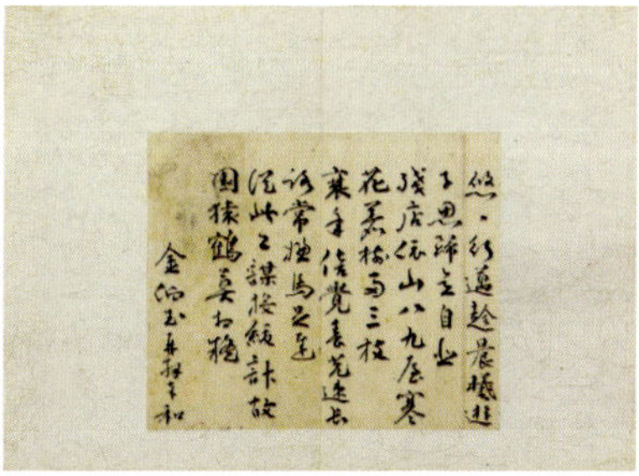

원문

*悠悠行邁趁晨曦	새벽빛 받아 유유히 길을 나섰는데
遊子思歸意自悲	떠돌다 돌아갈 일 생각하니 마음 절로 슬프네.
殘店依山八九屋	초라한 객점 아홉 채 산자락에 기대 있고
寒花着樹兩三枝	겨울꽃[1] 두어 가지 나무에 매달렸네.
衰年倍覺春光速	늙어서 봄빛 빠름이 더더욱 느껴지고
長路常嫌馬足遲	먼 길엔 말 다리 더딤이 항상 미웠네.
從此已謀投紱計	이로부터 벼슬 내려놓을[2] 계책 일찌감치 세웠나니
故園猿鶴莫相疑	옛 동산 원숭이와 학(鶴)[3]일랑 서로 의심하지 마시게.
金伯玉 再拜奉和	김백옥이 두 번 절하고 화운하여 올림.

* 김백옥(金伯玉): 김시진(金始振 1618~1667)으로 추측되나 확실하지 않다. 김시진의 본관은 경주(慶州). 자는 백옥(伯玉), 호는 반고(盤皐)이다. 1644년(인조 22) 문과에 급제하여 수원부사, 호조참판 등을 지냈다.

1 원문의 한화(寒花)는 추운 계절에 피는 꽃으로 보통 국화를 가리킨다. 그러나 뒤에 나오는 '나무(樹)', '가지(枝)'와 연관해 보면 추운 계절에 매화처럼 나무에 피는 꽃으로 보아야 한다.

2 원문의 '투불(投紱)'은 인끈(印紱)을 던진다는 뜻으로 벼슬을 그만둔다는 의미이다.

3 원문의 '원학(猿鶴)'은 은둔할 때 함께했던 원숭이와 학을 말한다. 두 번째 시는 중국 남북조 때 문인 '공치규(孔稚圭)'의 「북산이문(北山移文)」과 비슷한 내용으로 되어 있다. "향초로 엮은 장막은 텅 비어 학은 밤마다 원망의 울음 울고, 산인이 떠나고 없어 새벽에 원숭이 놀라서 우는구나. 옛날 소광은 벼슬을 버리고 동해군의 향리로 돌아와 은거했다고 들었는데, 지금 보니 주옹은 난 띠를 풀어 던지고 속세의 먼지 묻은 갓끈을 매었구나(蕙帳空兮夜鶴怨 山人去兮曉猿驚 昔聞投簪逸海岸 今見解蘭縛塵纓)."

필자

김백옥* 金伯玉

김시진 (金始振, 1618년(광해군 10) ~ 1667년(현종 8))

조선후기 한성부좌윤, 수원부사, 호조참판 등을 역임한 문신이다. 본관은 경주(慶州). 자는 백옥(伯玉), 호는 반고(盤皐). 좌의정 김명원(金命元)의 증손으로 할아버지는 김수인(金守仁)이고, 아버지는 김남헌(金南獻)이며, 어머니는 사인(舍人) 권흔(權昕)의 딸이다.

생애와 활동

1644년(인조 22) 정시 문과에 병과로 급제하여 이듬해 검열이 되었다.

1647년(인조 25) 지평(持平)이 된 뒤 문학(文學)·수찬(修撰)·부교리(副校理)·교리·집의(執義) 등을 역임하였다. 1659년(효종 10)에 전라도관찰사가 되었다. 이때 이몽학(李夢鶴)의 당여로 오해받아 장살당한 김덕령(金德齡)의 신원(伸寃: 억울하게 입은 죄를 풀어줌)을 건의하였다. 1662년(현종 3) 승지를 지낸 뒤 경기좌균전사(京畿左均田使)로 파견되었다. 1666년 사은부사로 청에 다녀와서 한성부좌윤·수원부사·호조참판 등을 지냈다.

* 제발이 없다. 김백옥(金伯玉)은 김시진으로 추정되어 그를 소개한다.

62

김좌명金佐明이 보내는 간찰簡札

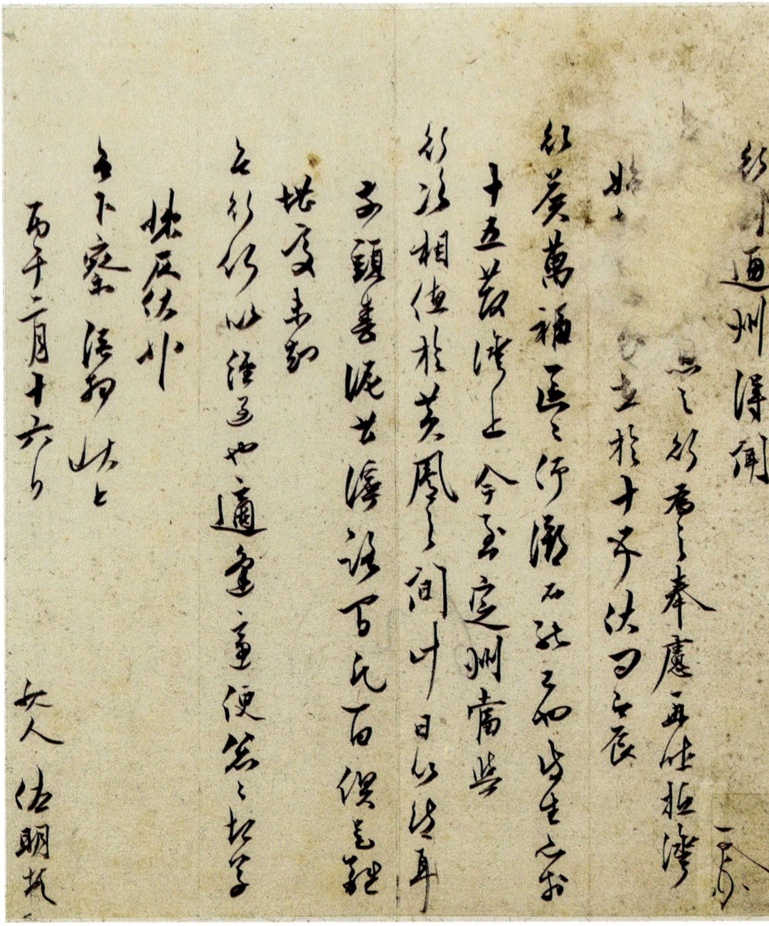

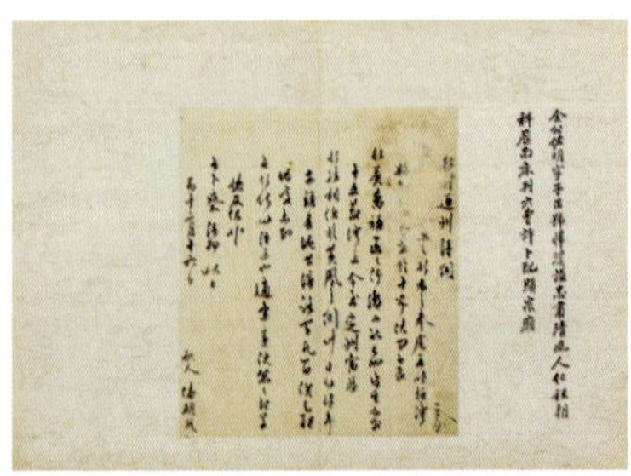

김좌명 金佐明이 보내는 간찰簡札
24.8x28.5cm

원문

[*]行到通州 得聞台 □□□□謝恩之行 爲之奉慮
再昨抵灣 始知□□裏 在於十五

伏問卽辰 行候萬福 區區仰溯 不能已也
侍生亦於十五發灣上 今到定州
當與行次 相値於黃鳳之間 計日以待耳

前頭春泥甚 灣路間 凡百俱是難堪處
未知台行何以經過也
適逢遞便 怱怱起草悚仄
伏惟台下察 謹拜狀上
丙午 二月 十六日 服人 佐明 頓

통주(通州)에 이르러 대감께서 사은사(謝恩使)로 떠나게 되셨다는 소식을 접하고 걱정되었습니다.
그저께 만상(灣上)에 도착하여, 15일에 □□□에 계신 것을 비로소 알게 되었습니다.

* 이 편지는 김좌명이 1665년 10월, 동지사(冬至使)가 되어 북경에 갔다가 이듬해 1666년 2월에 돌아올 때 쓴 것이다. 김좌명은 돌아온 해에 형조판서, 병조판서에 제수되었다. 여기에 나오는 지명, 통주(通州)는 지금의 평북 선천군(宣川郡) 일대이다. 만상(灣上)은 평북 의주이며, 정주(定州)는 평북 정주군(定州郡)이다. 만상, 통주, 정주는 사신 행차가 서울로 돌아오는 길이다. 김좌명은 사신으로 갔다가 돌아오는 중에 사은사로 떠나는 수신인에게 편지를 썼고, 중도에 만날 날을 기약하고 있다.

이즈음 행차 중에 건강하게 잘 계신지요. 우러러 그리움이 끝이 없습니다. 저도 15일에 만상을 떠났습니다. 지금은 정주(定州)에 도착하였습니다. 행차와는 황봉(黃鳳)[1] 사이에서 만나게 될 것이니, 날짜를 헤아려가며 기다리겠습니다.

앞길에 눈 녹은 진흙탕길이 심하여 만상의 길에서 모든 일이 죄다 난감하였습니다.
대감께서는 어떻게 지나가실지 모르겠습니다.

마침 체편(遞便)[2]을 만나 급히 글을 썼습니다. 송구스럽기 짝이 없습니다.
대감께서 헤아려주시기 바라며 삼가 글을 올립니다.
1666년 2월 16일　상중에 있는 좌명 올림

제발

金公 佐明 字 一正 號 歸溪 謚 忠肅 淸風人
仁祖朝 科 歷南床 判六曹許卜配顯宗廟

김공(金公) 좌명(佐明)의 자는 일정(一正), 호는 귀계(歸溪), 시호는 충숙(忠肅)이다. 본관은 청풍(淸風)이다.
인조조에 과거에 급제하여 남상(南牀)[3]을 역임하고 육조의 판서[4]를 지냈으며, 현종의 묘정(廟庭)에 배향되었다.

1 황봉(黃鳳)은 황해도의 황주(黃州)와 봉산군의 옛 이름인 봉주(鳳州)를 병칭하여 말한 것으로 보인다.
2 원문 '체편(逓便)'의 '체(逓)'는 '체(遞)'의 속자로 흔히 쓰인다. 체편은 역말을 통해서 보내는 인편을 말한다. 사편(褫便), 역편(驛便)이라고도 한다.
3 남상(南牀)은 홍문관 정자(弘文館正字)의 별칭이다. 홍문관 관원의 자리에서 정자가 남쪽 상에 자리 잡게 되므로 이 이름이 생겼다.
4 김좌명은 이조판서를 제외한 오조(五曹)의 판서를 지냈다. 이조판서를 지냈다는 기록은 어디에도 없다. 확인이 필요하다.

필자

김좌명 金佐明

1616년(광해군 8) ~ 1671년(현종 12)

조선후기 공조판서, 병조판서, 호조판서 등을 역임한 문신이다. 본관은 청풍(淸風). 자는 일정(一正), 호는 귀계(歸溪) 또는 귀천(歸川). 할아버지는 참봉 김흥우(金興宇)으로 아버지는 영의정 김육(金堉)이며, 어머니는 윤급(尹汲)의 딸이다.

생애와 활동

1644년(인조 22) 별시 문과에 병과로 급제해 승문원에 사국(史局)으로 등용된 뒤 박사 · 설서(說書)를 거쳐 홍문관에 전임되었다. 1646년 병조좌랑이 되어 다시 문과 중시에 병과로 급제하여 1648년 수찬(修撰)이 되었다가 안변(安邊)으로 귀양갔다. 이듬해에 풀려나 이조좌랑 · 대사헌 · 경기도관찰사 · 도승지 · 이조참판 등을 두루 지냈다.

1662년(현종 3) 공조판서 · 예조판서를 역임할 때, 현종 즉위 초에 좌참찬 송시열(宋時烈)의 제안으로 실시되던 전라도 산군(山郡)의 대동법이 중단된 것을 재차 주창하여 시행하게 하였다.
1668년 병조판서 겸 수어사가 되어 노량의 대열병(大閱兵)을 시행해 흩어진 군율을 바로잡았고, 병기 · 군량을 충실히 하였다. 또 호조판서가 되어 크게 국비를 덜어 재정을 윤활하게 하였다. 사람됨이 총명하고 재주가 많았으며 용모가 단정하였으며, 모든 업무에 과단성이 있고 공정하였다. 현종의 비인 명성왕후(明聖王后)의 큰아버지로서 중용되었다. 영의정에 추증되고, 청릉부원군(淸陵府院君)에 추봉되었다. 현종의 묘정(廟庭)에 배향되었다.

저서로 『귀계유고(歸溪遺稿)』가 있다. 글씨는 도연명체 필법에 능해 획이 힘찼다. 글씨로는 고성의 유점사춘파당대사비(楡岾寺春坡堂大師碑), 안동의 권태사묘비(權太師廟碑), 양주의 김식비(金湜碑)가 있으며, 그 밖에 김육비(金堉碑) · 이수일비(李守一碑) · 김장생묘표(金長生墓表) 등이 있다. 시호는 충숙(忠肅)이다.

63

이정영李正英이 보내는 간찰簡札

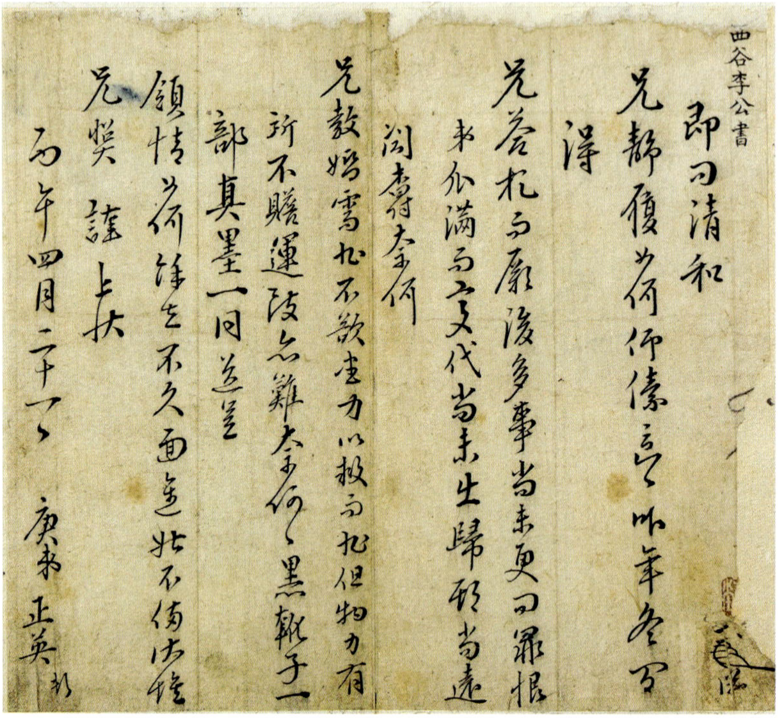

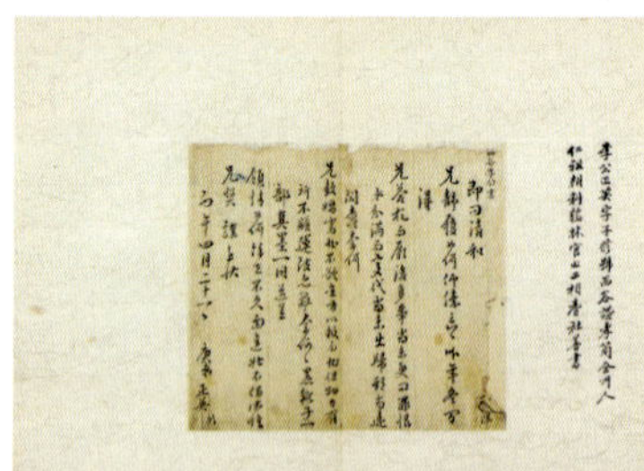

이정영 李正英이 보내는 간찰簡札
26.6×23.6cm

원문

卽問淸和 兄靜履如何 仰傃區區
昨年冬間 得兄答札 而厥後多事 尙未更問 罪恨

弟 瓜滿而交代 尙未出 歸期尙遠 悶鬱奈何

兄教婚需 非不欲盡力以救 而非但物力 有所不贍 運致亦難 奈何奈何
黑靴子一部 眞墨一同 送呈 領情如何

餘在不久面進 故不備
伏惟兄照 謹上狀
丙午 四月 二十一日 庚弟 正英 頓

청화(淸和)[1]에 그대께서 정양(靜養)하시며[2] 잘 계신지요. 우러러 그리워합니다.
작년 겨울에 그대의 답장을 받고 그 이후 일이 많아서 여태 다시 문안편지를 쓰지 못하였습니다. 죄송하고 한탄스럽습니다.

저는 임기가 다 되어 교대하였으나 아직 나가지 못하고 있습니다. 돌아갈 기약이 아득하여 서글프고 우울하지만 어쩌겠습니까.

형께서 말씀하신 혼수(婚需)는 힘을 다하여 구하고 싶지 않은 건 아닙니다.

1 청화(淸和)는 음력 4월의 이칭이다.
2 원문의 '정리(靜履)'는 벼슬에서 물러나 있는 사람의 안부를 물을 때 쓰는 표현이다.

그러나 물자(物資)[3]가 부족할 뿐만 아니라 운송하는 일도 어렵습니다.
어떻게 하면 좋겠습니까.
흑화자(黑靴子 검은 가죽신) 한 켤레, 참묵(眞墨) 한 동(同) 올립니다.
정으로 받아주시기 바랍니다.

나머지는 오래지 않아 만나 말씀드리기로 하고, 예를 갖추지 못하고
이만 줄입니다.
그대께서 살펴주시기 바라며 삼가 글을 올립니다.

1666년 4월 21일　경제[4]　정영 올림

제발

李公 正英 字 子修 號 西谷 諡 孝簡 全州人
仁祖朝 科 翰林 官止 二相 耆社 善書

이공(李公) 정영(正英)의 자는 자수(子修), 호는 서곡(西谷), 시호는 효간(孝簡)이다.
본관은 전주(全州)이다.
인조조에 과거에 급제하여 한림(翰林)에 들어갔으며, 벼슬이 이상(二相 의정부 찬성)에 이르렀다. 글씨를 잘 썼다.

3 원문의 '물력(物力)'은 '물자와 노력(努力)'이라는 뜻이나 여기서는 문맥상 물자로 해석하는 것이 옳다.
4 경제(庚弟)는 동갑내기에 대하여 자기를 낮추어 부르는 말이다.

필자

이정영 李正英

1616년(광해군 8) ~ 1686년(숙종 12)

조선후기 동지부사, 이조판서, 판돈녕부사 등을 역임한 문신이다. 본관은 전주(全州). 자는 자수(子修), 호는 서곡(西谷). 이수광(李秀光)의 증손으로, 할아버지는 이유간(李惟侃)이다. 아버지는 호조판서 이경직(李景稷)이며, 어머니는 첨지 오경지(吳景智)의 딸이다.

생애와 활동

1636년(인조 14) 별시 문과에 병과로 급제하고 병자호란 후 소현세자가 심양(瀋陽)으로 갈 때 사서로서 시종했으며 귀국해 정언 · 수찬 · 응교 · 검열 · 대교 · 봉교 · 전적을 역임하였다.

1642년(인조 20) 예조좌랑을 거쳐 1649년 효종이 즉위한 뒤 다시 정언 · 교리 · 헌납 등을 지냈다. 1657년(효종 8) 종부시정 · 사인 · 사간을 거쳐 1659년 병조참의 · 좌승지를 역임하였다. 1660년(현종 1) 부총관 · 병조참판 · 대사간을 거쳐 1664년 평안도관찰사를 지낸 후 1666년 예조참판, 이듬해 도승지에 이어 판윤이 되었다. 1669년 우윤으로 보전문서사관(寶篆文書寫官)이 되었으며 1671년 개성유수를 지냈다. 1672년(현종 13) 한성부판윤으로 다시 동지부사가 되어 청에 다녀왔다. 1674년 산릉도감제조를 거쳐 이조판서가 되고 1677년(숙종 3) 형조판서 때 시관으로서 부정을 저질러 철원에 유배되었다가 풀려났다. 이어 판돈녕부사가 되고, 1685년(숙종 11) 판의금부사를 거쳐 기로소(耆老所)에 들어갔다.

전서(篆書)와 주서(籒書: 漢字의 옛 字體의 하나. 보통 大篆이라고 함)에 뛰어났으며, 글씨로는 「민기신도비(閔箕神道碑)」 · 「이순신명량대첩비(李舜臣鳴梁大捷碑)」 · 「영안위홍주원비(永安尉洪柱元碑)」 · 「호판이경직비(戶判李景稷碑)」 · 「판추김시양비(判樞金時讓碑)」 · 「감사강홍중비(監司姜弘重碑)」 · 「형참이소한비(刑參李昭漢碑)」 · 「정여창비(鄭汝昌碑)」 · 「예참홍주국비(禮參洪柱國碑)」 등 다수가 있다. 시호는 효간(孝簡)이다.

64

이민적李敏迪이 보내는 간찰簡札

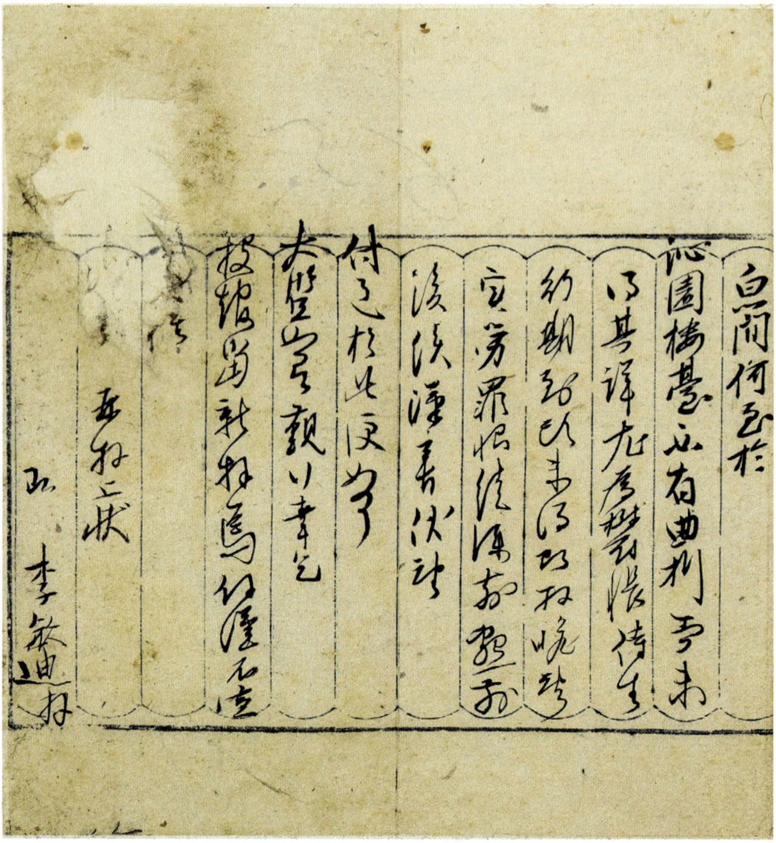

이민적李敏迪이 보내는 간찰簡札
27.2x28.5cm

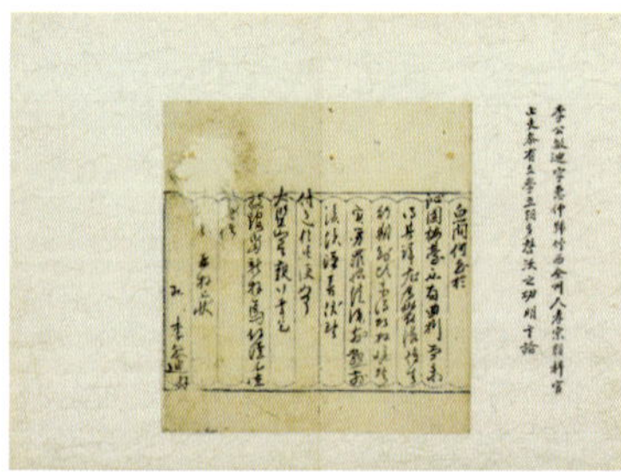

원문

白簡 何至於沁園樓臺
必有曲折 而未得其詳 尤爲鬱悵

侍生 行期到頭 未得卽拜 瞻望實勞 罪恨徒深

前懇前後續漢書 伏望付送於此便 如何
大監如有覲行 幸乞投館 當就拜焉
餘僅不宣

伏惟□□ 再拜上狀
卽 李敏迪 拜

탄핵[1]에 걸린 채 어찌하여 심원(沁園)[2]의 누대에 오르시게 된 것입니까. 반드시 곡절이 있을 것인데 소상하게 알 수 없어 더욱더 우울하고 서글픕니다.

저는 떠날 날이 다 되어 바로 뵙지 못하였습니다.
그리움으로 마음은 괴로운데, 죄스러운 회한은 속절없이 깊기만 합니다.

지난번 간청드린 전한서(前漢書), 후한서(後漢書), 속한서(續漢書)는 지금

1 원문의 '백간(白簡)'은 관리의 잘못을 적어 탄핵하는 글을 말한다.
2 심원(沁園)은 공주(公主)의 정원(庭園)을 이른다. 후한(後漢) 때 심수공주(沁水公主)의 정원 이름으로 후대에 공주의 정원을 가리키게 되었다. 따라서 이 편지의 수신자는 부마(駙馬) 집안사람인 것으로 보인다.

보낸 인편으로 보내주셨으면 합니다.

대감께서 근행(覲行)[3]하시게 되어 부디 객사에 묵어주신다면, 제가 가서 뵙겠습니다.
가까스로 쓰느라 일일이 다 쓰지 못하였습니다.

살펴주시기 바라며, 두 번 절하고 올립니다.
편지를 받은 날에 이민적 올림

제발

李公 敏迪 字 惠仲 號 竹西 全州人
孝宗朝 科 官止吏參 文學 入朝 多啓沃之功 明卞論

이공(李公) 민적(敏迪)의 자는 혜중(惠仲), 호는 죽서(竹西)이다.
본관은 전주(全州)이다. 효종조에 과거에 급제하여 이조참판을 지냈다. 문학으로 조정에 들어가 계옥(啓沃)[4]의 공을 많이 세웠으며 변론(卞論)에 밝았다.

3 근행(覲行)은 시집간 딸이나 객지에 머물던 자식이 부모님을 뵈러 가는 일을 일컫는 말이다.
4 계옥(啓沃)은 선도(善道)를 개진하여 임금을 인도하고 보좌한다는 뜻이다. 『서경』「열명(說命)」에, 은(殷)나라 고종(高宗)이 부열(傅說)에게 "그대의 마음을 열어 나의 마음을 적셔라(啓乃心 沃朕心)"라는 구절이 있다.

필자

이민적 李敏迪

1625년(인조 3) ~ 1673년(현종 14)

조선후기 한성부우윤, 도승지, 이조참판 등을 역임한 문신이다. 본관은 전주(全州). 자는 혜중(惠仲), 호는 죽서(竹西). 이극강(李克綱)의 증손으로 할아버지는 이유록(李綏祿)이다. 아버지는 영의정 이경여(李敬輿)이며, 어머니는 풍천임씨(豊川任氏)로 별좌(別坐) 임경신(任景莘)의 딸이다. 작은아버지 이정여(李正輿)에게 입양되었는데, 양모는 파평윤씨(坡平尹氏)로 대사간 윤황(尹煌)의 딸이다. 윤문거(尹文擧)의 문인이다.

생애와 활동

1646년(인조 24) 진사가 되었고, 1656년(효종 7) 별시문과에 장원급제한 뒤 정언 · 교리 · 암행어사 · 관찰사 · 대사성을 거쳐 한성부우윤 · 도승지, 이조 · 호조의 참판 등을 역임하였다. 사간과 응교로 있을 때에는 국사 논의에 참여하여 언사가 쟁쟁하였다. 현종은 이민적의 문학적 소질이 탁월함을 알고 측근에서 보필하게 하였다.

정치 · 경제에 관한 많은 소차(疏箚) 가운데 「옥당조진시폐차(玉堂條陳時弊箚)」는 특히 명문이다. 전라남도 진도의 봉암사(鳳巖祠)에 봉안되었다. 저서로는 『죽서집(竹西集)』4권이 있다.

65

송준길宋浚吉이 보내는 간찰簡札

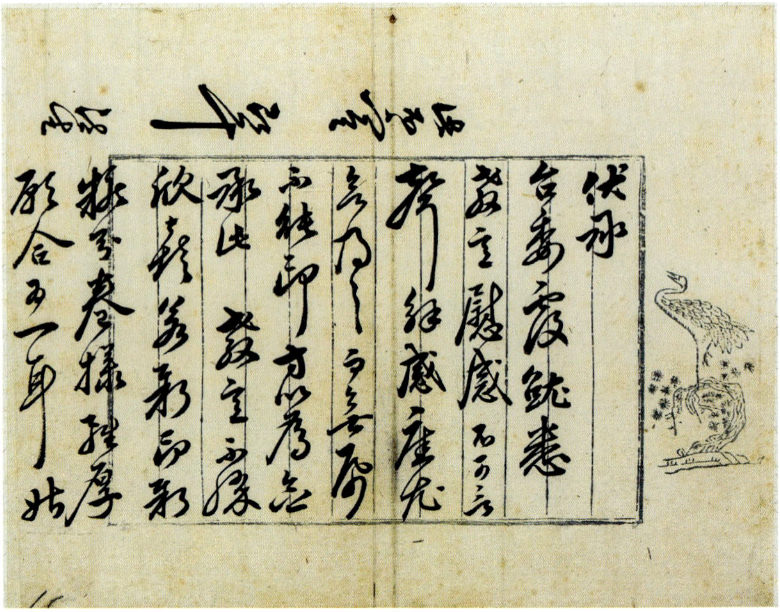

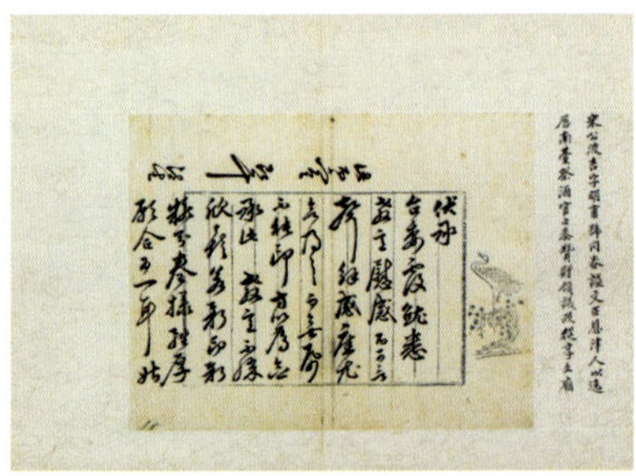

송준길宋浚吉이 보내는 간찰簡札
35.2×27.0cm

원문

伏承台委覆 就悉教意 慰感不可言

聲解感舊 尤欲得之 而無帋不能印 方以爲念

承此教意 不勝欣喜

若新印 新疑則卷撲

雖厚 願合爲一耳

姑此不宣

卽午 侍生

대감의 답장을 받아 내려주신 뜻을 잘 알게 되었습니다.

위로와 감사를 이루 말로 다할 수 없습니다.

『성해감구(聲解感舊)』[1]는 더욱 가지고 싶습니다만, 종이가 없어 인쇄하지 못하여 지금 염려하고 있던 참이었습니다.

지금 내리신 말씀을 받으니 너무도 기쁘고 즐겁습니다.

만약 새로 인쇄를 하게 된다면 책의 모양에 대해 의문이 생기실 것입니다.

비록 두터워지더라도 한 권으로 합쳐주시기 바랍니다.

이만 줄입니다.

편지받은 날 오후에. 시생.

1 『성해감구(聲解感舊)』는 책 이름이다. 정확하게는 알 수 없으나, 『감구집(感舊集)』을 조선의 발음으로 풀이한 책으로 여겨진다. 이 책은 중국 청대(清代)의 시인 '왕사정(王士禎 1634~1711)'이 사우(師友)들의 시를 모아 편집한 책이다. '이덕무(李德懋)'가 편찬한 『청장관전서(靑莊館全書)』에는 이 책에 조선의 김상헌의 시가 실려 있다고 썼다.

제발

宋公 浚吉 字 明甫 號同春 謚文正 恩津人
以逸 歷南臺 祭酒 官止 贊成 贈 領議政 從享文廟

송공(宋公) 준길(浚吉)의 자는 명보(明甫), 호는 동춘(同春), 시호는 문정(文正)이다. 본관은 은진(恩津)이다.

유일(遺逸)로 천거되어 남대(南臺)[2]와 좨주(祭酒)[3]를 거쳐 찬성(贊成)을 지냈다. 영의정에 추증되고 문묘(文廟)에 배향되었다.

2 남대(南臺)는 특별히 은일(隱逸)로서 사헌부의 장령(掌令), 지평(持平) 등에 천거되어 뽑힌 사람을 이르던 말이다. 송준길은 유일로 천거되어 사헌부장령, 사헌부집의를 지냈다.

3 좨주(祭酒)는 성균관에 두었던 종3품의 관직명이다. 송준길은 1658년(효종 9) 대사헌 · 이조참판 겸 좨주를 지내고, 1659년 병조판서 · 지중추원사(知中樞院事) · 우참찬에 올랐다.

필자

송준길 宋浚吉

1606년(선조 39) ~ 1672년(현종 13)

조선후기 대사헌, 병조판서, 이조판서 등을 역임한 문신이자 학자이다. 본관은 은진(恩津). 자는 명보(明甫), 호는 동춘당(同春堂). 송세영(宋世英)의 증손으로 할아버지는 군수 송응서(宋應瑞)이고, 아버지는 영천군수(榮川郡守) 송이창(宋爾昌)이다. 어머니는 첨지중추부사(僉知中樞府事) 김은휘(金殷輝)의 딸이다.

생애와 활동

1624년(인조 2) 진사가 된 뒤 학행으로 천거받아 1630년 세마(洗馬)에 제수되었다. 이후 효종이 즉위할 때까지 내시교관(內侍敎官) · 동몽교관(童蒙敎官) · 시직(侍直) · 대군사부 · 예안현감 · 형조좌랑 · 사헌부지평 · 한성부판관 등에 임명되었으나 대부분 관직에 나가지 않았다.

1649년 김집(金集)이 이조판서로 기용되면서 송시열(宋時烈)과 함께 발탁되어 부사직(副司直) · 진선(進善) · 사헌부장령 등을 거쳐, 사헌부집의에 올랐고 통정대부로 품계가 올랐다. 그 뒤 집의 · 이조참의 겸 찬선 등 임명되었지만 사퇴하였다. 1658년(효종 9) 대사헌 · 이조참판 겸 좨주를 거쳐 1659년 병조판서 · 지중추원사(知中樞院事) · 우참찬을 역임하였고, 자의대비(慈懿大妃) 복상 논쟁 때 송시열의 기년제(朞年祭) 주장에 지지하였다. 이어 이조판서 임명도 곧 사퇴하고 이후 우참찬 · 대사헌 · 좌참찬 겸 좨주 · 찬선 등 임명에도 계속 사퇴하였다. 1673년(현종 14) 영의정에 추증되었다. 1674년 자의대비의 복상 논쟁에서 남인의 기년제설이 채택되고 1675년(숙종 1) 허적(許積) · 윤휴 · 허목 등의 공격을 받아 관작을 삭탈 당하였다. 1680년(숙종 6) 경신환국으로 관작이 복구되었다. 송시열과 동종(同宗)이면서 학문 경향을 같이한 성리학자로 특히 예학(禮學)에 밝고 문장과 글씨에도 능하였다.

1756년(영조 32) 문묘에 제향되었고, 돈암서원(遯巖書院) 등 여러 서원에 제향되었다. 시호는 문정(文正)이다. 저서로 『어록해(語錄解)』 · 『동춘당집(同春堂集)』이 있다. 글씨로는 부산의 충렬사비문(忠烈祠碑文), 남양의 윤계순절비문(尹啓殉節碑文)이 있다.

66

송시열宋時烈이 보내는 간찰簡札

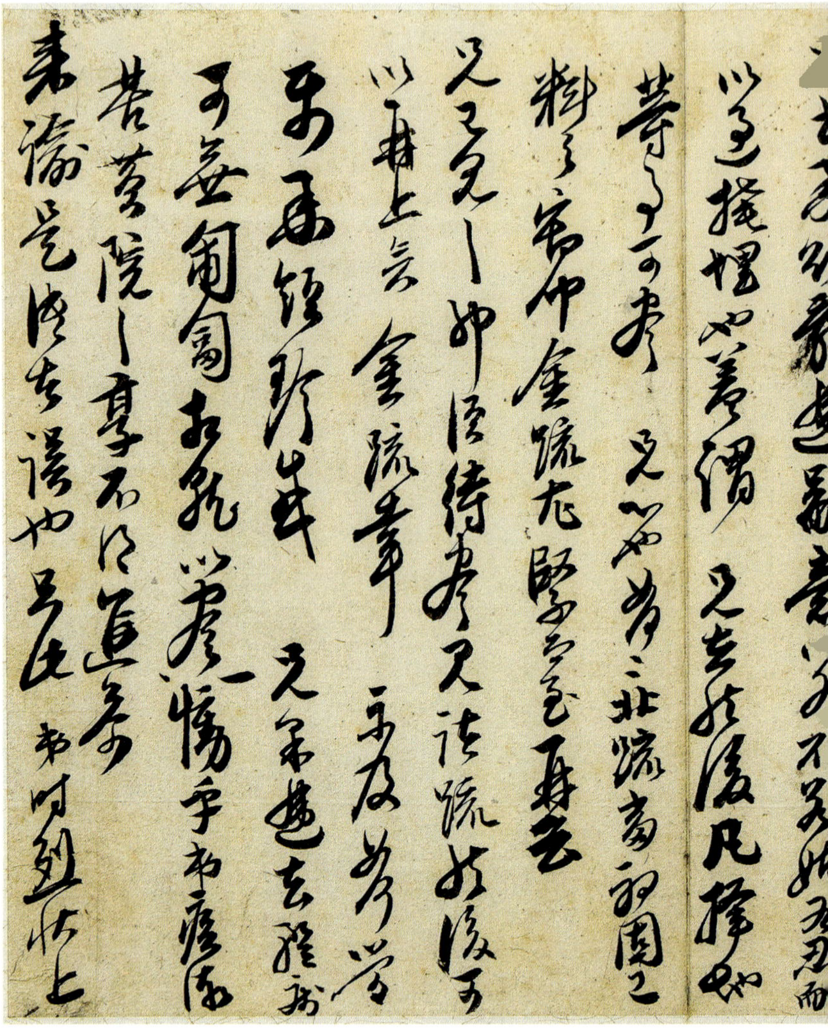

송시열宋時烈이 보내는 간찰簡札
37.1x25.6cm

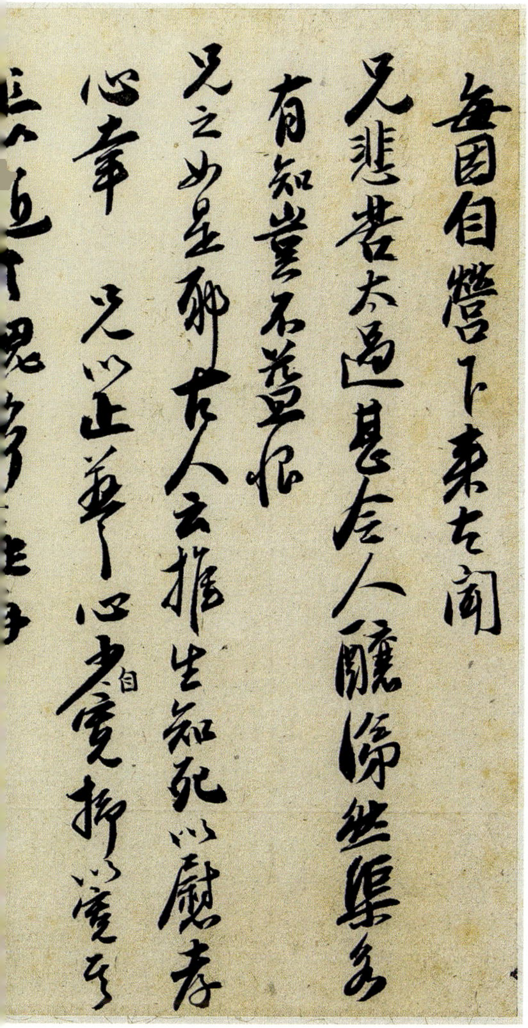

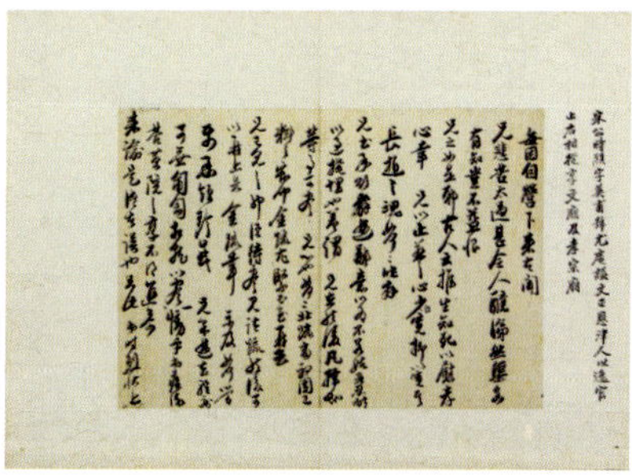

원문

每因自營下來者 聞兄悲苦太過甚 令人釀涕

然 渠若有知 豈不益恨 兄之如是耶

古人云 推生知死 以慰孝心

幸兄以止慈之心 少自寬抑 以寬其長逝之魂 如何

昨拜兄書 承欲辭遞

鄙意 以爲不若姑爲忍耐 以過掩埋也着

謂 兄在然後 凡擇地等事可盡 兄心也 如何如何

北疏當初 固已料之 窃聞金疏尤緊而至再云 兄已見之耶

須待盡見諸疏 然後 可以再上矣

金疏 幸示及如何

簡幖承領 珍感

兄果遞去 雖病可無匍匐 相就以盡一慟乎

弟疾漸苦 黃院之享 不得進參 來諭是傳者誤也

只此

弟 時烈 狀上

매번 감영(監營)에서 내려온 사람으로부터 그대께서 너무도 심한 슬픔과 괴로움을 겪고 있다는 이야기를 들으니 눈물이 절로 납니다.

그러나 그분께서 만일 알았다면, 어찌 그대에게 이토록 한(恨)을 더하게 하였겠습니까.

옛사람이 말하길, "살아 계실 때를 미루어 죽음을 알아서 효심(孝心)을 위로한다."고 하였으니 그대께서는 자애하시는 마음으로 조금이라도 스스로 슬픔을 억누르셔서, 먼 길을 떠나는 영혼을 위로해주심이 어떠신지요.

어제는 그대의 편지를 받아 사체(辭遞)[1]하고 싶다는 뜻을 알았습니다.
제 생각으로는 우선은 인내하고, 엄매(掩埋)[2]가 이루어진 다음에 하는 편이 낫다고 생각합니다.
말하자면, 그대께서 자리에 있음으로 무릇 택지(擇地) 등의 일을 마무리할 수 있습니다.
그대 생각은 어떠십니까.

북소(北疏)[3]는 애당초 정말 예상했던 일입니다.
듣자니 김(金)[4]의 상소는 더욱 긴박하여 다시 거론한 것입니다. 그대께서도 이미 보셨는지요.
반드시 여러 상소문을 다 보기를 기다린 다음에 다시 올려야 합니다.
바라건대, 김(金)의 상소를 보여주심이 어떠신가요.

간지(簡紙)는 잘 받았습니다.
참으로 고맙습니다.
그대께서 체직되어 떠나게 되신다면, 비록 병중이지만 기어서라도 가

---

1 사체(辭遞)는 사의를 표하여 체직되는 것을 말한다.

2 엄매(掩埋)는 매장(埋葬)과 같은 말이다.

3 북소(北疏)는 1664년(현종 5) 4월 김만균(金萬均)이 할머니의 원수 나라라는 이유로 청나라 사신을 만나지 않겠다는 상소를 올리고 면직을 청하였다. 그러나 도승지 서필원(徐必遠)이 그 소장을 퇴각시켰다. 이에 사간원(司諫院), 사헌부(司憲府)에서 서필원을 탄핵하려고 하면서 논란이 촉발되었고, 송시열은 김만균을 비호하면서 박세당(朴世堂), 김시진(金始振) 등과 대립하였다. 함경감사였던 서필원이 올린 상소이어서 이를 '북소(北疏)'라고 한다.

4 김(金)은 김만균(金萬均 1631~?)이다. 김만균의 본관은 광산(光山). 자는 정평(正平), 호는 사휴(思休)·취선(醉仙)·이호(梨湖)이다. 송시열의 문인으로, 송시열의 스승인 김장생(金長生)의 증손이다.

서 만나 함께 통곡할 일이 어찌 없겠습니까.
저는 병으로 점점 괴로워져서, 황원(黃院)[5]의 향사(享事)에 참석하지 못하였습니다.
보내주신 말씀은 전한 사람의 착오입니다.
이만 줄입니다.
시열 올림

제발

宋公 時烈 字 英甫 號 尤菴 謚 文正 恩津人
以逸官止右相 從享文廟 及孝宗廟

송공(宋公) 시열(時烈)의 자는 영보(英甫), 호는 우암(尤菴), 시호는 문정(文正)이다.
본관은 은진(恩津)이다.
유일(遺逸)로 천거되어 우의정을 지냈다. 문묘(文廟)에 배향되었으며,
아울러 효종 묘정(孝宗廟庭)에도 배향되었다.

5 황원(黃院)은 논산의 황산서원(黃山書院 현재 죽림서원)이다.

필자

송시열 宋時烈

1607년(선조 40) ~ 1689년(숙종 15)

송시열 초상, 국립중앙박물관 소장

조선후기 이조판서, 좌의정 등을 역임한 문신으로 학자이다. 본관은 은진(恩津). 아명은 송성뢰(宋聖賚). 자는 영보(英甫), 호는 우암(尤菴) 또는 우재(尤齋). 할아버지는 도사(都事) 송응기(宋應期)이고, 아버지는 사옹원봉사(司饔院奉事) 송갑조(宋甲祚)이다. 어머니는 선산곽씨(善山郭氏)로 봉사 곽자방(郭自防)의 딸이다.

생애와 활동

1633년(인조 11) 생원시에 장원하여 1635년에 봉림대군(鳳林大君: 효종)의 사부(師傅)로 임명되었다. 그러나 병자호란의 좌절감에 낙향하여 10여 년간 학문에만 몰두하였다.

1649년 효종 즉위로 세자시강원진선(世子侍講院進善) · 사헌부장령(司憲府掌令) 등의 벼슬에 나아갔으나 북벌 계획 무산과 함께 관직에서 물러난 후 관직을 모두 사양하였다. 1658년(효종 9) 다시 찬선에 임명되어 관직에 나갔고, 이조판서에 임명되었으나 1659년 효종의 급서와 예송(禮訟) 논쟁 등에 대한 실망으로 낙향하였다. 1668년(현종 9) 우의정, 1673년 좌의정에 임명되어 잠시 조정에 나아갔을 뿐 시종 재야에 머물렀지만, 중앙정치에 막대한 영향력을 미쳤다. 1674년 제2차 예송논쟁에서 패배하여 예를 그르친 죄로 파직과 삭출되었다. 1680년(숙종 6) 경신환국으로 정계에 복귀하고 그해 10월 영중추부사 겸 영경연사(領中樞府事兼領經筵事)로 임명되었고, 또 봉조하(奉朝賀)의 영예를 받았다. 1689년(숙종 15) 1월 숙의 장씨의 아들(경종)에 대한 세자 책봉 반대 소를 올렸다가 제주도로 유배되고 그해 6월 서울로 압송 중 정읍에서 사약을 받았다. 1694년(숙종 20) 갑술환국(甲戌換局)으로 관작이 회복되고 제사가 내려졌다. 시호는 문정(文正)이며, 1744년(영조 20) 문묘에 배향되었다.

송시열은 문장과 서체에서도 뛰어났으며 방대한 저술을 남겼다. 스스로 찬술하거나 편집하여 간행한 저서들과 사후에 수집되어 간행된 문집으로 대별된다. 문집은 『우암집(尤菴集)』을 보완하여 『송자대전(宋子大全)』이라 하였다.

67

권시權諰가 보내는 간찰簡札

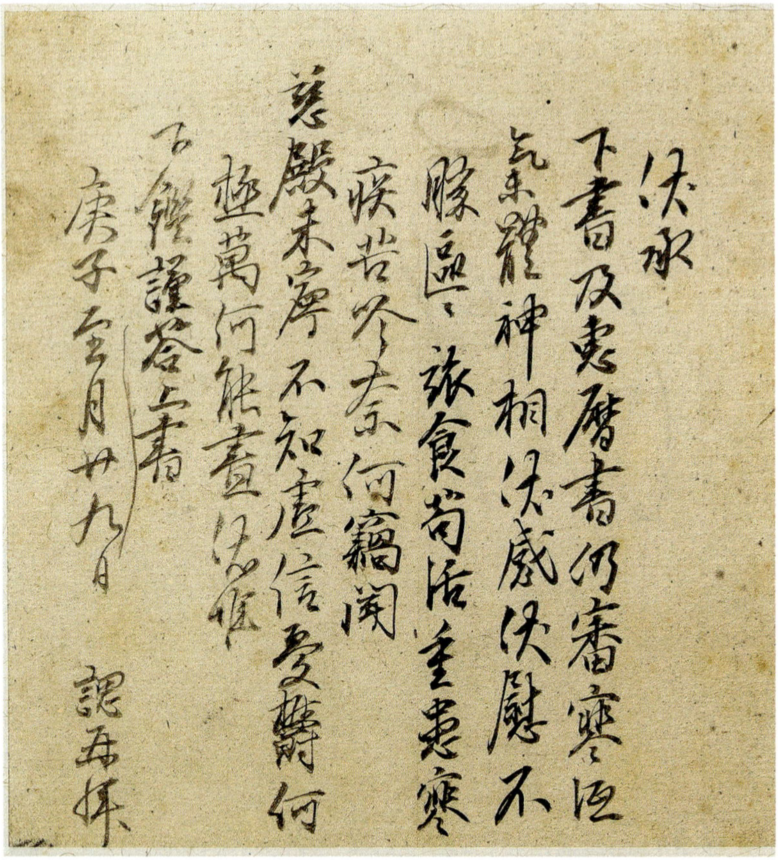

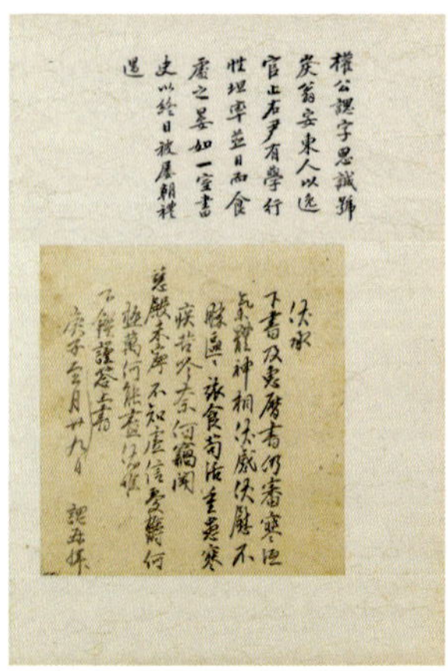

권시權諰가 보내는 간찰簡札
18.7x20.0cm

원문

伏承下書 及惠曆書
仍審寒沍 氣體神相 伏感伏慰 不勝區區

旅食苟活 重患寒疾 苦吟奈何

竊聞慈殿未寧 不知虛信 憂鬱何極 萬何能盡

伏惟下鑑 謹答上書
庚子 至月 卄九日　諰 再拜

편지와 더불어 달력을 받았습니다.
이 추위에 몸도 마음도 평안하시다는 것을 살피게 되니 감사와 위로를 주체할 수 없습니다.

저는 객지 밥을 먹으며 구차하게 살아가고 있습니다.
감기까지 심하게 걸려 괴롭게 신음하고 있으니 어쩌면 좋겠습니까.

듣자니, 대비(大妃)께서 병환이 드셨다고 합니다.
헛소문인지는 모르겠지만, 마음이 서글프기 그지없습니다.
이 많은 생각을 어찌 이루 다 얘기할 수 있겠습니까.

헤아려 주시기 바라며,
삼가 답장을 올립니다.
1660년 11월 29일　시가 두 번 절하고 올립니다.

제발

權公 諰 字 思誠 號 炭翁 安東人
以逸 官止右尹 有學行 性坦率
竝日而食 處之晏如 一室書史以終日
被屢朝禮遇

권공(權公) 시(諰)의 자는 사성(思誠), 호는 탄옹(炭翁)이다. 본관은 안동(安東)이다. 유일로 천거되어 우윤(右尹)을 지냈다. 학행이 있고 성격은 곧고 솔직하였다. 이틀에 한 끼 먹었으나[1] 편안히 여겼으며, 하루 종일 한 칸 방에서 서사(書史)를 즐겼다. 여러 조(朝)에 걸쳐 임금이 예로 대우하였다.

1 원문의 '병일이식(竝日而食)'은 『예기』「유행(儒行)」에 나오는 말이다. "선비는 일묘(一畝)의 담장 안의 좁은 방 안에서 거하며, 사립문 옆에 쪽문을 내고, 쑥대로 엮은 방문에 옹기로 들창을 달고, 옷은 번갈아 입고 나오며, 이틀에 하루치의 음식을 먹는다(儒有一畝之宮 環堵之室 篳門圭窬 蓬戶甕牖 易衣而出 并日而食."라고 한 데서 유래하였다.

필자

권시 權諰

1604년(선조 37) ~ 1672년(현종 13)

조선후기 승지, 찬선, 한성부우윤 등을 역임한 문신이자 학자이다. 본관은 안동(安東). 자는 사성(思誠), 호는 탄옹(炭翁). 아버지는 좌랑 권득기(權得己)이고, 어머니는 전주이씨로 도정(都正) 이첨(李瞻)의 딸이다.

생애 및 활동사항

어려서부터 총명하고 지행(志行)이 절이(絶異)하여 사람들이 안자(顔子)에 비유하였다. 9세 때 이미 훌륭한 시를 지었으며, 15세에 이기지설과 사칠지변(四七之辨)에 정통하였다. 1636년(인조 14) 대군사부(大君師傅)에 임명된 것을 비롯하여, 선릉참봉(宣陵參奉) · 세자시강원자의 등 여러 차례 벼슬이 주어졌으나 나아가지 않았다.

1649년 효종 즉위 후 공조좌랑에 임명되어 처음으로 벼슬길에 나갔다. 경상도사을 역임하고 집의 · 진선(進善) 등을 거쳐 1658년(효종 9) 승지에 임명되었다. 이어서 찬선(贊善)에 오르고 1659년 현종이 즉위한 뒤에 한성부우윤에 임명되었다.

1660년(현종 1) 예송 논쟁이 일어나자 송시열과 송준길에 대립하여 윤선도를 지지하는 상소를 올렸다가 같은 서인의 규탄으로 파직되어 낙향하던 중 광주(廣州)의 선영에 머물러 살았다. 1668년(현종 9) 송준길이 임금에게 "시는 애군우국(愛君憂國)하는 것이 늙을수록 더욱 돈독하니 버릴 수 없다."고 주청하여 한성부좌윤에 임명되었으나 취임하지 않고, 이듬해 공주(公州: 현재 大田)의 옛 집으로 돌아갔다.

송시열과 같은 기호학파로서 예론에 밝았다. 사후 좌참찬에 추증하고 예관을 보내어 치제하게 하였다. 대전의 도산서원에 제향되었다. 저서로는 『탄옹집(炭翁集)』 7책이 있다.

김집金集이 보내는 간찰簡札

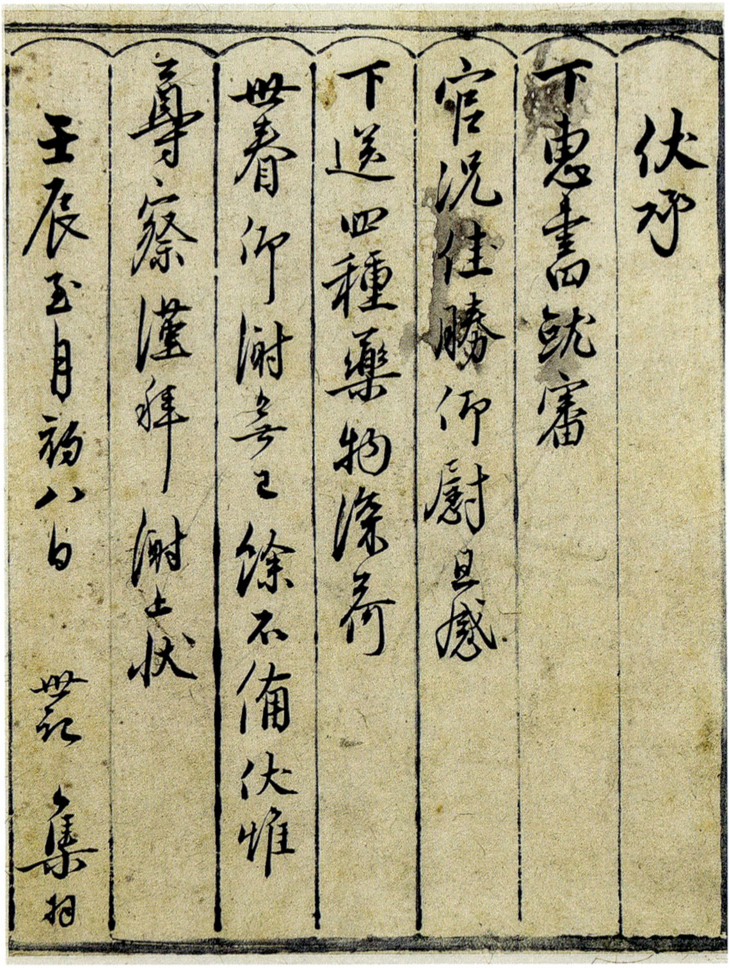

김집金集이 보내는 간찰簡札
15.4x20.0cm

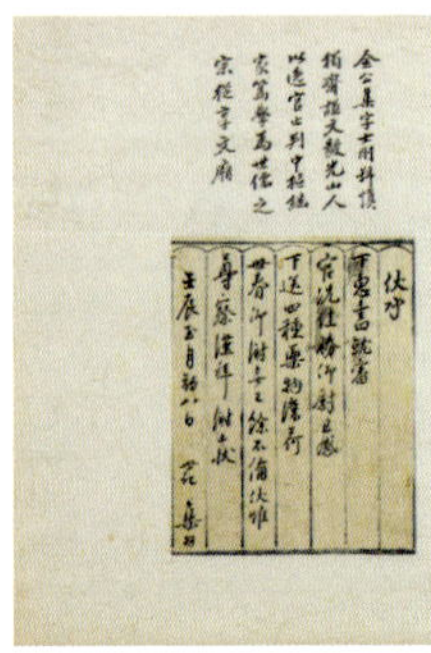

원문

伏承下惠書 就審官況佳勝 仰慰且感

下送四種藥物 深荷世眷 仰謝無已
餘不備 伏惟尊察

謹拜謝上狀
　壬辰 至月 初八日　世記　集 拜

보내주신 편지를 받아 벼슬살이의 근황이 순탄함을 알게 되니, 우러러 위로가 되고 감사가 넘칩니다.

내려주신 네 가지 약물은 대를 이어 보살펴주시는 은혜에 깊이 감사드리며 잘 받았습니다.

우러러 고마운 마음이 끝이 없습니다.
예의를 갖추지 못하고 이만 줄입니다.

살펴주시기 바라며, 삼가 답장에 대합니다.
　1652년 동짓달 8일　세기[1]　집 올림.

1 세기(世記)는 집안 사이에 대대로 교분이 있는 사람에 대해 자신을 이르는 말이다.

제발

金公 集 字 士剛 號 愼獨齋 諡 文敬 光山人
以逸官止判中樞 繼家篤學 爲世儒之宗 從享文廟

김공(金公) 집(集)의 자는 사강(士剛), 호는 신독재(愼獨齋), 시호는 문경(文敬)이다.
본관은 광산(光山)이다.
유일로 천거되어 판중추부사(判中樞府事)를 지냈다. 가학(家學)을 계승하여 학문에 힘써 유학의 종장(宗匠)이 되었고, 문묘(文廟)에 배향되었다.

필자

김집 金集

1574년(선조 7) ~ 1656년(효종 7)

조선시대 이조판서, 좌참찬, 판중추부사 등을 역임한 문신이며 학자이다. 본관은 광산(光山). 자는 사강(士剛), 호는 신독재(愼獨齋). 아버지는 김장생(金長生)이며, 어머니는 창녕 조씨(昌寧曺氏)로 첨지중추부사(僉知中樞府事) 조대건(曺大乾)의 딸이다. 아버지 김장생과 함께 예학의 기본적 체계를 완비하였으며, 송시열(宋時烈)에게 학문을 전하여 기호학파 형성에 중요한 역할을 하였다.

생애와 활동

1591년(선조 24) 진사시에 2등으로 합격했으나, 사장학(詞章學)보다는 경전 연구와 수양에 전념하였다. 1610년(광해군 2) 헌릉참봉(獻陵參奉)에 제수되었으나, 광해군의 정치에 반대하여 은퇴하였다.

인조반정 후 다시 등용되어 부여현감과 임피현령(臨陂縣令)을 지냈다. 전라도사 · 선공감첨정 등에 거듭 임명되었으나 나아가지 않고 사직하였다. 이후 학업에 전념하며 아버지 김장생이 편찬한 『의례문해(疑禮問解)』 등을 교정하고 편집하는 일에 전심전력하였다. 그 뒤 동부승지 · 우부승지 · 공조참판 · 예조참판 · 대사헌 등을 역임하였으나 오래되지 않아 사임하였다.

1649년 효종이 즉위한 후 김상헌(金尙憲) 특청으로 이조판서에 임명되었다. 이때 효종과 함께 북벌을 계획하기도 하였다. 1653년(효종 4) 좌참찬을 거쳐 이듬해 판중추부사에 임명되었다. 효종의 각별한 배려에도 불구하고 초야에 묻혀 경전 연구와 수양에 힘썼다.

저서로는 『신독재문집(愼獨齋文集)』이 있고, 편저로는 『의례문해속(疑禮問解續)』이 있다.

1883년(고종 20) 영의정에 추증되었으며 문묘와 효종묘에 배향되었다. 연산의 돈암서원(遯巖書院), 임피의 봉암서원(鳳巖書院), 옥천의 창주서원(滄州書院), 황해도 봉산의 문정서원(文井書院), 부여의 부산서원(浮山書院), 광주(光州)의 월봉서원(月峯書院) 등에 제향되었다. 시호는 문경(文敬)이다.

조위명趙威明이 보내는 간찰簡札

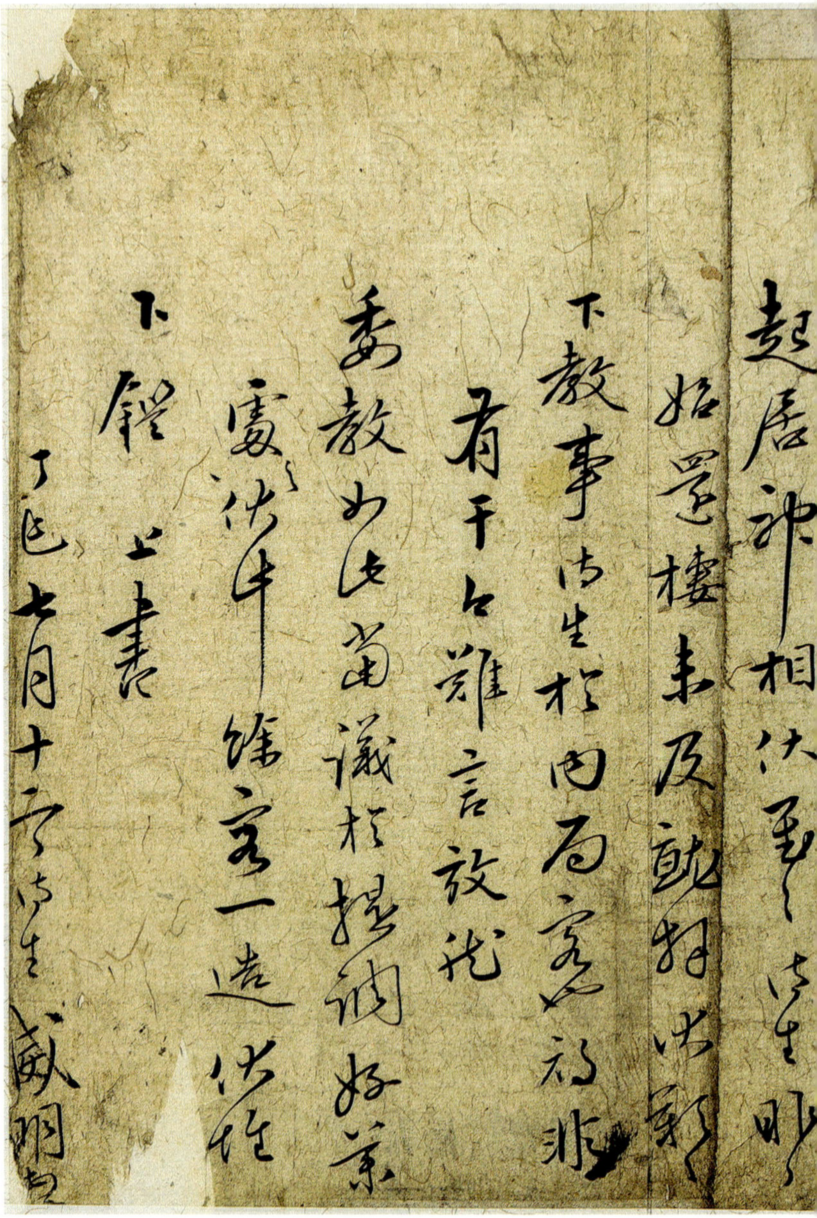

조위명趙威明이 보내는 간찰簡札
30.5x25.6cm

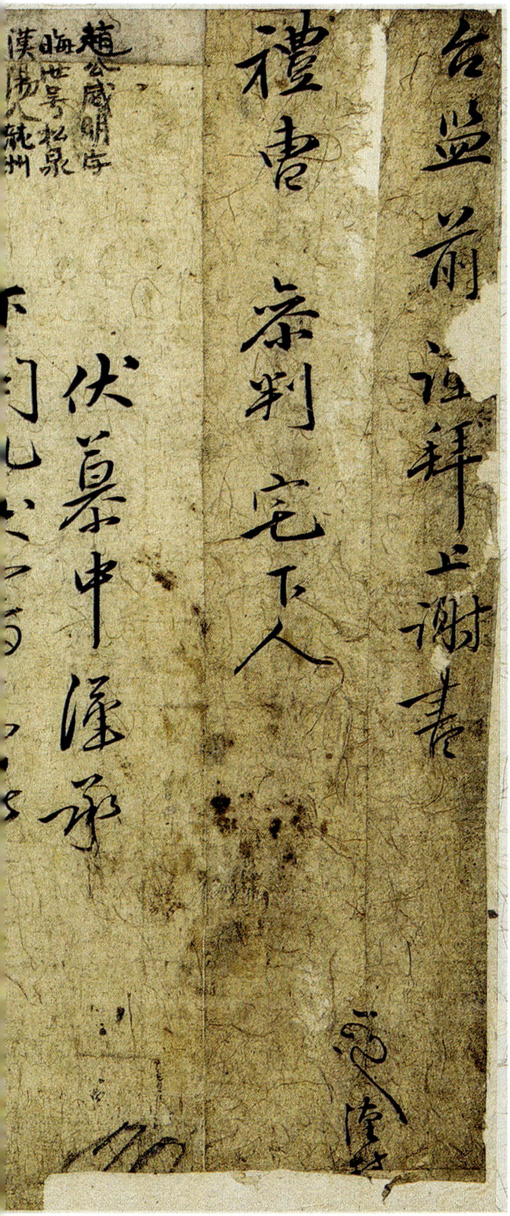
台監前 謹拜上謝書
禮書 宗判 宅下人
伏慕中深承
趙公感明字晦世號松泉漢陽人

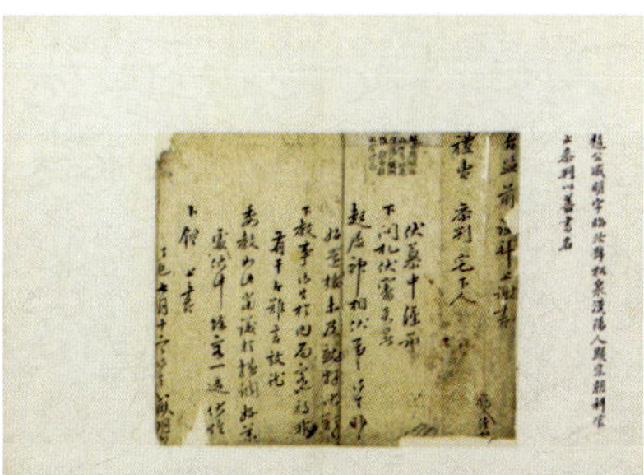

원문

台監 前 謹拜上謝書

禮曺 參判 宅 下人　　手決　謹封

伏慕中 謹承下問札 伏審炎暑 起居神相 伏慰伏慰

侍生 昨日始還棲 未及就拜 伏歎伏歎

下敎事 侍生 於內局客也 初非有干 今難言放

然 委敎如此 當議於提調 好藥處伏計

餘客一造

伏惟下鑑 上書

　丁巳 七月 十二日　侍生 威明 頓

대감께 삼가 올리는 답장

예조참판 댁 하인　　수결　근봉

그리워하고 있던 중에 문안편지를 받아 이 뜨거운 계절에 편안히 계심을 알게 되어 무척이나 위로가 되었습니다.
저는 어제 비로소 제 거처로 돌아왔습니다.
여태 인사를 여쭙지 못하여 한탄스럽습니다.

말씀하신 일은, 제가 내국(內局 내의원)의 손님이기 때문에 애초에 관련이 없으므로, 지금은 함부로 말을 할 수 없습니다.
그러나 하교하신 일이 이와 같으니, 당연히 내국제조(內局提調)와 좋은 약이 있는 곳을 상의할 계획입니다.

나머지는 한 번 찾아뵙고 말씀드리겠습니다.
살펴주시기 바라며 글을 올립니다.
1677년 7월 12일 시생 위명 올림.

제발

趙公 威明 字 晦汝 號 松泉 漢陽人
顯宗朝 科 官止參判 以善書名

조공(趙公) 위명(威明)의 자는 회여(晦汝), 호는 송천(松泉)이다. 본관은 한양(漢陽)이다. 현종조에 과거에 급제하여 관직이 참판에 이르렀다. 글씨를 잘 써서 이름이 났다.

필자

조위명 趙威明

1640년(인조 18) ~ 1685년(숙종 11)

조선후기 대사간, 도승지, 예조참판 등을 역임한 문신이다. 본관은 한양(漢陽). 자는 회여(晦汝), 호는 송천(松泉). 우의정 조연(趙涓)의 후손이며, 조현(趙玹)의 증손으로, 할아버지는 조익남(趙翼男)이고, 아버지는 조구(趙絿)이며, 어머니는 이현(李灝)의 딸이다. 작은아버지 조경(趙絅)의 문하에서 학문을 배워 문예에 뛰어났고 필법이 절묘하였다.

생애와 활동

음보(蔭補)로 세자익위사부수(世子翊衛司副率)가 되었다가 1668년(현종 9) 별시 문과에 병과로 급제하여 예문관검열을 거쳐 사간원정언 · 사헌부지평 · 홍문관응교를 지냈다.

1674년 숙종이 즉위하자 성균관직강이 되어 현종의 시책(諡冊)을 썼다. 동부승지 · 우부승지를 거쳐 충청도관찰사로 나아가 선정을 베풀었다. 1676년(숙종 2) 태조의 부례(祔禮)를 행할 때 옥책(玉冊)을 쓴 공로로 가자되었다. 그 뒤 대사간 · 도승지 · 예조참판을 역임하였다.

명문장가로서 예론에 밝았으며 명필이었다. 유필(遺筆)로 허목(許穆)이 찬한 동창위 권대항(東昌尉 權大恒)의 비문과 양주의 지중추부사(知中樞府事) 목서흠(睦敍欽)의 비문, 대군사부(大君師傅) 권적(權蹟)의 표(表), 포천의 조익남(趙翼男) 비문 등이 있다.

70

최석정崔錫鼎이 보내는 간찰簡札

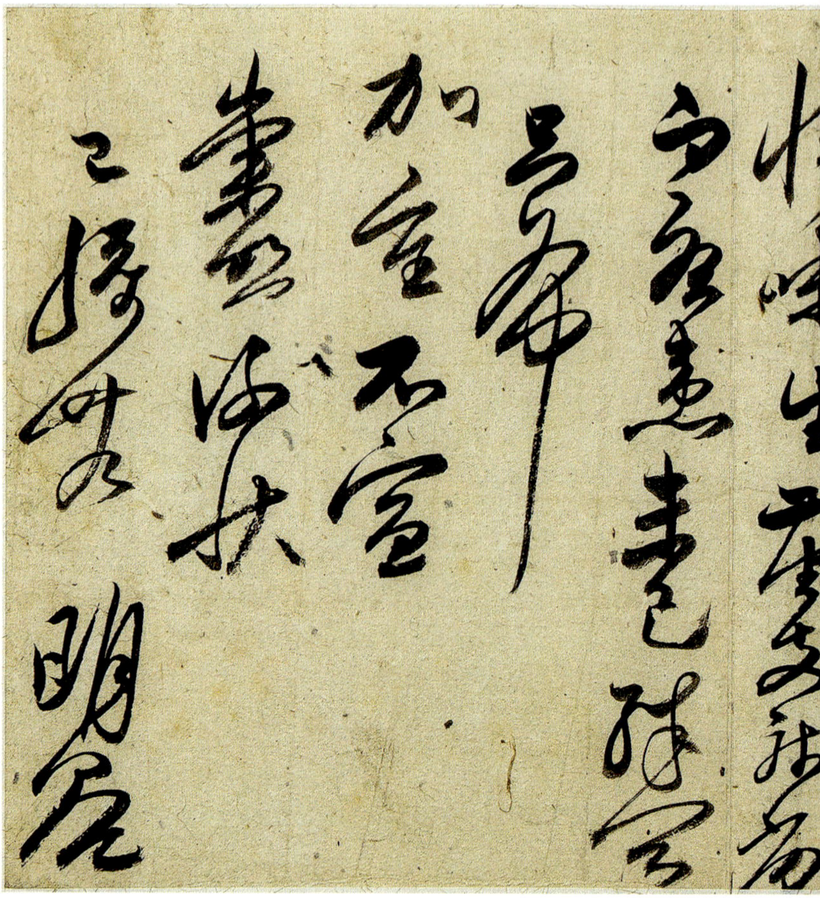

최석정 崔錫鼎이 보내는 간찰簡札
36.5x19.4cm

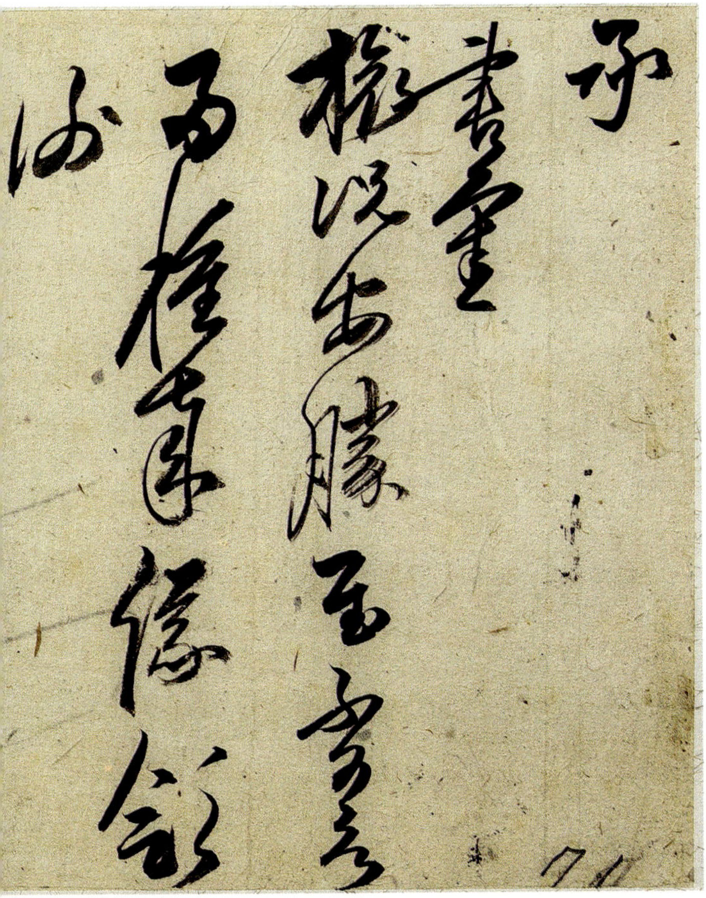

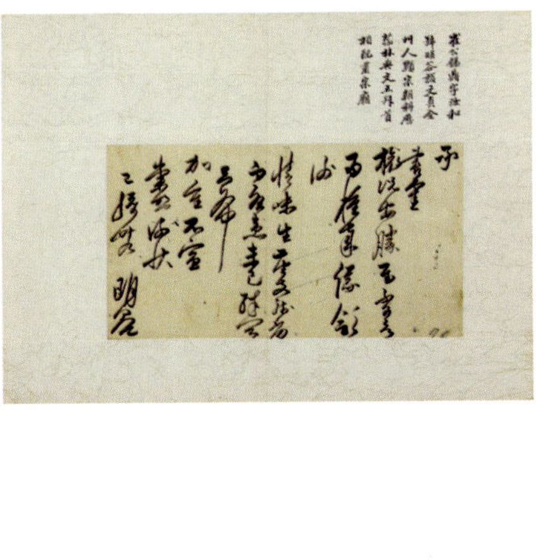

원문

承書 審旅況安勝 慰不可言　　兩種歲儀 領謝情味
生董支病劣 而憂患未已 殊悶　　只希加重
不宣
崇照 謝狀
　己臘 卄九　明谷

보내주신 편지를 받아 객지생활 중에 편안히 잘 계심을 알게 되니, 말할 수 없이 위안이 됩니다.
세찬(歲饌)으로 보내주신 두 가지 물품은 정(情)이 담긴 맛이어서 고맙게 받았습니다.
저는 병든 몸으로 볼품없이 근근이 살아가고 있습니다만, 우환은 끝이 없어 너무나 고민스럽습니다.
다만, 그대께서 더욱더 몸조심하시기만 바라며,
이만 줄입니다.
살펴주시기 바라며, 답장을 씁니다.
　기(己)년 납월(臘月 음력 선달) 29일 명곡(明谷)

제발

崔公 錫鼎 字 汝和 號 明谷 諡 文貞 全州人
顯宗朝 科 歷翰林 典文 五拜首相 配肅宗廟

최공(崔公) 석정(錫鼎)의 자는 여화(汝和), 호는 명곡(明谷), 시호는 문정(文貞)이다. 본관은 전주(全州)이다.
현종조에 과거에 급제하여 한림(翰林)을 거쳐 전문(典文 대제학)을 지냈다. 다섯 차례 수상(首相)에 올랐고, 숙종묘(肅宗廟)에 배향되었다.

필자

최석정 崔錫鼎

1646년(인조 24) ~ 1715년(숙종 41)

최석정 초상, 국립청주박물관 소장

조선후기 이조판서, 우의정, 영의정 등을 역임한 문신으로 학자이다. 본관은 전주(全州). 초명은 석만(錫萬). 자는 여시(汝時)·여화(汝和), 호는 존와(存窩)·명곡(明谷). 할아버지는 영의정 완성부원군(完城府院君) 최명길(崔鳴吉)이며 아버지는 한성좌윤 완릉군(完陵君) 최후량(崔後亮)이다. 어머니는 안헌징(安獻徵)의 딸이다. 응교 최후상(崔後尙)에게 입양되었다.

생애와 활동

1666년(현종 7) 진사시에 장원했으며 동시에 생원시도 합격하였다. 1671년 정시 문과에 병과로 급제, 승문원으로 관직 생활을 시작하였다.

1676년(숙종 2) 윤휴(尹鑴)를 비난하고 김수항(金壽恒)을 옹호하다가 삭출되었다. 1680년 경신환국 이후 병조정랑·승정원동부승지가 되었다. 노소분당 때 윤선거를 옹호한 나양좌(羅良佐)의 견해를 지지하였다. 1689년(숙종 15) 기사환국까지 승정원승지·성균관대사성·홍문관부제학과 제학을 역임하였다. 기사환국 이후 안동부사·연안부사를 역임하다가 부친상을 이유로 사직하였다. 1694년(숙종 20) 갑술환국 이후 한성판윤·사헌부대사헌을 역임하고 홍문관대제학·이조판서가 되었다. 1697년 우의정에 올라 왕세자 책봉을 위한 주청사로 청에 다녀왔다. 1699년 좌의정을 거쳐 1701년(숙종 27) 영의정이 되었다. 당시 붕당 문제보다 도학(道學)이 쇠퇴하는 것이 문제라고 지적한 이유로 파직되고 유배되었다가 다음 해 석방되어 진천에 거주하였다. 1703년 다시 영의정이 되었는데 1710년까지 모두 열 차례 입상(入相)하였다. 1715년(숙종 41) 기사(耆社: 기로소)에 들어갔고, 이해에 사망하였다. 후에 숙종묘에 배향되었다.

성격이 겉으로는 화평하나 안으로는 굳건했으며 염려나 불만의 기색을 밖으로 드러내지 않았다. 또한 당쟁의 화를 가능한 한 줄이려고 힘썼던 정치가이기도 하였다.

『야승(野乘)』을 집대성하려고 노력하여 찬수청을 설치하게 하는 데까지 이르렀으나, 뜻을 이루지는 못하였다. 편저에 『전록통고(典錄通考)』가 있고, 저서로 『예기유편』과 『명곡집(明谷集)』 36권이 현재 전한다. 시호는 문정(文貞)이다.

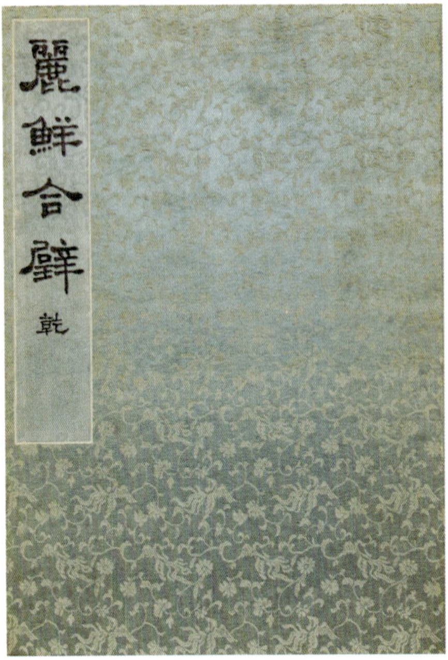

려선합벽(乾 · 巛)
40.0x27.5cm

고려 · 조선 유명인 70인의 필적 『려선합벽(麗鮮合璧)』

교통과 통신의 발달이 미흡하였던 옛사람들이 상호 간에 소통하는 방법은 시문이나 편지를 주고받거나 인편을 이용하는 정도의 한정된 채널이었을 것이다. 전통시대 편지는 글을 쓰는 배경과 문장의 길이, 목적 등에 따라 척독(尺牘), 서찰(書札), 서신(書信), 수간(手簡) 등 여러 이름이 있는데, 요즘은 전통시대 편지 중 종이에 적거나 비단에 적은 편지를 모두 간찰(簡札)이라고 한다.

간찰의 내용은 다양한데 짧은 안부 편지부터 장문으로 학문과 경세를 피력하는가 하면, 필요한 물건을 요청하는 등 사사로운 부탁에서부터 조정에 올라가는 상소문을 의논하는 글 등이 존재한다. 한편으로는 문인으로서 시를 선물하고 그에 대한 답시 또는 감사 편지를 주고받기도 한다.

간찰에는 글씨뿐만 아니라 편지지나 수결, 인장 등의 사용을 통해서도 그 시대의 문화를 볼 수 있다. 이러한 이유로 옛사람들은 선현의 글씨나 그림을 간직하려는 마음에서 그들이 쓴 간찰을 모아 첩으로 제작하기도 하였다. 제작된 간찰첩은 목적과 가치에 따라 위세품으로 전해지기도 하며 간찰 쓰기 교본이나 문장 작성용 교본으로 활용하기도 하였다. 그 결과 간찰은 우리에게 다양한 형태로 전해져 옛사람의 삶을 살펴볼 수 있는 보고라 할 것이다.

『려선합벽(麗鮮合璧)』의 편제와 구성

경희대학교 중앙박물관은 옛사람들의 시문과 간찰을 모아 만든 서첩을 여러 종 소장하고 있다. 『려선합벽(麗鮮合璧)』 2책(乾 · 巛), 『황각필한(黃閣筆翰)』 2책(乾 · 巛), 『명묵첩(名墨帖)』 8책(一~八), 『열성어필첩(列聖御筆帖)』 1책, 『서간집(書簡集)』 1책 등이다. 이 서첩들의 공개는 탈초 · 번역 및 내용 검토 등 일련의 사전작업이 뒷받침되어야 가능하기에 지금까지 전시되지 못하고 수장고 안에 수납되어 있는 상황이었다. 이 서첩들의 내용을 검토하고 살펴보는 것은 선조들의 일상사를 공유한다는 것에 의미가 있을 것이다. 이러한 필요성과 목적하에 이 서첩들을 순차적으로 탈초 · 번역하여 공개하는 것은 당시를 살았던 관료 지식인들의 정서와 감성을 공감하여 그들의 삶과 사상, 그 시대의 문화를 다양하게 읽을 수 있게 해주는 소중한 기회가 될 것이다.

그 중 『려선합벽』(乾 · 巛, 등록번호 7-3, 7-5, 가로 40.0㎝, 세로 27.5㎝)을 탈초 · 번역하고 출판하여 대중에 소개하고자 한다. 『려선합벽』의 소장 경위를 검토하였지만 유물대장에 재고품으로 기록되어 있을 뿐 상세 내용은 없어 박물관 개관 때부터 소장되어 있었다고 짐작된다. 『려선합벽』의 탈초 · 번역은 석한남(石韓男) 선생께서 맡아주셨다.

『려선합벽』은 고려 말부터 조선 후기에 이르는 유명인들의 글씨를 모아 서첩으로 꾸몄는데, 필적을 남긴 인물들을 생존연대로 살펴봤을 때 고려 말 배극렴(裵克廉, 1325~1392)이 가장 이르고, 조선 후기 최석정(崔錫鼎, 1646~1715)이 말미를 장식한다. 구성은 각 인물의 글씨를 배접하고 그 여백에는 글쓴이를 소개하는 제발을 붙였다. 건책과 곤책의 제발과 글의 작성 성향으로 볼 때 제발자가 서로 다르다는 것을 알 수 있다. 건책과 곤책의 제발은 동일하게 글쓴이의 성명, 자, 호, 시호, 본관, 급제, 관직 경력, 포상 등을 기록하고 있다. 다만 건책의 제발은 독자들에게 글쓴이의 추가 정보로 학문과정 및 관직 경력과 저술, 일화 등을 상세히 제공하고 있다. 이에 비해 곤책의 제발은 특별한 경우를 제외하고는 글쓴이의 소개를 간단명료하게 작성하였다.

『려선합벽』의 내용을 보면 14세기 후반부터 18세기 초까지 유명 인물들의 필적을 모아 책을 구성하였지만 서문이나 발문이 없어서 정확한 경위는 알 수 없다. 건책에 38인, 곤책에 32인 총 70인의 필적이 수록되어 있다. 배극렴(裵克廉, 1325~1392), 이집(李集, 1327~1387), 조준(趙浚, 1346~1405), 이숭인(李崇仁, 1347~1392), 정이오(鄭以吾, 1347~1434) 등 여말선초에 활동했던 몇몇 인물을 제외하면 대부분은 조선시대 관료, 학자들이다.

책의 제목을 '려선합벽(麗鮮合璧)'이라 붙인 것은 고려와 조선을 의미하는 '려선(麗鮮)'과 둘이 서로 조화롭게 짝을 이룬다는 '합벽(合璧)'의 합성어로 짐작된다. '합벽'이라는 표현은 『한서(漢書)』에 "해와 달은 마치 옥을 합친 것 같고 오성은 꿰어놓은 구슬과 같다(日月如合璧 五星如連珠)"라고 하여 절후가 잘 맞아서 조금도 어긋남이 없이 조화를 잘 이루었다는 의미로 사용되었다. 합벽의 사용례는 주로 서(書)와 화(畵)를 짝을 이루어 구성하는 '서화합벽(書畫合璧)'에서 찾을 수 있는데, 이 용어가 우리나라에서 처음 등장한 것은 조선 후기 신위(申緯, 1769~1845)의 『경수당전고(警修堂全藁)』이다. 시사(詩社)가 성행하고 서화가들의 모임이 활발해진 일제 강점기에는 '합작'과 '합벽'이 혼용되어 사용되기도 하였다. 요컨대 『려선합벽』은 고려와 조선시대 명망높은 선인들의 필적을 한데 모아 놓은 책이란 뜻이다.

『려선합벽』에 수집된 글들은 시문과 간찰로 크게 나누어 볼 수 있다. 시문은 자작이 대부분이지만 타인이 찬한 시문을 옮겨 적은 경우도 있다. 시문은 총 27명의 필적이 있는데, 그 유형은 4언, 5언(절구와 율시, 기타), 7언(절구와 율시, 기타) 등이다. 간찰은 총 44명으로 그 중 간찰에 시가 혼합되어 작성된 경우가 1편 있다. 각 필적을 서첩으로 꾸리면서 배열 순서는 약 10년의 오차가 있으나 대체로 시대순을 고려한 듯하다. 다만 시대순 배열이 심하게 어긋난 경우로 건(乾)의 김광욱(金光煜, 1580~1656)은 약 20년 앞 시대에 배치되어 있고, 곤(巛)의 김집(金集, 1574~1656)은 제자들보다 후에 배치되어 약 30년 차이가 있다.

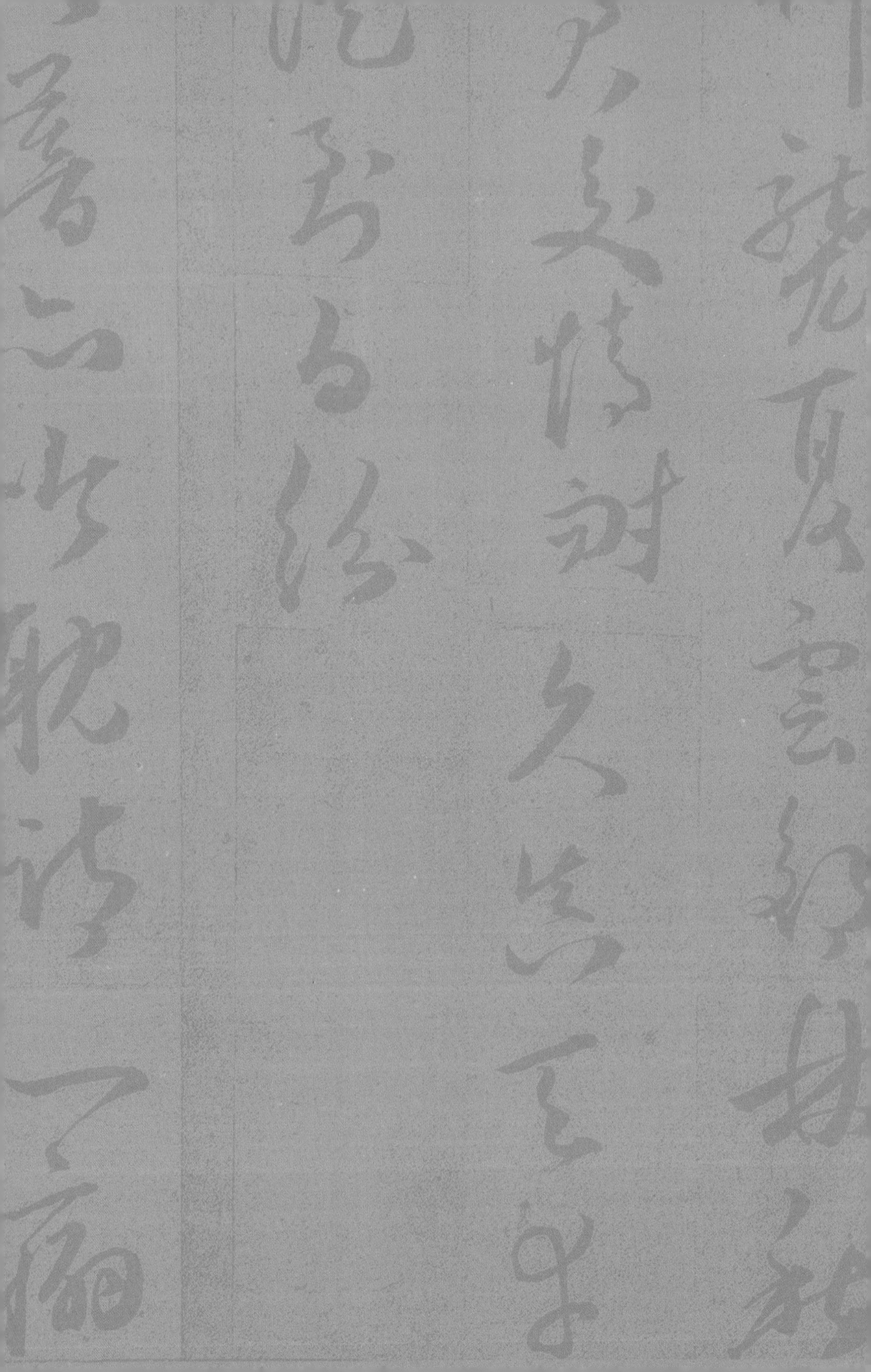

『麗鮮合璧』 乾

	이름/생몰	시대	본관	관직	글내용	수결/기명/문양
1	李崇仁 1347~1392	고려	星州	지밀직사사 동지춘추관사	7언율시 겨울 풍상, 옛 榮華를 갈망	崇仁
2	李集 1327~1387	고려	廣州	判典校寺事	5언율시 ※『퇴계집(退溪集)』의 시	遁村 ※연구작
3	鄭以吾 1347~1434	려말선초	晋州	예문관대제학 추증영의정	7언절구 죽장사	郊隱
4	趙浚 1346~1405	려말선초	平壤	좌정승, 영의정부사	7언시(2줄) 사직 단상	松堂 趙浚
5	申槩 1374~1446	려말선초	平山	우의정, 좌의정	5언절구 정치 단상	寅齋 申槩
6	裵克廉 1325~1392	려말선초	京山 (星州)	도총제사 문하좌시중	7언절구 송별	裵克廉 拜
7	崔致雲 1390~1440	려말선초	江陵	이조참판	5언절구 청은사 가을	釣隱
8	徐居正 1420~1488	조선	大丘	형조판서, 좌찬성	7언율시 자영(自詠)-노년의 단상	 
9	許琮 1434~1494	조선	陽川	우의정, 內醫院提調	7언절구 단상	尙友堂 許琮
10	金宏弼 1454~1504	조선	瑞興	형조좌랑, 추증 우의정	5언시(5줄) 음주단상	寒暄
11	成守琛 1493~1564	조선	昌寧	관직 사양 추증영의정	7언절구 위장의 요략	
12	申從濩 1456~1497	조선	高靈	대사헌, 경기도관찰사	편지에 답신 (문상, 저술)	從護
13	李彦迪 1491~1553	조선	驪州	형조판서, 좌찬성	편지에 답신 (먹보냄, 시, 난정서- 후일 약속)	迪再拜言 迪於仲春
14	鄭士龍 1491~1570	조선	東萊	판중추부사, 공조판서	5언시부 오랜 벗의 편지에 감사	雲卿
15	李延慶 1484~1548	조선	廣州	홍문관교리 증직이조판서	병문안편지, 조복(예복) 증정	 延慶 拜手
16	鄭逑 1543~1620	조선	淸州	대사헌, 추증이조판서	도산서원장 편지에 답신 주자어류 제공에 감사 예설 중찬을 위해 의례경전통해 요청	 鄭逑 頓首

	이름/생몰	시대	본관	관직	글내용	수결/기명/문양
17	柳成龍 1542~1607	조선	豊山	이조판서, 좌의정, 영의정	편지 답신 파직 낙향에 접대 사절	病生
18	芸齋-偰長壽 1341~1399	려말선초	慶州	문하찬성사, 검교문하시중	7언율시 ※『동문선』에 偰長壽 漁翁으로 기재	芸齋 ※연구작
19	尹斗壽 1533~1601	조선	海平	대사헌,좌의정, 영의정	이달의 5언시와 답시(인생허무)와 왕림감사 서신	 斗壽 拜
20	李元翼 1547~1634	조선	全州	우의정,좌의정, 영의정	못된 가노를 징치한 서신에 답신-농번기에는 석방, 가을에 재처리	元翼
21	柳根 1549~1627	조선	晋州	예조판서, 좌찬성	7언시 먼저 간 친구 애도	襪線子稿
22	李好閔 1553~1634	조선	延安	예조판서, 대제학, 좌찬성	원고 현황, 꿩 선물 감사, 아내묘 이장과 양평옥천 이주 안내	 好閔
23	李睟光 1563~1628	조선	全州	대사헌, 이조판서	군대에 관한 일을 질문	-
24	韓浚謙 1557~1627	조선	淸州	함경도관찰사, 지중추부사 겸지춘추관사	5언시부 함경도관찰사 부임 장만에 전별시	-
25	李德馨 1561~1613	조선	廣州	이조판서, 우의정, 영의정	7언절구 의주몽진 어려움	漢陰
26	尹昉 1563~1640	조선	海平	형조판서, 우참판, 영의정	들깨 선물에 대한 감사 서신	稚川
27	鄭經世 1563~1633	조선	晋州	예조판서, 이조판서, 대제학	주희, 횡거선생유상찬	-
28	吳允謙 1559~1636	조선	海州	첨지중추부사, 대사헌, 좌의정	군관 '李景蘭' 전직 요청	 允謙
29	宋象賢 1551~1592	조선	礪山	추증 이조판서 · 좌찬성	생선, 술 선물 감사 서신	象賢
30	李廷龜 1564~1635	조선	延安	예조판서, 우의정, 좌의정	박동열 사망 및 지인 안부 전달, 詩 부탁	廷龜
31	金光煜 1580~1656	조선	安東	양서관향사, 우참찬	모친 감기에 따른 약속 연기 서신	晦弟

	이름/생몰	시대	본관	관직	글내용	수결/기명/문양
32	李德泂 1566~1645	조선	韓山	예조판서, 판의금부사, 우찬성	편지답신 와병 휴가나 사직 청원	 德泂
33	沈悅	조선	青松	판중추부사,	새해인사 편지에 새해인사 답신	世記 悅
34	金尙容 1561~1637	조선	安東	우의정, 추증 영의정	형벌감면, 사죄, 사면 내용/ 7언율시– 청유당 이주	–
35	金尙憲 1570~1652	조선	安東	예조판서 추증 영의정	詩 감사와 詩評	豐山纍客 頓
36	金瑬 1571~1648	조선	順天	병조판서, 좌의정, 영의정	관찰사직무 안부, 와병 중임 이규 처자식 무탈 전달	瑬 頓
37	李安訥 1571~1637	조선	德水	함경도관찰사, 예조판서, 형조판서,	7언율시 심집 집안 수연 찬가	觀察使 李安訥
38	洪瑞鳳 1572~1645	조선	南陽	우의정, 좌의정, 영의정	직무 과중의 어려움 부채 선물 감사	世眷 瑞鳳 拜

『麗鮮合璧』 ‹‹‹(坤)

	이름/생몰	시대	본관	관직	글내용	수결/기명/문양
39	具容 1569~1601	조선	綾城	김화현감	7언시–여동빈(呂洞賓)시 「동빈유악양(洞賓遊岳陽)」	–
40	具宬 1558~1618	조선	綾城	호조참판, 해주목사	7언절구 삼청각 찬사	具宬 拜
41	徐景雨 1573~1645	조선	達城	형조판서, 우의정	새해인사 답신, 분경(奔競)의 곤람함 토로	景雨
42	李景稷 1577~1640	조선	全州	호조판서, 추증 좌의정	편지 답시 詩와 부채선물 감사인사	景稷 頓

	이름/생몰	시대	본관	관직	글내용	수결/기명/문양
43	趙翼 1579~1655	조선	豊壤	우의정, 좌의정, 중추부영사	관직천거 편지(2명)	翼 頓
44	尹新之 1582~1657	조선	海平	선조 정혜옹주 부마 정1품계	난리 영향으로 (의복?)요청에 부응하기 힘들다는 내용	 新之 頓
45	崔鳴吉 1586~1647	조선	全州	이조판서, 우의정, 영의정	편지와 선물 감사	鳴吉
46	趙緯韓 1567~1649	조선	大丘	공조참판, 지중추부사	편지와 부채선물 감사 조인보에보내는 부채꾸러미를 대신 보관 안내 과거(초시, 소과) 시지 잊지말것 안내	 緯韓 頓
47	韓敏政 1567~1637	조선	三和	사과, 운산군수	7언시 2수 광명사, 계수	※ 연구작
48	李植 1584~1647	조선	德水	형조, 예조판서 추증 영의정	7언율시 임연 남원부사부임 때 최립 광한루 운에 송별시	-
49	李敬輿 1585~1657	조선	全州	우의정, 영중추부사	편지 감사, 와병 고지 조카 송가의 일을 부탁	敬輿 拜
50	吳竣 1587~1666	조선	同福	대사헌, 좌참찬, 판중추부사	부탁받은 글씨를 봄날로 약속	竣 頓
51	張維 1587~1638	조선	德水	예조, 이조판서 추증 영의정	시부 은일한 삶	谿翁病矣
52	俞伯曾 1587~1646	조선	杞溪	경상관찰사, 추증영의정	상주 편지 답시 『禮經』 국상중 묘제(육류)에 답변	俞伯曾
53	李明漢 1595~1645	조선	延安	대사헌, 이조, 예조판서	8폭 글씨에 대한 감사, 추가 글씨부탁	病侍生
54	趙絅 1586~1669	조선	漢陽	형조판서, 회양부사	7언시 외종사촌의 급제 기원	-
55	羅萬甲 1592~1642	조선	安定	참의, 병조참지	유백증간찰과 동일답변 -국장 중 묘산제사 불가	羅萬甲 疏上
56	李景奭 1595~1671	조선	全州	우의정, 좌의정, 영의정	북경행차 송별	世弟 景奭
57	鄭太和 1602~1673	조선	東萊	우의정, 좌의정, 영의정	형제 상에 위로 편지	鄭太和

	이름/생몰	시대	본관	관직	글내용	수결/기명/문양
58	洪命夏 1607~1667	조선	南陽	우의정, 좌의정, 영의정	연경 사행생활의 안부	命夏
59	趙復陽 1609~1671	조선	豊壤	이조판서, 예조판서,	사행에 전별시와 친한 역관 부탁, 明의 도서 구매 요청	戚記 復陽
60	朴長遠 1612~1671	조선	高靈	예조판서, 한성부판윤	요대에 대한 감사편지	朴長遠 拜
61	金伯玉/ 金始振 1618~1667	조선	慶州	한성부좌윤, 호조참판	7언율시 초봄 사직구상 단상	金伯玉 再拜奉和
62	金佐明 1616~1671	조선	淸風	병조, 호조판서 추증영의정	사신 복귀와 신규 사은사 중도 만남 기약	 服人佐明頓
63	李正英 1616~1686	조선	全州	이조판서, 판돈녕부사	부탁받은 혼수는 못구함, 별도로 가죽신과 묵을 선물	 庚弟正英頓
64	李敏迪 1625~1673	조선	全州	도승지, 이조참판	전한서, 후한서, 속한서 요청	李敏迪 拜
65	宋浚吉 1606~1672	조선	恩津	병조판서, 이조판서, 추증 영의정	『성해감구』 합권 인쇄와 제공요청	 侍生
66	宋時烈 1607~1689	조선	恩津	이조판서, 좌의정	北疏 관련, 김만균 상소 보여주길 요청	弟 時烈
67	權諰 1604~1672	조선	安東	승지, 찬선, 한성부우윤	편지와 달력에 감사	諰 再拜
68	金集 1574~1656	조선	光山	판중추부사 추증영의정	약에 감사	世記 集 拜
69	趙威明 1640~1685	조선	漢陽	도승지, 예조참판	내의원 (약)청탁에 다른 방안 모색중 회신	 侍生威明頓
70	崔錫鼎 1646~1715	조선	全州	이조판서, 우의정, 영의정	歲饌 두 음식(내용부재)에 감사	明谷

려선합벽

초판1쇄 인쇄 2020년 11월 30일
초판1쇄 발행 2020년 11월 30일

경희대학교 중앙박물관 기획

총괄 김희찬
기획 김용은
탈초 번역 석한남
전시 진행 이은지
전시 지원 윤혜인, 김혜리, 송지연, 이도희, 홍빛나
교정 이은지, 윤혜인, 송지연, 이도희, 홍빛나

펴낸이 한균태
촬영 이춘한
디자인 정서영
펴낸곳 경희대학교 출판문화원
주소 서울시 동대문구 경희대로 26
전화 02-961-0106~8, 팩스 02-961-0291
설립 1960년 9월 16일 제5-8호
등록 1977년 11월 8일 제6-5호
홈페이지 www.khupress.com
전자우편 press@khu.ac.kr

ISBN 978-89-8222-679-3 (93910)